Jan Feddersen
Woodstock

Über das Buch

30 Jahre Love and Peace. Spektakulär sollte das legendäre Freiluftkonzert in Woodstock eigentlich nicht werden. Allenfalls etwas größer als andere. Doch daß vom 15. bis 17. August 1969 mehr als 500 000 Menschen kamen, hatte niemand erwartet. Die erste Hippievollversammlung prägte später in Deutschland die „alternative Kultur". Das Motto „Love and Peace" war ein Affront gegen den Vietnamkrieg und das amerikanische Spießertum der 60er Jahre. Tatsächlich war das Festival alles andere als schön. Es regnete aus Eimern; Sanitäranlagen waren rar; niemand hatte an Verpflegung gedacht. Im Gedächtnis bleiben dennoch Joan Baez, Santana, Janis Joplin, Arlo Guthrie, The Who oder Jimi Hendrix. Stars & Sterne wie Du & Ich. Lesen Sie, wo Ihre Eltern gern dabeigewesen wären.

Der Autor

Jan Feddersen, geboren 1957, ist Sozialwirt und Journalist. Seit 1996 bei der Berliner *Tageszeitung* mitverantwortlich für das Wochenendmagazin *taz.mag*. Vorher bei der *Zeit* und der *Woche*. Schreibt für *Merkur* und *Queer*. Schätzt Karen Carpenter (Carpenters), Grace Slick, Céline Dion, Gladys Knight, Caterina Valente, Joy Fleming, Phil Collins, norwegischen Modern Jazz, die Indigo Girls, Gordon Lightfoot, Garth Brooks und Jacques Brel. Sein Lieblingsereignis: der Grand Prix Eurovision de la Chanson, das jährliche Schlagerwoodstock.

Jan Feddersen

Woodstock

Ein Festival überlebt seine Jünger

Ullstein Sachbuch

Ullstein Buchverlage GmbH & Co. KG,
Berlin
Taschenbuchnummer: 35834

Deutsche Originalausgabe
Juni 1999

Umschlaggestaltung:
christof berndt & simone fischer
Unter Verwendung einer Abbildung
aus dem Archiv der Stiftung
Deutsche Kinemathek Berlin

ISBN 3 548 35834 9

Gedruckt auf alterungsbeständigem
Papier mit chlorfrei gebleichtem Zellstoff

Die Deutsche Bibliothek –
CIP-Einheitsaufnahme

Woodstock: ein Festival überlebt seine Jünger /
Jan Feddersen. – Dt. Orig.-Ausg. –
Berlin: Ullstein, 1999
(Ullstein-Buch; 35834)
ISBN 3-548-35834-9

Inhalt

Vor dreißig Jahren auf einer Wiese im Staate New York

Ein Vorwort

Vom 15. bis 17. August 1969 fand in der hügeligen Landschaft oberhalb von New York City das bis dahin größte Popfestival statt. „Three Days Of Peace & Music" stand auf dem Plakat, mit dem in den USA auf Litfaßsäulen und in Zeitungsannoncen und Untergrundmagazinen geworben wurde. Es war in öffentlicher Hinsicht der Schlußpunkt eines Jahrzehnts, in dem vor allem Jugendliche, Studenten, Künstler eine Generalkritik am *American Way Of Life* übten. Eine Generation, die nicht einverstanden war mit einer Politik der Stärke, mit dem Vietnamkrieg, mit der Verteufelung des Kommunismus und mit dem McCarthyismus, der Sozialistenhatz Anfang der fünfziger Jahre. Es war eine Generation, die sich auf andere Werthaltungen verlegte – Sex nicht für schmutzig und Drogen nicht für einen Grund hielten, in den Knast zu gehen.

„Let The Sunshine in": Es war der „Sommer der Liebe", eine Zeit von „California Dreamin'", „San Francisco", „Dancing In The Street" und „Surfin' U.S.A.". Eine Ära, in der die ersten Frauen feministische Lektüren formulierten und schwule Männer die Öffentlichkeit nicht mehr scheuten; ein Jahrzehnt, in dem das afroamerikanische Amerika militant und gewaltfrei zugleich versuchte, nicht mehr in Apartheid leben zu müssen. Hinterher riefen die Wortführer der Dekade die „Woodstock Nation" aus – und wußten doch, daß sie und ihre Gefolgschaft nur eine Minderheit im Lande waren. Noch bei den Präsidentschaftswahlen 1968 bekamen sie es zu spüren: Richard Nixon, der Repräsentant des konservativen, stillen, braven und ängstlichen Amerika, setzte sich gegen den demokratischen Kandidaten Hubert Humphrey durch.

Es war ein Jahrzehnt, in dem die Rebellierenden die meisten ihrer Idole verloren – 1963 John F. Kennedy, später seinen Bruder Robert Kennedy, Martin Luther King … Der Vietnamkrieg endete erst mit einem Waffenstillstand, als die amerikanischen Truppen in Südostasien nur noch verhaßt waren – mehr als eine Wahlperiode nach „Woodstock".

Und was ist geblieben? Die Frage ist offen. „Woodstock", von vier Männern eigentlich nur geplant, um ordentlich viel Geld zu verdienen, wurde in drei Tagen zum Menetekel einer Generation, die lernen wollte, ohne Gewalt und Heuchelei auszukommen. Das Festival ward hinterher freilich größer, gewaltiger, als die Teilnehmer selbst zunächst in Erinnerung hatten. Erst moderne elektronische Kommunikationsmittel wie das Fernsehen machten „Woodstock" zu einem Ereignis, das man besucht haben mußte, ohne es für immer verpaßt zu haben.

Für immer? Gott sei Dank gab es ja 150 Kameraleute, die den Auftrieb der 500 000 Männer und Frauen aufnahmen – und dokumentierten, daß es kein nettes Sommerpicknick war, dem man oberhalb von New York City huldigte, sondern eine Schlacht, bei der einer miserablen Versorgungslage, Regen und Sturm getrotzt werden mußte. Es war, als ob der Appell, bloß nicht nach Vietnam zu gehen, am besten die Einberufungsbescheide zu verbrennen, mit einem besonders anstrengenden Survivalwochenende kompensiert werden mußte. „Woodstock" war das lustvolle, drogenvernebelte Vietnam der Blumenkinder, die auch einmal gerne Soldaten sein wollten.

Nach 1969 ging der Zeitgeist über das Hippietum gnadenlos hinweg. Nixon war der Präsident, der die ersten Abrüstungsverhandlungen mit der Sowjetunion führte; Vietnam ging auch noch viele Jahre weiter – sogar der neutrale Nachbar Kambodscha wurde von den USA in ihren Südostasienkrieg gezogen. Die Woodstock-Generation mußte sich also weiter im Untergrund halten. In West- und Mitteleuropa war der „Woodstock"-Film, oscargekrönt, langweilig, handlungsarm, ein Hit unter den Achtundsechzigern. Es spricht viel dafür, daß die Gründung der Grünen Ende der siebziger Jahre der letzte Versuch der deutschen Woodstock-Nation war, den Weg in eine Gesellschaft zu finden, die sie nicht als ihre empfand. Noch Ende der achtziger Jahre galt die Gleichung, die zwanzig Jahre zuvor in den USA definiert wurde: *Them and Us* – Die und Wir. Dort die Kleinbürger und Spießer, hier die unverstandene Generation, die mit deren ganzen Mist nichts zu schaffen haben will.

Die Grünen sind inzwischen selbst fast historisch geworden. Die Jugendlichen laufen ihnen weg. Immerhin, ein paar der renitenten Jugendlichen haben es bis ganz nach oben geschafft. Beispielsweise Bill Clinton. Kein Radikaler im Sinne eines Umstürzlers – in den Augen des konservativen Amerika ein Sünder, ein Krimineller und eine Fehlbesetzung auf dem höchsten Posten des Landes. Typisch sein Agieren. Ja, er habe Marihuana geraucht, nein, inhaliert hat er es nicht. Ja, es gab körperliche Kontakte mit Monica Lewinsky, aber es war kein Sex … So sind sie, die Blumenkinder, selbst wenn sie heute Schlips und Anzug tragen: vorsichtig und feige. Bloß nicht allzusehr anecken, bloß keinen Streit …

Sind sie wirklich so? Eine Hommage an eine Generation, die vielleicht auch nur ihr Bestes geben wollte, steht in diesem Buch zu lesen. Ein Versuch, die echten oder erdachten älteren Geschwister zu verstehen, für die Woodstock so wirklich war wie sonst fast nichts auf der Welt: eine Vorstufe zum Paradies. Es ist schon richtig, wenn Leute, die in „Woodstock" im Sanitätsbereich gearbeitet haben, sagen: Wer es hinterher ganz toll fand, war nicht dabei. Gewiß ist: Wir waren nicht dabei. Aber macht das was?

Woodstock wird es nicht wieder geben – weil es damals nicht geplant war und weil es gegen die Idee der Veranstalter mehr wurde als ein Musikfestival mit Stars und Talenten. Deswegen auch scheiterte vor fünf Jahren in Saugerties der Versuch eines Revivals, ebenso wird jedes andere Projekt nicht auf die Füße kommen, das so tut, als sei „Woodstock" nur aus dem Tiefkühlfach zu nehmen. In Wien und anderswo.

Jan Feddersen, März 1999

Forever Young

Wild, jung und rebellisch gegen die sechziger Jahre

Sie wußten noch nichts von Generation X. Pessimismus? Keine Spur. Defätismus? Unbekannt. Und der Glaube, daß man wahrscheinlich schlechter leben wird als die Eltern, wäre als absurd verspottet worden. Wer in den sechziger Jahren aufwuchs, egal ob in den USA, in der Bundesrepublik oder sonstwo in einem reichen Industrieland, ging davon aus, daß alles besser wird. Weshalb hätte es Grund zur persönlichen Besorgnis geben sollen? Es war, politisch gesehen, das sozialdemokratische Jahrzehnt schlechthin. Am Ende dieser Dekade war die Jugend auf den Glauben eingeschworen, die Welt müsse besser, schöner, gerechter, freundlicher und sauberer werden.

Was 1968 und 1969 als Studentenbewegung – in den USA als Protest gegen den Vietnamkrieg, in Frankreich als Rebellion gegen das verknöcherte Establishment, später gegen den Kolonialismus, oder in der Bundesrepublik als Kampf gegen Muff und Mief, gegen alte Nazikader oder für eine Demokratisierung der öffentlichen Einrichtungen – bekannt wurde, war kulturell schon lange vorbereitet. Schon Ende der vierziger Jahre gab es die ersten Nischen, in denen Menschen außerhalb der *ratraces*, des ellenbogenharten Kampfes um Jobs und Karriere, begannen, Alternativen zu entwickeln. Zunächst waren es Künstler, Studenten – Menschen, die nicht gleich nach der Pflichtschule in den Produktionsprozeß eingegliedert waren.

Vor allem an der Westküste, in San Francisco, bildete sich eine Subkultur heraus, deren Helden – Allen Ginsberg, Jack Kerouac oder William Burroughs – später zu den prominentesten Vertretern der Beatgeneration gezählt wurden (sie schrieben Bücher wie „Howl", „On the Road" oder „The Naked Lunch"). Ginsberg war der unangefochtene Stichwortgeber der Hippieszene. Er stellt fest: „Amerika ist mit Lügen bedeckt. Die jungen Denker sind schlechte Menschen voll ekliger Ideen. Amerika schuf die Atombombe und warf sie auf die Welt. Ezra Pound hat recht, die Nation ist eine Irrenanstalt."

Das glaubten seine Jünger unbesehen – was zählte, war der Eindruck, was Eindruck machte, war ihr Lebensgefühl. Was zählt da schon, daß die USA die Atombombe nur knapp vor den Nazis hatten entwickeln können und daß – so tragisch es war – die Bombardierung Hiroshimas und Nagasakis entscheidend dazu beitrug, Japan, Kriegsverbündeter Deutschlands, zur Kapitulation zu bringen? Bob Dylan machte sich später seinen eigenen Reim auf die Empfindungen seiner Generation: „Let me ask you one question", heißt es in seinem Song „Masters Of War", „Is your money that good / Will it buy you forgiveness / Do you think that it could / I think you will find / When your death takes its toll / All the money you made / Will never buy back your soul." In deutschen Worten: Willst du ewig dem Geld hinterherjagen, das du doch nicht mit ins Grab nehmen kannst, weil das letzte Hemd keine Taschen hat? Lohnt es sich, die Seele zu verlieren bei all dem Streß, Geld zu verdienen?

Beim Rattenrennen nicht mitmachen, sich nicht einzwängen lassen in leere Konventionen, bloß nicht zum Schlips- und Anzugträger werden, nicht in den Verdacht geraten, es nicht wenigstens eine kleine Zeit lang versucht zu haben, sich selbst zu finden – die Karriere kann warten.

Das radikale Lebensgefühl war freilich so aufrührerisch, so

umstürzlerisch nicht. Es waren keineswegs bolschewistische Ideen, denen die Babyboomer, die Kinder der friedlichen fünfziger Jahre, frönten. Mit Kommunismus hatten sie nichts am Hut. Grace Slick, Sängerin der Hippiegruppe „Jefferson Airplane", sollte später sagen: „Wir mochten unser Land. Aber wir waren nicht einverstanden mit dem, was bei uns passierte." In erster Linie wollten die Beatniks vor allem in Ruhe gelassen werden, wollten reisen, auf Selbsterfahrungstrip gehen, Drogen genießen – Marihuana, Haschisch, auch LSD – und nichts mit der Welt von Kontoauszügen, Familienfeiern und Laufbahnerwartungen zu schaffen haben. Ihr Epizentrum lag in Haight Ashbury, einem Viertel in San Francisco, später das Eldorado der ersten Hippies.

Mitte der fünfziger Jahre bildete sich ein weiterer Einfluß auf die noch embryonale Woodstockgeneration. Elvis Presley, der weiße Mann, der die Musik der Schwarzen verstanden hatte und zum King des Rock'n'Roll wurde, war kein Rebell – aber seine Musik, seine Bühnenshow, sein ganzer Habitus wirkte auf die Fans wie eine Aufforderung, es den Eltern nicht mehr gleichzutun.

Gleichzeitig formierte sich am Rande der ersten Bürgerrechtsbewegung gegen den Rassismus eine Folk- und Liedermacherszene, die den Kampf der Schwarzen musikalisch unterstützen wollte. Künstler wie Woody Guthrie („This Land Is Your Land"), Joan Baez – die später die ersten Songs von Bob Dylan öffentlich vortrug – oder Pete Seeger (dessen Coverversion von „Where Have All The Flowers Gone" zu den größten Hits auf Demonstrationsmärschen gehörte): Sie, die ihre ersten Engagements in Studentenklubs in Boston, im New Yorker Greenwich Village oder in Berkeley / Kalifornien hatten, erinnerten musikalisch daran, daß das Songerbe der USA vor allem Schätze enthält, die von gewerkschaftlichen Kämpfen und vom Leben der kleinen Leute erzählten.

Schließlich gab es auch noch die Musik der Schwarzen. Und sie wurde bei Weißen um so populärer, als der Bürgerrechtskampf gegen die Rassentrennung, gegen die traditionelle Sklavenhaltermentalität auch zu einer Sache liberaler Nichtafroamerikaner wurde. Blues und Gospel gehörten zum klassischen Kanon schwarzer Musik – hier die modernen Erzählungen vom Scheitern, von der Vergeblichkeit, gegen das Schicksal anzurennen, dort die frohe und tragische Botschaft von der Güte des Herrn, vom Glauben an eine bessere Welt. Ende der fünfziger Jahre begann der Siegeszug eines Plattenlabels, das strikt schwarzen Künstlern vorbehalten war: Motown, die künstlerische Basis aus der Motortown Detroit. Berry Gordys Firma war nicht die einzige, die schwarzen Künstlern Hits und Hitparadennotierungen verschaffte, aber mit Abstand die erfolgreichste. Motown war das Label, das dem weißen Mainstream schwarze Tanzmusik schmackhaft machte. Frauen wie Mary Wells („My Guy"), Diana Ross („You Can't Hurry Love"), Martha Reeves („Dancing in the Street"), Gladys Knight („Midnight Train to Georgia") oder Tammy Terrell („Ain't No Mountain High Enough") sowie die selbstbewußte Black-is-beautiful-Soulistin Aretha Franklin (die allerdings, aus strikt religiöser Gospeltradition kommend, nicht zum Motownstall gehören wollte und im übrigen offenkundig politisches Songmaterial wie „Respect" bevorzugte), aber auch Männer wie Marvin Gaye („What's Going On"), Smokey Robinson („Baby, Baby, Don't Cry"), Edwin Starr („War"), Michael Jackson (zunächst als Nesthäkchen der Gruppe „Jackson Five", später bekanntlich als bestbezahlter Popstar der Welt) oder die Four Tops („I Can't Help Myself") zeigten, was die Weißen nicht hatten – Musik, die in die Hüften geht.

Die Attraktion schwarzer Kultur für Weiße wurde am komischsten und charmantesten in „Hairspray", einem 1986 gedrehten Film von John Waters, thematisiert: Erzählt wird die

Geschichte eines dicken Mädchens, das unbedingt die Königin in einer Hitparadenshow werden möchte, aber daran zu scheitern droht, nicht so schlank und sauber wie andere Mädchen zu sein. Sie organisiert sich Hilfe bei schwarzen Altersgenossen – und gewinnt am Ende. Der Film enthält alles, was unterhalb einer direkt politischen Ebene Jugendlichen als rassistisch nachvollziehbar war: Schwarze sind in TV-Shows mit Weißen unerwünscht; suchen sie sich militant Zugang, droht die Polizei mit Verhaftung; weiße Mütter haben Angst, wenn ihre Kinder Clubs in Schwarzenvierteln besuchen … Waters, auch ein Kind des Sechziger-Jahre-Undergrounds, dokumentiert grell und drastisch, daß neugierigen weißen Kindern vor allem eines einleuchtete: Black makes more fun! Der im Kino halbwegs erfolgreiche Film darf auch als Indiz genommen werden, daß Unterhaltungsware oft mehr emanzipativen, anstößigen Stoff enthält als die strohgute Aufklärung der Agitpropsorte.

Überall in den USA bildeten sich oppositionelle, zumindest alternative Möglichkeiten zur traditionellen Kultur. Mitte der sechziger Jahre begann der rasante Aufstieg des weißen Popartkünstlers Andy Warhol („Jeder hat das Recht auf fünfzehn Minuten Berühmtheit"), zogen die Beatnikgurus in San Francisco mehr und mehr Jünger an, begannen an den Universitäten von Berkeley, New York und Los Angeles andere Inhalte die Köpfe der Studierenden zu erobern. Hermann Hesses Bücher – ob nun „Der Steppenwolf", „Die Morgenlandfahrt", „Narziß und Goldmund" oder „Das Glasperlenspiel" – wurden populär. Geschichten, die stets um ein Thema kreisten: die Irrungen und Wirrungen der Jugend, die Suche nach dem Besseren, nach dem eigentlich Wichtigen im Leben. Damit einher wendete sich das Interesse zu allem, was als indisch durchging. Mahatma Gandhi, der Mann, dessen gewaltloser Widerstand dem britischen Kolonialismus in Indien ein Ende machte, zählte Anfang der sechziger Jahre neben Martin Luther King und John F. Kennedy – dem Präsidenten, der 1959 die Wahl gegen den konservativen Richard Nixon gewinnen konnte – zu den größten Idolen der Babyboomergeneration.

An den Universitäten fanden in – wie man heute sagen würde – alternativen Wohnvierteln wie Greenwich Village in New York City die ersten Yogaworkshops und Kurse in Selbsterfahrung statt. Im kalifornischen La Jolla verzeichnete der Psychologiedozent Carl Rogers großen Zulauf. Seine – ironischerweise zuerst beim US-Militär erprobte – Methode der Encountertherapie (über alles reden, mit allen reden, keine seelischen Blockaden mehr zulassen) wurde zum ideologischen Kern der später prosperierenden Therapieindustrie. Die afrikanischen Länder, die sich seit Anfang der sechziger Jahre vom Kolonialismus befreiten, weckten das Interesse der Studenten. Sie, Morgenlandfahrer par excellence, waren die ersten Rucksacktouristen, ehe es dieses Wort für sie gab: Sie waren die Pioniere des Welttourismus – kein Fleck auf der Erde soll unentdeckt bleiben. Beliebteste Ziele waren zunächst Indien, später Nepal und der Himalaya, Griechenland (Idol: „Alexis Zorbas"!), Indonesien und – wenn es denn nicht allzu beschwerlich war – Afrika.

In den sechziger Jahren begann die große Zeit der Tramps. Was die Jahrzehnte davor für arme Schlucker noch die billigste Art der Fortbewegung war, avancierte während der Hippieära zum Zweck an sich: Gebrauche keine Fahrpläne, überlasse dich dem Zufall, lerne andere Menschen kennen … „Easy Rider" hieß der Film, der den „Lonesome Travelers", den richtungslosen Reisenden am Ende des Jahrzehnts ein Denkmal setzte: Bleib nicht sitzen, nicht zu Hause, nicht in deinem Kaff, die Welt ist groß, entdecke sie, sei Teil eines, am besten deines Roadmovies!

Am Anfang des „Woodstock"-Films sind ein etwa 18jähriger Junge und seine etwa gleichaltrige Freundin zu sehen,

beide ängstlich-neugierig auf dem Weg zum Festival. Auf die Frage, was ihn denn so bewege, antwortet er, dessen halblange, goldblonde Haare, blaue Augen und schmale Hände schon vom Aussehen her das Gegenteil von jeder Ledernackenmännlichkeit darstellen: „Ich weiß nicht, meine eigenen Werte will ich herausfinden, wissen, was für mich wichtig ist, nicht, was man mir sagt …" Kein Originalton aus dem Rohmaterial des

Films hätte besser ausgewählt sein können, um den entscheidenden gemeinsamen Zweifel der Woodstockgeneration zu dokumentieren: Eine Jugend der Mittelschichten, gut ausgebildet, ohne materielle Sorgen herangewachsen, die kommende Elite des Landes (Bill Gates gehörte dazu), die die Werte der Väter nicht mehr umstandslos akzeptieren will.

Die Babyboomer – die Nachkriegsgeneration zeugte durchschnittlich so viele Kinder wie keine vor ihr – waren zu einer Macht im Lande geworden. Die Zahl der Amerikaner zwischen 18 und 24 Jahren stieg zwischen 1960 und 1970 um 50 Prozent auf 24,7 Millionen an. Ein Drittel von ihnen wollte einen höheren Schul-, später einen Universitätsabschluß erlangen. Ökonomische Krisen waren dieser Generation unbekannt, ihre Großeltern zumindest hatten noch die Große Depression, die Hungersnot in den dreißiger Jahren erlebt – die Babyboomer allerdings konnten sich nicht vorstellen, daß sie einmal in einem Land leben würden, dessen Ökonomie massenhafte Arbeitslosigkeit auch für Hochqualifizierte bringen würde. Sensibilisiert waren sie freilich für andere Fragen. 1956 erschien C. Wrights Buch „The Power Elite", acht Jahre später Herbert Marcuses „Der eindimensionale Mensch" – programmatische, marxistisch inspirierte Schriften gegen einen Kapitalismus, der Menschen in Charaktermasken zwingt und nur die Stärksten überleben läßt („Survival Of The Fittest") und der den Menschen keinen Sinn gibt, außer dem, Geld zu verdienen.

1962 erschien in den USA Rachel Carsons „Silent Spring" – das erste politische Ökobuch, das auf die Gefahren des Pestizideinsatzes, der Verschmutzung der Natur hinwies. Das Buch avancierte binnen weniger Wochen zu einem Bestseller rund um die Universitäten des Landes. Andere Lektüren, die die beginnende Woodstockära prägten, waren politisch brisanter. Im gleichen Verlag wie Carsons Ökomahnschrift erschien Michael Harringtons „The Other America", ein von christlicher Empörung geleitetes Buch über die wachsende Armut in den USA. James Baldwin, einer der wichtigsten afroamerikanischen Schriftsteller Amerikas, wies in „The Fire Next Time" auf die gefährlichen Folgen des Rassismus hin – und zu Recht prophezeite er Aufstände seiner schwarzen Brüder gegen das weiße Amerika. Betty Friedans Buch „Der Weiblichkeitswahn", 1963 veröffentlicht, war nicht das erste, aber das wichtigste Grundlagenwerk des frühen Feminismus der sechziger Jahre.

Stanley Kubrick, der Ende der sechziger Jahre mit „2001: Odyssee im Weltraum" und „Clockwork Orange" Kultfilme der Achtundsechziger drehte, kritisierte 1964 in seiner Kinoproduktion „Dr. Seltsam, oder: wie ich lernte, die Bombe zu lieben" den kaltkriegerischen Militärwahn des Establishments: Jack D. Ripper, wie der Held des Films heißt, wittert überall kommunistische Verschwörungen. Der ätzende Reflex auf die bleierne Zeit der McCarthy-Ära Ende der vierziger, Anfang der fünfziger Jahre, während der fast jedes sozialkritische Engagement als kommunistisch diffamiert wurde, Menschen abgehört und nötigenfalls ins Gefängnis gesteckt wurden, wenn sie nicht bereit waren, vom Kommunismus abzuschwören, dieses Bild Kubricks von der Denkweise des Establishments wurde von den Babyboomern verstanden: Trau keinem im Pentagon!

Die sechziger Jahre waren insofern auch eine Reaktion auf die konsumorientierte, stille und uniforme Ära der fünfziger Jahre. Wie später in West- und Mitteleuropa wurde in amerikanischen Familien um die gleichen Dinge erbittert gestritten: Wie lang dürfen die Haare sein? Dürfen Mädchen Jeans tragen? Wie männlich muß ein Mann sein? Darf ein Mann auf offener Tanzfläche mit seinem Becken schwingen? Dürfen Kinder überhaupt etwas, was den Eltern nicht gefällt? Der

Zeitgeist gab Flankenschutz: Man durfte – auch wenn es schwierig war, es durchzukämpfen. James Dean, der Filmstar, der sich selbst mit dem Auto zu Tode fuhr, gab schon in den fünfziger Jahren den skeptischen, jähzornigen Ton vor: In „Denn sie wissen nicht, was sie tun", in „Jenseits von Eden" oder in „Giganten" gab Jimmy Dean das Rollenvorbild ab für alle Jugendlichen, die anders sein wollen, als es die Altvorderen vorschreiben.

Musicals wie „Hair" – das im Grunde nichts anderes war als eine Popoperette über das Recht, die Haare wachsen zu lassen, wie es der Natur gefiel – trugen dazu bei, den Jugendlichen Mut zu machen. Bob Dylan tröstete in seinem – heute zum Klassiker geronnenen – Song „The Times They Are A-Changin" alle, die nicht verstanden, was sich um sie herum tat. „Come mothers and fathers / Throughout the land / And don't criticize / What you can't understand / Your sons and daughters / Are beyond your command / There's a battle outside / And it is ragin' / It'll soon shake your windows / And rattle your walls / For the times they are a-changin" – Mütter und Väter draußen im Land, kritisiert nicht, was ihr nicht versteen könnt; eure Söhne und Töchter entziehen sich eurem Kommando; draußen findet eine Schlacht statt; sie wütet, sie kann bald eure Fenster zittern, eure Zäune rütteln lassen; weil die Zeiten sich gerade ändern.

Was sich in den USA an politischen Umbrüchen, Revolten, kleineren und größeren Rebellionen abspielte, was sich dort in kultureller Hinsicht, im Wandel der Werthaltungen änderte, kam mit kleinen Verzögerungen auch nach Europa. In der Bundesrepublik fing die große gesellschaftliche Modernisierung auch nicht mit der Achtundsechzigerbewegung an. Schon in den fünfziger Jahren wurden die Wurzeln gelegt gegen den Muff der postnationalsozialistischen Ära, gegen die Stimmung des stillen Beschweigens der „willigen Vollstrecker"

(Daniel Goldhagen) während der NS-Zeit. Schon eine Dekade vor den Demonstrationen gegen die Springerpresse, gegen den Schahbesuch, gegen die Notstandsgesetze und für eine demokratischere Bundesrepublik fanden Aufstände statt – in politischer Hinsicht waren es vor allem die Streiks für mehr gewerkschaftliche Rechte, gegen die Wiederbewaffnung der Bundesrepublik; in privater Hinsicht waren es die gleichen Kämpfe wie bei den Altersgenossen in den USA: für das Recht, Blue Jeans zu tragen; gegen die Behandlung von Kindern als Leibeigene. Der Spruch „Solange du deine Füße unter meinen Tisch stellst…" wurde nicht mehr in allen Familien als Grundlage des Zusammenlebens akzeptiert.

Es hat hierzulande ebensolange gedauert, alternative Lebensformen zu etablieren, wie in den USA. Wohngemeinschaften – hüben wie drüben zunächst nichts als eine billige Form, teuren Wohnraum zu teilen – gründeten sich in den Großstädten Ende der sechziger Jahre. Nach allem, was man weiß, würde heutzutage aber niemand mehr in einer WG wie der Kommune 1 wohnen – mit ausgehängten Türen, auf daß niemand mehr allzu bürgerlich nach Rückzugsräumen sucht; mit stundenlangen Versammlungen; mit Streit über den Abwasch, über den Putzdienst schlechthin…

Was in der Bundesrepublik den Klimawechsel grundierte, waren vor allem Bücher wie die des Zukunftsforschers Robert Jungk, war die Friedens- und Ostermarschbewegung, war die Lektüre des Tagebuchs der Anne Frank und Wolfgang Borcherts Kriegsheimkehrerdrama „Draußen vor der Tür". In den sechziger Jahren war es ein Künstler wie Joseph Beuys, der öffentlich am vernehmbarsten mit der Vorstellung brach, daß ein Bild über dem Sofa am besten ein röhrender Hirsch zu sein hat; Ulrike Meinhof, die später in den terroristischen Untergrund ging, schrieb in der Zeitschrift *Konkret* beißend-genaue Artikel über die Armut in Deutschland, über den hetzerischen

Umgang mit einem kranken Mörder wie Jürgen Bartsch, über die schwarz-braunen Kader im Staatsapparat und eine erstickende Stimmung, die jeden Wunsch nach einer Demokratisierung als kommunistische Unterwanderung denunzierte.

Musikalisch sog die aufrührerische Jugend hierzulande ihren Nektar vor allem aus angloamerikanischen Produkten – der deutsche Schlager galt als gestrig, konservativ und öde. Angesagt waren – wie natürlich auch in den USA – die „Beatles", die „Rolling Stones", überhaupt alles, was Beat, den Rhythmus einer neuen, einer modernen Welt hatte. Die Jugend wollte einen Stoff, der nach England und Amerika klang – und bloß nicht deutsch.

Als deutsch wurde höchstens das Buch „Sexfront" von Günter Amendt akzeptiert. Der Aktivist der Achtundsechzigerbewegung hatte in einer klaren, lapidaren, unverblümten Sprache ein Sexualaufklärungsbuch verfaßt, das ohne Klapperstorch, Bienen oder verhuschte Befruchtungsbeschreibungen auskam, sondern Informationen lieferte über das, was verpönt war: Spaß am Sex. Niemand sollte mehr wegen Sex Schuldgefühle haben. Unerschrocken thematisierte das Buch auch unerhörte Dinge wie Homosexualität, die in der Bundesrepublik bis 1969 noch verboten war. Auch hier hieß es unverkrampft: Es ist okay, wenn du schwul oder lesbisch bist! Die Bücher Hermann Hesses galten auch hierzulande als glaubwürdig. In ihnen – oder in den Geschichten von Jack Kerouac oder J. D. Salinger („Der Fänger im Roggen") – erkannte sich die nichterwachsene Generation wieder.

Sowohl in den USA als auch in Westeuropa ging es bei den kleinen und großen Revolten um Politik – wichtiger aber war der Wunsch nach Änderung von Werten, von Mentalitäten. Freundschaft wurde zum eigenen Wert, Freunde wurden wichtiger als die heute so bezeichnete „Beziehung" – Partnerschaften können wechseln, Freunde bleiben. Ein friedliches

Miteinander – ob nun in der Nachbarschaft, in der Politik oder in der Kommune – war die gültige Moral. Die Woodstockgeneration hat das Fundament dafür gelegt, im Leben über den eigenen Gartenzaun hinauszuschauen und andere Lebensformen nicht schon dann abzulehnen, wenn sie der eigenen widersprach. Selbst die yuppiesken achtziger Jahre haben den in den sechziger Jahren zu neuer Blüte gebrachten christlichen Gedanken, Geld sei schmutzig, nicht gänzlich ausräumen können: Geld machen Seele kalt. Es gab ja Gott sei Dank auch Gegenstimmen zu diesem Esprit der Mittellosigkeit, der sowieso nur in der Theorie eingehalten wurde. Carla Bley, amerikanische Jazzpianistin, hat den christlichen Ekel vor blankem Zaster einmal auf ihre Art auf den Boden der Tatsachen geholt. In einer, ausgerechnet, Zeitschriftenanzeige für das Kreditkartenunternehmen „American Express" wird sie mit den Worten zitiert: „Baby, ich hatte mal kein Geld, dann hatte ich wieder welches. Ich sage dir, es zu haben ist besser."

„Und sie wurden Schmetterlinge…"

Laute Musik mit melancholischer Saite

Es gibt überhaupt nur ein Lied, das unumstritten mit den Tagen von Woodstock verbunden wird – und es heißt auch so. „Woodstock" stammt von Joni Mitchell, einer 1943 in der kanadischen Provinz Alberta geborenen Songwriterin. Doch sie hat es nie auf Max Yasgurs Farm vortragen können, weil, so erzählt sie später, sie „durch sieben Meilen lange Autoschlangen nicht zum Festival kommen konnte". Statt dessen schrieb sie dieses Lied am Fernsehschirm – wie es die Legende will. Eine andere Version besagt, daß Ms. Mitchell, deren Karriere gerade angefangen hatte und die deshalb jede Art von Publicity mehr als gut gebrauchen konnte, von ihrem Manager abgeraten wurde, nach Bethel zu pilgern (schließlich war sie schon für den Sonntag gebucht, in Dick Cavetts Talkshow aufzutreten – und bei den Verkehrsverhältnissen wisse man ja nie, ob sie pünktlich wieder nach New York City zurückkommen würde…).

Manchmal ist es egal, ob eine Geschichte wahr ist oder nur nett erfunden, fest steht, daß Joni Mitchell den wichtigsten Song der Woodstockära verfaßt hat. Zu einem mittleren Hit hat ihn die Band „Matthew Southern Comfort" erst 1971 gemacht, nachdem ihn andere Künstler im Jahr davor ohne weitere öffentliche Resonanz interpretiert hatten. „Woodstock" wurde schließlich ein später Erfolg, weil auch das Festival erst ein Spätzünder wurde – durch den Film, durch die Erzählungen, durch die Überlieferungen der Menschen, die angeblich oder wirklich dabei waren.

„*I came upon a child of God / He was walking along the road / And I asked him, where are you going*" heißt es in den ersten drei Zeilen des Liedes: Ich traf auf ein Kind Gottes; er ging die Straße entlang; und ich fragte ihn, wohin er denn gehe … Schon im Auftakt wird das Bewußtsein deutlich, das die Woodstockpilger von sich hatten oder hätten haben wollen: Unschuldig, nichts Böses im Sinn, auf dem Weg irgendwohin. „*And this he told me / I'm going on down to Yasgur's farm / I'm going to join in a / rock'n'roll band*": Und das erzählte er mir; ich gehe gerade zu Yasgurs Farm; ich werde Mitglied in einer Rock'n'Roll-Band … Diese Sätze transportieren nichts als den Glauben an Aufrichtigkeit, an Gottesfurcht und Vertrauen – als ob nichts naheliegender wäre, als in einer Rock'n'Roll-Band zu spielen und einen Quasihelden wie Max Yasgur zu besuchen. Weiter heißt es: „*I'm going to camp out on the land / I'm going to try an' get my soul free*" – ich gehe, auf dem Land zu campieren; ich gehe, um meine Seele zu befreien … Auch hier eine selbstvertraute, unerschütterliche, geradezu protestantisch strenge Naivität, die sich von höheren Mächten geschützt weiß. Was soll schon dabei sein, in der freien Natur zu übernachten – geschickt wird so getan, als ob nichts natürlicher wäre, als eben dort Mitglied einer Combo zu werden, die Musik spielt, welche das sonstige Amerika nicht gerade gerne hört. Schließlich der Refrain: „*We are stardust / We are golden / And we've got to get ourselves / Back to the garden.*" Wir sind Sternenstaub; wir sind golden; und wir müssen uns selbst zurück in den Garten Eden bringen. Die Schlüsselstelle, das Credo, das Bekenntnis und die Selbstwahrnehmung einer Generation, die an ihre Mission glaubte: die Welt von schrecklichen Dingen wie Krieg, Konsum und Künstlichkeit zu befreien.

Wir sind Sternenstaub – das soll auch heißen: Wir sind älter und damit näher an höheren Dingen dran als das, was sonst um uns herum existiert. Eine durchaus größenwahnsinnige Art, Wirklichkeit wahrzunehmen – und so traten die Achtundsechziger, die Woodstockgeneration ja auch auf: voller erhabener Gefühle, das Richtige vom Falschen zu unterscheiden. In Mitchells Weise heißt es weiter: *„Then can I walk beside you / I have come here to lose the smog / And I feel to be a cog in / something turning"* – dann kann ich dich begleiten; ich bin gekommen, um dem Smog zu entkommen; und ich habe das Gefühl, ein kleines Rädchen zu sein in einer Umwälzung. Der Zweifel, der aus dieser Stelle herausgelesen werden könnte („Ich habe das Gefühl"), ist in Wirklichkeit keiner – Gefühle zu haben stand bei der Woodstockgeneration allemal höher im Kurs als ein fertiger Gedanke. Man war sich seiner Sache sicher, daß die Dinge so schlecht stünden, daß nur ein moderner Kreuzzug, ausgehend von Woodstock, helfen könnte, den Smog (eines der ersten Ökomotive in der Popliteratur!) zu verjagen – auch wenn man nur ein kleines Rädchen ist im großen Getriebe.

Das war – und ist bis heute – eine zutreffende Beschreibung: Damals hatten selbst die Menschen in Woodstock das Gefühl, einer Minderheit anzugehören. Aber was für einer! Einer, die sich sicher weiß, die angetreten ist, der Mehrheit zu erzählen, wie es eigentlich funktioniert. Und das ist ein Glauben, der Trost spendet und Mut macht. *„Well maybe it is just the time of year / Or maybe it's the time of man / I don't know who I am / But life is for learning"*: Vielleicht ist es nun die Jahreszeit; oder vielleicht ist es die Zeit des Menschen; ich weiß nicht, wer ich bin; aber das Leben ist zum Lernen da. Woodstock sei also mehr als ein Musikfestival, das durch Undergroundreklame und umfängliche Anti-Anti-Werbung der großen Medien zu einem Ereignis wurde – vielmehr ist es ein Aufbruch der Menschheit. Wobei auch Ms. Mitchell nicht weiß, wer sie eigentlich ist, die das alles fühlt, aber sie wird es noch herausfinden, denn das ist das Privileg junger Menschen – zu glauben, daß die Welt neu erfunden werden muß. Aber was heißt erfunden? Erweckt wäre womöglich das bessere Wort: Der ganze Text, musikalisch strikt in der Tradition des amerikanischen Liedermacherwesens, untermalt von kargen Gitarrenakkorden, arrangiert im Stil einer Lagerfeuersession, birgt schon bis zu dieser Stelle alle entscheidenden biblischen Bilder des Aufbruchs: zurück zum Garten Eden, sicher geführt von Gott, wissend, daß alle Last auf diesem Weg nach Jerusalem, wofür Max Yasgurs Farm steht, belohnt wird. Mehr noch: schon jetzt entgolten wird durch das Wissen um die gute und gerechte Sache, für die man eintritt.

„By the time we got to Woodstock / We were half a million strong / And everywhere there was song / and celebration": Als wir nach Woodstock kamen, waren wir eine halbe Million Mann stark; und überall war Gesang und Feier. Angekommen

also endlich im gelobten Land, dort, wo Milch und Honig fließen, woran sich eine halbe Million Menschen labt – besser kam eine christliche Tradition im Popgeschäft nie zum Ausdruck. So nebenbei kam man am Ziel an, wo ersichtlich viele andere waren, die ebenso fühlten und dachten wie die Pilgerin selbst – wofür man gemeinsam mit feierlichem Gesang dankte. Wer für Woodstock zu jung war und für die Loveparade zu alt, wird sich erinnern, daß die meisten Anti-AKW-Demonstrationen nach ähnlichem Muster abliefen: Man pilgerte nach Brokdorf, nach Kalkar und Gorleben und erlebte dort, daß andere an die gleiche gerechte Sache glaubten … Die Musik in der Nachfolge Mitchells war nicht so brillant, aber versucht haben sie es trotzdem: Da waren die Schmetterlinge; da war Walter Mossmann. Und vor allem war da das allgegenwärtige Credo „Wehrt euch, leistet Widerstand …“ Stets das gleiche Motiv: Hier stehen wir und können nicht anders, wir werden den anderen standhalten. *Them* und *us* war die wichtigste Wahrnehmung der Woodstockgeneration: Die und wir. Hier sind wir, die unverstandene Minderheit, die schon in Bethel *„half a million strong"* war, dort die, die für die schlechte Welt verantwortlich sind oder nicht sehen wollen, daß sie so ist. In weltlicher Hinsicht darf dies als gesellschaftliche Feinderklärung begriffen werden. Was hierzulande bis heute dazu führt, daß die Nachfahren der Achtundsechziger der Bundesrepublik, ihren Institutionen und Strukturen, dem Gros ihrer Einwohner mit Mißtrauen begegnen: Vor allem in der Partei der Grünen haben sich jene organisiert, die sich für die besseren Menschen halten – gegen die Spießer, Kapitalisten, Kleinbürger, also gegen *die*, die *uns* davon abhalten, die Alternativen zu realisieren.

Schließlich nimmt „Woodstock" im Text Joni Mitchells eine wichtige, offenbar politische Wendung: *„And I dreamed I saw the bombers / Riding shotgun in the sky / And they were turn-*

ing into butterflies / Above our nation" – Und ich träumte, Bomber zu sehen; Schrotmunition in den Himmel schießend; die zu Schmetterlingen wurden; über unserer Nation. Ihre Stimme wird an dieser Stelle eine Spur härter – nichts mehr von Gefühl und Gefühlsseligkeit. Es gab für diese Passage nur eine Lesart. Gemeint war der US-Krieg im fernen Osten, die Bomber über Vietnam. Und wieder träumt die Autorin davon, daß aus den Bomben am Himmel Schmetterlinge werden, die die Nation überfliegen. Schwerter zu Pflugscharen, hieß das später in der DDR-Friedensbewegung – nicht zufällig wieder ein biblisches Zitat. Zutreffend verknüpft Joni Mitchell (Barry Graves und Siegfried Schmidt-Joos meinten in ihrem „Rock-Lexikon" über ihre Songs: „Lieder von Zinnengeln, alternden Kindern, goldenen Prinzen, Kerzenschein und Juwelenglanz, vom Konflikt zwischen schönem Traum und trister Realität") die naiven Träume einer Generation, die von Krieg und Er-wachsenwerden wenig hielt, mit der Wirklichkeit des Viet-namkriegs. (Eine ähnliche Methode, sich selbst als friedliches Menschenwesen ins verzweifelte Verhältnis zur bösen Welt zu stellen, wandte die früher in der DDR lebende Lieder-macherin Bettina Wegner an. Sie sang seinerzeit: „Sind so kleine Hände …")

Während des letzten Refrains streut Mitchell zwischen *„We are stardust"* und *„We are golden"* den dunkel geraunten Satz *„Million years of carbon"* und zwischen *„We are golden"* und *„And we've got to get ourselves / Back to the garden"* die Sen-tenz *„Calling the devil's bargain"* ein: eine Schlußpointe, eine programmatische Weissagung, die es gelte, in die Tat umzuset-zen: *„Million years of carbon"* meint, das Holz, aus dem die Woodstockgeneration geschnitzt ist, sei älter als alles, was an Falschem auf der Welt existiert. Und *„Calling the devil's bar-gain"* muß als zart-drohende Geste verstanden werden: Auch der Teufel wird seinen Tribut zahlen müssen, wenn wir, golden und sternenstaubig, unserer Berufung nachgekommen sind, die Welt errettet zu haben.

Die biblische Grammatik ist kein Zufall. Erstens haben vermutlich die meisten Mitgänger der Woodstockgeneration Religionsunterricht genossen und den entsprechenden Liederkanon kennenlernen müssen. Zweitens gehört der christliche Glaube beim weißen Amerika viel eher zum Alltag als in Mittel- und Westeuropa. Und drittens – am wichtigsten – ist eine Erweckungsrhetorik nicht zufällig biblisch eingefärbt: Auch die Jünger Jesu konnten nur hoffen, daß das Schicksal sich zum Besseren wendet. Wissen konnten sie es nicht. Um an der Wirklichkeit nicht irre zu werden, nicht daran zu verzweifeln, möglicherweise nur einer Sekte anzugehören, muß das Bewußtsein vom eigenen Tun emporgefönt werden – zu einem Wissen um die Mission, die die Welt dringlich verdient.

Insofern hat Joni Mitchell den sensibelsten Beitrag zur (Selbst-)Beobachtung der Woodstockära geschrieben. Daß bei diesem Tun kaum gelacht wurde, ja, daß Ironie, also bereits reflektierte Heiterkeit, die sich selbst nicht allzu ernst nimmt, fehlte, wundert kaum. Man blieb strikt pfadfinderhaft. Selbst Woodstock war eine ernste Angelegenheit. So sind im Woodstockfilm auch kaum lachende Menschen zu sehen. Die meisten sehen entrückt aus; selbst jene, die nicht von Marihuana oder Haschisch zugedröhnt wirken, haben diese gewisse messianisch-melancholische Aura, die der späteren Punkgeneration („No Future") der mittsiebziger Jahre so schwer auf die Nerven ging.

Viele Titel, die während der drei Tage in Woodstock angestimmt wurden, waren von ähnlichem christlich-traurigen Duktus: Songs von mutterverlassenen Kindern (so beim Gospel „Sometimes I Feel Like A Motherless Child"), von Verzweiflung („I Can't Help It Anymore"), von schönen Menschen („Beautiful People"), der strahlenden Sonne („Birthday

30

Of The Sun"), von der Gnade des Friedens („Amazing Grace"), von Milch und Honig („Dreams Of Milk & Honey"), von friedlichen Flüssen („Green River"), verspannten Gemütern („Turn On Your Lovelight"), von der Liebe („To Love Somebody"), von der Last mit der Freiheit („Find The Cost Of Freedom"), von transzendentalen Zuständen mittels Drogen („White Rabbit") oder von den Möglichkeiten, ein anderes Leben zu leben („The Other Side Of This Life"), von Freundschaft („With A Little Help From My Friends") oder von der Suche nach dem verlorenen Zuhause („I'm Going Home") – und vor allem von Freiheit als solcher: War es nicht ein Wink des – göttlichen? – Schicksals, daß Richie Havens als erster auf der Woodstockbühne mehr oder weniger genötigt wurde, seinen Auftritt zu verlängern, weil kein Anschlußauftritt zur Verfügung stand, und deshalb röchelnd, beinahe atemlos und erschöpft den Song „Freedom" kreierte?

Woodstock, soviel steht nach Durchsicht der dort gebrachten Lieder fest, bot musikalisch eine Mischung aus christlichen Botschaften (Joan Baez, Arlo Guthrie) nach Art der amerikanischen Ostermarschbewegung gegen den Krieg, munterem Rock (Creedence Clearwater Revival, Canned Heat, Sweetwater), politischem Slapstick (Country Joe McDonald, Sha-Na-Na) und süßlich-kieksigem Hippietum (Melanie, Ravi Shankar). Wenn Joan Baez die prominenteste Protagonistin des politischen Anteils an Woodstock war, so war die britische Band „The Who" jene, die den wenig hoffnungsfrohen, rabiaten, ja proletenhaften Teil des Programms am perfektesten darboten. Als vorletzten Song ihres Auftritts am Sonnabend – lange nachdem Pete Townsend mit einigen Schlägen Abbie Hoffman, Chef der amerikanischen Studentenorganisation SDS, von der Bühne gejagt hatte – brachten sie ihr Lied, das sie in den Ohren vieler Achtundsechziger unsterblich gemacht hat: „My Generation".

Dort heißt es: „People try to put us down / Just because we get around / Things they do look awful cold / Hope I die before I get old" – die Leute versuchen uns niederzuhalten, einfach weil wir da sind; die Sachen, die sie machen, sehen schrecklich kalt aus; ich hoffe zu sterben, bevor ich alt werde. In diesem Abschnitt ist textlich gebündelt, was bei Joni Mitchell noch brav und tapfer daherkam: Aggressiv, auf Widerstand gepolt, auf Haß und Unverständnis, bringt es den zweiten Glaubenssatz der Achtundsechziger zur Sprache. „Die Leute" – eine stehende Redewendung für alle Menschen, die nicht so fühlen wie man selbst – wollen uns kleinhalten: ein unerhörtes Drama, das jeder der damals Jugendlichen verstand. Und zwar „einfach so", ohne Grund, was nur gemein ist: Das konnte nicht auf Verständnis stoßen, wenn man selbst annimmt, die besseren Gefühle zu haben. Aber das nimmt, so Townsend, Autor des Songs, auch nicht wunder, denn die Dinge, die *sie* tun, machen frösteln. Und dann das Fazit, das in ähnlicher Weise Janis Joplin, Jimi Hendrix, Jim Morrison und viele andere dieser (Musiker-)Generation besangen und dem sie folgten: Hoffentlich sterbe ich, bevor ich alt werde. Wobei dieser Satz auch gelesen werden kann mit dem Sinn: Hoffentlich lebe ich nicht mehr, ehe ich so bin wie die. Denn sicher kann man ja nie sein, am Ende doch noch, mürbe und müde geworden, vom System eingekauft zu werden. Zeugenberichten zufolge soll neben Jimi Hendrix am Montag morgen vor allem „My Generation" den üppigsten Applaus erhalten haben.

Die Lyrik der Woodstockära lebte von dieser Spannung – auf der einen Seite die tapfer-leuchtende Hoffnung auf eine bessere Welt, auf der anderen das Wissen, von einer Welt fieser Feinde umgeben zu sein, was musikalisch als rabiater Putz aufgetragen wurde. Noch nichts war zu spüren von der krawallartigen Lust am Zerstören wie bei den Punks wenige Jahre später, nichts vom Spiel mit Images und Rollen, mit Textilien aller

Art, von Verkleidungen und Travestie wie drei Jahre darauf T. Rex („Children of the revolution" – eine hinreißende Hommage an die naiven Zeiten), David Bowie („Life on Mars") oder Lou Reed („Walk on a Wild Side"). Als Woodstock gefeiert wurde, war noch keine Zeit für Glamour, für strahlende Auftritte in Plateauschuhen und für narzißtische Wonnen im Scheinwerferlicht. Niemand ahnte, was zehn Jahre später die Bee Gees mit ihrem Soundtrack zum Film „Saturday Night Fever" anrichten sollten: die pure Einladung zum Vergnügen, zum Tanz und zur Feier des Lebens im Kleinen. Woodstock war auch musikalisch Politik durch und durch, Agitprop auf manchmal hitverdächtige Art. Ehrlich und aufrichtig, wie von den Mitgliedern der Woodstock-Nation immer behauptet, war die Musik ihrer Generation nicht: Oder wie war das mit der evangelisch-blockflötenhaften Bescheidenheit einer Joan Baez? Die wußte von ihren Tantiemen sehr schön ihre ganz persönlichen Bedürfnisse zu befriedigen: Sie kaufte sich einen Sportwagen. Wobei gegen solche Errungenschaften nichts gesagt werden soll – das Wägelchen paßte bloß nicht zum Image der Jeanne d'Arc des amerikanischen Liederwesens.

In diesem Zusammenhang war natürlich eine Einrichtung wie eine Discothek undenkbar. Getanzt wurde in Woodstock nicht, man schunkelte, nein, wiegte die Körper hin und wieder, meist aber schmiegte man sich an: Man litt – und Leiden war offenkundig nicht vereinbar mit Ekstasen. Ästhetische Fragen spielten – scheinbar – eine bestenfalls untergeordnete Rolle. Hätte jemand Janis Joplins aufwendiges Barockengel-Outfit als kunstvoll, als typisch modisch bezeichnet, als Zeichen ihres natürlichen Exhibitionismus, wäre dies dem Publikum übel aufgestoßen: Unsere Janis – eine Modetussi? Niemals.

Was natürlich im nachhinein auffällt, ist all die Musik, die in Woodstock nicht gespielt wurde. Daß weder Barbra Streisand, Judy Garland, Al Martino, Frank Sinatra noch Johnny Cash eingeladen wurden, ist verständlich. Das waren Showleute, die zum anderen Lager gehörten – davon abgesehen, daß alle Genannten es auch nicht nötig hatten, in Woodstock aufzutreten, weit ab von Bars, Hotellounges, Showtreppen und abgedimmtem Licht. Seltsamer schon, daß Stars aus der Beat-Ära – Dusty Springfield beispielsweise, aber auch Marianne Faithful – nicht auf der Besetzungsliste standen. Sie waren nicht hip genug, nicht hippiesk. Und Sonny & Cher, die wenigstens mit diesen Rollen spielten, galten als zu künstlich, als daß sie Gnade vor John Morris, Festivalchef von Woodstock, gefunden hätten. Gravierender aber war, daß es, abgesehen von Sly Stone und seiner Combo, abgesehen von Richie Havens und Jimi Hendrix, keine Beiträge schwarzer Künstler gab.

Es gehört zu den schönen, wenn auch falschen Legenden um Woodstock, daß das Festival eine Art rock'n'roll-mäßiger Begleitschutz für den Bürgerrechtskampf der Schwarzen gegen den Rassismus in den USA gewesen ist. Tatsächlich war von Rassendiskriminierung in Woodstock nie die Rede. Zufall also, daß in Bethel Rock und Folk dominierten? Daß Künstler aus dem Motown-Stall – also Diana Ross, Stevie Wonder, die Jacksons, Marvin Gaye oder Isaac Hayes – nicht eingeladen wurden? Daß eine glühende Verehrerin des ermordeten schwarzen Predigers Martin Luther King wie Aretha Franklin („Respect", „Think") nicht für einen Auftritt in Erwägung gezogen wurde? Deren Songs spielten in der Bürgerrechtsbewegung in der Tat eine gewichtige Rolle – in Woodstock war sie nicht zugegen.

Vielleicht war die lückenhafte Besetzungsliste doch weniger rätselhaft. Alle, die in Woodstock spielten, profitierten noch vom Ruf, Musik noch ohne großes Orchester und live vortragen zu können. Echte („natürliche") Rock'n'Roller, die sich nicht auf die Kunst der Männer hinter den Mischpulten verlassen mußten. Womöglich war diese kitschige Auffassung von Musik auch der Grund, weshalb sich Bob Dylan am Ende doch nicht ködern ließ, in Woodstock, also vor seiner Haustür, zu spielen. Der amerikanische Troubadour hatte seine „An mir und meinen Instrumenten ist alles echt"-Phase zwei Jahre davor abgeschlossen und seine Anhänger mit elektronischen Gitarrenklängen erschreckt.

Der Glaube an echte, gute Musik hat sich bei manchen Woodstockmenschen bis heute erhalten. Es sind Menschen, die Klangcomputern oder Synthesizern nicht trauen und darauf schwören, daß Trommelklänge, so disharmonisch und langweilig sie auch klingen, authentischer und besser sind als filigranste Kompositionen, ausgesteuert und arrangiert in Studios, deren technische Ausrüstung mehrere Millionen Mark kostet.

Die Ära der Liedermacher wie Joan Baez hatte in Europa erst Anfang der siebziger Jahre ihren Höhepunkt erreicht. Hierzulande wurden Schallplatten von Franz-Josef Degenhardt, Dieter Süverkrüp oder Reinhard Mey noch bis Mitte der siebziger Jahre glänzend verkauft. Danach hatte das Publikum ihr wortlastiges Tun satt. In den USA hätten Songs wie „Woodstock" heute keine Chance mehr. Niemand würde mehr so unerschütterlich froh in die Zukunft blicken. Die weiblichen Songwriter von heute – Melissa Etheridge, k. d. Lang, Björk, Mary Chapin Carpenter, Sheryl Crow oder Tori Amos, aber auch Kerle wie Marc Cohen oder Garth Brooks – kommen rockig, countryhaft, elfengleich, grüblerisch oder gebrochen daher. Eine uniforme Moral, eine politische Vision, ein musikalisches Hoffnungszeichen für die Welt hat niemand von ihnen zu bieten. Darüber kann, wer will, beruhigt sein.

Paranoia und Ledernackenlust

„Finger weg von Vietnam!"

Im Spätsommer 1967 waren sich Analytiker des amerikanischen Geheimdienstes CIA einig: Dieser Krieg kann beendet werden, ohne daß die Vereinigten Staaten einen geostrategischen Nachteil davon haben würden. Dieser Krieg – das war das amerikanische Engagement in Südostasien; das waren am Ende Kosten in Höhe von 170 Milliarden Dollar allein für die USA; das waren siebeneinhalb Millionen Tonnen Bomben, also mehr als doppelt soviel wie auf alle Länder im Zweiten Weltkrieg, auf ein kleines Land namens Vietnam; das waren zerstörte Deiche, weitgehend durch Napalmbomben und durch das Gift Agent Orange verdorbene Landschaften und kranke Menschen; das waren ruinierte Reisplantagen – und das waren vor allem 900 000 Waisenkinder und drei Millionen getötete Vietnamesen und Kambodschaner.

Doch 1967 wußten die meisten Amerikaner kaum, wo Vietnam überhaupt liegt. Proteste gegen den Krieg gab es öffentlich vernehmbar nur wenig. 1964 schickte das Pentagon nach den dort bereits seit 1961 stationierten „Militärberatern" erste Kampftruppen nach Südostasien – 400 Mann Hubschrauberbesatzung. Langsam, aber sicher wollten sich die USA in Indochina in den Krieg verwickeln lassen – andernfalls, fürchteten sie, würde dieser Teil der Erde dem Kommunismus vor die Füße fallen. Doch 1967 war die Lage anders; inzwischen waren mehrere hunderttausend Soldaten in Vietnam stationiert. Präsident Johnson kündigte sogar die Aufstockung der Truppenstärke an. Die Lageanalyse der CIA fruchtete wenig. Ohne Gesichtsverlust, das glaubte die Regierung des Präsidenten Lyndon B. Johnson, könnte Amerika sich nicht aus Vietnam zurückziehen. So wurde weiter gekämpft – bis zum Waffenstillstandsabkommen 1973, das zum Abzug der US-Truppen in Vietnam führte. Wie hätte Amerika dagestanden, wenn es sich schon Mitte der sechziger Jahre aus einem Bürgerkrieg in einem fernen Land zurückgezogen hätte? Wie hätte es auf andere Bündnispartner gegen den Kommunismus gewirkt, wenn sich die USA einfach davongemacht hätten? So lauteten die konservativen Überlegungen innerhalb des Weißen Hauses – und Johnson folgte ihnen.

Als Woodstock gefeiert wurde, hatte die Friedensbewegung längst die moralisch besseren Karten auf der Hand. Viele der jungen Männer, die auf Max Yasgurs Farm kamen, mußten befürchten, einen Einberufungsbescheid zu bekommen – und nach Vietnam wollte von ihnen niemand. So erklärt sich vielleicht auch, weshalb der Sänger Country Joe McDonald, als er am Freitag abend auftrat, frenetischen Applaus für seine Show bekam. Sein Lied „Fixin'-to-die-Rag" (etwa: „Vorgesehen-zu-sterben-Rag") kam einer Beschwörung gleich; sein öffentliches Buchstabieren des Wortes „F-U-C-K" schien diese allgemeine „Leckt mich"-Stimmung auf den Punkt zu bringen.

Die Stimmung hatte sich gründlich gewandelt, seit die USA 1964 den Beschuß eines ihrer Zerstörer im Golf von Tonking zum Anlaß nahmen, das militärische Engagement in Vietnam zu verstärken. Das Land zählte im Pentagon zur amerikanischen Einflußsphäre – wären die USA dort nicht präsent, würde, so glaubte man, das Land an das kommunistische Lager fallen. Was die US-Militärs nicht ahnten, mußten sie in Vietnam schnell lernen: Das geteilte Land wollte sich nicht helfen lassen. Nordvietnam galt im Süden des Landes nicht als Horrorstaat. Die Kritik am Militäreinsatz in Südostasien wuchs in den USA rasant. Auch Teile der politischen Elite fanden nur harsche Worte für den sinnlosen Einsatz, der keinen Ertrag versprach. Senator J. William Fulbright, der selbst im August 1964 die folgenreiche „Golf von Tonking"-Resolution im Kongreß durchgebracht hatte, sah sich durch die konkreten Militärhandlungen getäuscht. Er warnte seine Parlamentskollegen und Präsident Johnson davor, sich als Erben der Kolonialisten und Imperialisten zu gerieren, mahnte, sich nicht von der „Arroganz der Macht" hinreißen zu lassen.

Diese Einschätzung stammt keineswegs von einem Pazifisten. Anders als Politiker wie der Präsident in spe Richard Nixon oder weite Teile des Pentagon glaubte Fulbright nicht, daß Vietnam eine wesentliche Bedeutung für die Stabilität der USA hat. Doch vergeblich sprach er sich dafür aus, Frieden in Indochina auf einer Genfer Konferenz unter Beteiligung der Sowjetunion oder der Volksrepublik China auszuhandeln – diesen Teil der Erde also im Kalten Krieg zu neutralisieren.

Irgendeine Lösung mußte gefunden werden, hatte Lyndon B. Johnson doch Ende 1964 versprochen, daß das US-Engagement in Vietnam nur von kurzer Dauer sein werde. Als aus diesem Versprechen nichts wurde, als mehr und mehr Einberufungsbescheide für einen Einsatz in „Nam" verschickt wurden, wuchs in den USA die Friedensbewegung rasant. Schon in den fünfziger Jahren – als Reaktion auf die Atombombenabwürfe auf Hiroshima und Nagasaki – hatte sich vornehmlich in studentischen und kirchlichen Kreisen eine kleine pazifistische Bewegung gebildet. Es waren Organisationen wie das „National Committee For A Sane Nuclear Policy" (SANE, Nationales Komitee für eine gesunde Atompolitik) oder die „Women Strike For Peace" (Frauen streiken für den Frieden), die sich gegen eine unter dem Deckmantel des

Kampfes gegen die Sowjetunion getarnte imperialistische Politik wandten.

Diese Bewegung verschmolz – zumindest in der öffentlichen Wahrnehmung – mit anderen demokratischen Bewegungen, vor allem mit der „Civil Rights Movement", der Bürgerrechtsbewegung gegen Rassismus. 1956 hatte der Pfarrer Martin Luther King die Gruppe „Southern Christian Leadership Conference" (Konferenz der christlichen Führung im Süden) mitgegründet. Sie, wie auch das „Student Non-Violent Coordinating Committee" (Studentisches gewaltfreies Koordinationskomitee) oder die „Students For A Democratic Society" (SDS, Studenten für eine demokratische Gesellschaft), kämpften gegen die nach wie vor bestehenden krassen Diskriminierungen von Schwarzen. Vor allem im Süden der USA erging es afroamerikanischen Bürgern kaum besser als im Apartheidstaat Südafrika. 1962 wurde der Staat Mississippi gezwungen, den ersten schwarzen Studenten an der bis dahin exklusiv weißen „Ole Miss"-Universität zu immatrikulieren. Die Bürgerrechtler veranstalteten Sit-ins, sorgten darüber hinaus dafür, daß Schwarze die öffentlichen Schulbusse benutzen durften, die sie an gemischtfarbige öffentliche Schulen bringen sollten, unterstützten Initiativen gegen den Ku-Klux-Klan, eine bis heute existierende paramilitärische Mördertruppe von Weißen, die an Schwarzen Lynchjustiz verübten.

Aufwind für ihre Anliegen versprachen sich diese Bewegungen von John F. Kennedy, der sich als Demokrat im November 1960 knapp gegen den republikanischen Kandidaten Richard Nixon durchsetzte. Kennedy versprach ein Präsident zu werden, der die kolonialisierten Völker der Dritten Welt in die Freiheit entlassen würde, einer, der nicht auf Militärmachthaber setzte, sondern auf Demokratie. Nixon, der sich erst bei der Wahl 1968 durchsetzen sollte, stieß auf scharfe Ablehnung – er stand für alles, was die Friedensbewegung nicht wollte: Haß auf alles, was sich als pazifistisch gerierte. Nixon war ein Vertreter der McCarthy-Ära, ein Mann der Kommunistenhatz. Kennedys Nimbus erhielt indes 1962 scharfe Kratzer, als die Invasion von US-Truppen auf Kuba scheiterte. Schon bei dieser Gelegenheit waren die außenpolitischen Analysen der Regierungsdenkfabriken falsch. Denn das Pentagon und das Weiße Haus hatten nicht damit gerechnet, daß die Revolution Fidel Castros auf Kuba, bei der die Statthalter der USA entmachtet wurden, auf der Insel selbst großen Rückhalt genoß. (Am Ende war Castro zu einer gleichen Politik wie später die Nordvietnamesen gezwungen: Um weltpolitisch nicht völlig isoliert dazustehen, mußte man auf die Hilfe der Sowjetunion bauen.)

Am 22. November 1963 wurde Kennedy unter bis heute ungeklärten Umständen in Dallas im US-Bundesstaat Texas, in seinem verdecklosen Auto sitzend, erschossen. Für die meisten Amerikaner war ein Idol gestorben – ein Mann, der das Land aus der bleiernen Zeit der fünfziger Jahre geführt hatte, der innenpolitische Liberalität umzusetzen und außenpolitische Weitsicht zu haben versprach. Sein Vizepräsident Lyndon B. Johnson übernahm das Amt. Er sollte später als der Präsident in die Geschichte eingehen, der es versäumt hatte, die eigenen Truppen rasch aus Vietnam zurückzuziehen.

Schon im Sommer 1964 organisierte der SDS an zahlreichen Universitäten Sit-ins gegen den Vietnamkrieg. Bei Paint-ins wurden Einberufungsbescheide erst mit schwarzer Farbe beschmiert und dann verbrannt. Im April 1965 – in dem Jahr, in dem Schwarzen überall in den USA das allgemeine Wahlrecht zugestanden wurde – fand in Washington die erste große Friedensdemonstration mit 25 000 Teilnehmern statt. An ihr nahmen auch Künstler wie Joan Baez und Bob Dylan teil. Im November jenes Jahres verbrannte sich ein Quäker nach dem Vorbild buddhistischer Mönche vor dem Pentagon aus Protest gegen den Vietnamkrieg. Die beiden katholischen Priester Daniel und Philip Berrigan riefen zu gewaltfreiem Widerstand auf und ermutigten Kriegsdienstpflichtige, ihre Einberufungsbescheide zu verbrennen. Nur wenige folgten dem Aufruf; später, als die US-TV-Gesellschaften immer stärker mit Sonderkorrespondenten aus Vietnam berichteten und von der Sinnlosigkeit und der Absurdität des Tuns Zeugnis ablegten, nahm der Mut zum zivilen Ungehorsam zu. Viele Wehrpflichtige flüchteten nach Kanada und Schweden – also in Länder, die ihnen Asyl gewährten und sie nicht wieder an die USA auslieferten. Etliche junge Männer, die ihre Einberufung nach Vietnam ignorierten, mußten mit Geld- oder Haftstrafen rechnen. Schriftsteller wie Norman Mailer büßten ihr Antikriegsengagement mit Knast. Der populäre Schwergewichtsboxer Cassius Clay, der sich später Muhammad Ali nannte, weil sein Geburtsname ein Sklavenname sei, riskierte sogar die Aberkennung seines Weltmeistertitels und eine Gefängnisstrafe, um dem Militärdienst zu entgehen. Ein in den Augen der Weißen unerhörter Provokateur: „Ain't got no quarrel with the Viet Cong", sagte er der Presse – hab' keinen Streit mit dem Vietcong. Nachdem er Berufung eingelegt hatte, wurde seine Verurteilung zurückgezogen – Ali, 1960 in Rom Goldmedaillengewinner bei den Olympischen Spielen, war bei Weißen zu populär, als daß das Establishment ihn hätte in den Knast schicken können. Helden wie ihn gab es auf schwarzer Seite nur wenige. Und Ali war ein Held, er war „mehr als ein Champion", so Jan Philipp Reemtsma in seinem gleichnamigen Buch: „Für Selbstwahrnehmung und Selbstbewußtsein der Schwarzen nicht nur in Amerika hat Clay / Ali vielleicht mehr getan als Martin Luther King, Malcolm X, Patrice Lumumba und Bill Cosby zusammen."

1966, im April jenes Jahres, kamen 400 000 Menschen zu einer Friedensdemonstration nach New York City. Im Oktober

1967 führte Martin Luther King, inzwischen unumstrittener Sprecher der schwarzen Bürgerrechtsbewegung, den berühmten „Marsch nach Washington" an. 100 000 Menschen nahmen an dieser Demonstration teil. King galt als der Sprecher aller sozialen Bewegungen. 1963 hatte er vor einer viertel Million Demonstranten in Washington seine legendäre Rede „I Have A Dream" gehalten. Sein Traum war einer von einer friedlichen Gesellschaft, in der es nicht darauf ankommt, ob jemand weiß oder schwarz, arm oder reich ist: Alle sollten die gleiche Chance erhalten, ein menschenwürdiges Leben zu führen: „Ich habe den Traum, daß eines Tages die Söhne ehemaliger Sklaven auf den roten Hügeln von Georgia am Tisch der Brüderlichkeit zusammensitzen werden. Ich habe den Traum, daß meine vier kleinen Kinder eines Tages in einer Nation leben werden, in der man sie nicht nach der Farbe ihrer Haut, sondern nach dem Wesen ihres Charakters beurteilt."

Vier Jahre darauf hatte King sich öffentlich vom Einsatz in Vietnam distanziert. Er reagierte damit auf Kritik, daß vor allem afroamerikanische Männer eingezogen werden. Diese wurden zu Kanonenfutter in einem Krieg, den niemand verstehen konnte. Der schwarze Pfarrer, der 1964 den Friedensnobelpreis erhalten hatte, war ein beliebtes Bespitzelungsobjekt des FBI. Mehr als 17 000 Seiten Dossiers fanden sich nach Kings Tod. Teilweise werden sie noch unter Verschluß gehalten. King provozierte haßerfüllte Reaktionen von Weißen. Je hartnäckiger die Schwarzen für ihre Rechte eintraten, desto infamer wurden die Aktionen weißer Rassisten. Ein Motelbesitzer im US-Staat Florida schüttete Salzsäure in seinen Swimmingpool, um gemeinsames Baden von Schwarzen und Weißen zu verhindern. Im April 1968 fiel King in Memphis im US-Staat Tennessee einem Attentat zum Opfer.

Der Kampf Kings klingt heute wie ein feines Teekränzchen – ein Pfarrer, der von einem Traum erzählt, und alle folgen ihm. Tatsächlich hatten die Ansprüche afroamerikanischer US-Bürger auf Gleichberechtigung, auf ein Ende des Rassismus, Gegenwehr provoziert. In Chicago, in Los Angeles, in vielen anderen Städten kam es zu Krawallen gegen die Behörden, die ihnen bestenfalls einen Status wie den Schwarzen in Südafrika zubilligen wollten: als Diener der weißen Herrenrasse.

Die selbstbewußte Parole „Black is beautiful" war noch nicht erfunden. In Drogerien gab es Bleichmittel zu kaufen, um schwarze Haut aufzuhellen; viele Schwarze gingen zum Frisör, um die ungeliebten krausen Haare glätten zu lassen. Erst in den sechziger Jahren eroberten Schwarze sich das Recht, auch vorne in Omnibussen sitzen zu dürfen. Kaum weniger drangsaliert wurden Weiße, die diesen Kampf unterstützten – Studenten wurden von Universitäten relegiert, andere zu hohen Gefängnisstrafen verurteilt. Verräter waren sie in den Augen konservativer Amerikaner im Glauben an die Überlegenheit der weißen Hautfarbe.

Im Oktober 1967 zeigten sich nur noch 58 Prozent der US-Bevölkerung mit dem Vietnamkrieg einverstanden; bloß 39 Prozent hatten Vertrauen in die Politik Präsident Johnsons – wobei diese Zahl auch die Haltung jener US-Bürger einschloß, die die lasche Gangart der US-Truppen in Südostasien kritisierten. Allen Demonstrationen zum Trotz war es am Ende der Friedensbewegung nie ganz gelungen, mehr als drei bis vier Millionen bekennende Anhänger zu gewinnen. Die Soldaten im vietnamesischen Dschungel wußten zwar spätestens 1967 auch nicht mehr, was ihr Kriegspielen eigentlich sollte, mit der Antikriegsbewegung konnten sie sich jedoch trotzdem nicht anfreunden. Die meisten Soldaten waren Männer der Arbeiterklasse. Einer sagte später: „Die Kritiker schikanieren uns, nur weil wir diesen Krieg kämpfen mußten. Wo

waren deren Söhne? Auf teuren Universitäten? Jedenfalls nicht in meinem Zug. Die Leute bei uns waren Arbeiter und so. Wenn der Krieg so wichtig war, warum schickten unsere Führer nicht die Söhne aller dorthin, warum nur uns?"

Der Zwist über richtig oder falsch verstandenen Patriotismus ging oft durch die Familien selbst hindurch. In dem „Woodstock"-Film wird mehrere Minuten lang der Mann gezeigt, der die mobilen Toilettenhäuschen reinigt. Er erzählt, daß einer seiner Söhne gerade in Vietnam ist, der andere das Woodstockfestival besucht, „und ich weiß auch nicht, welcher von beiden den besseren Ort ausgesucht hat". Ein Aktivist des SDS klagte: „Dieser Krieg hat mein amerikanisches Herz gebrochen." Eine Empfindung, die die Aufteilung der Woodstockjünger ihrer amerikanischen Welt in *them and us*, in *die und wir*, untermauerte.

Die Vehemenz, mit der die Friedensbewegung sich im Recht sah, wurde der US-Öffentlichkeit erst nach einem Ereignis deutlich, das sich am 16. März 1968 in Vietnam abspielte.

Genauer: in My Lai, einem Ort, in dem es militärisch um nichts ging, der strategisch keine entscheidende Bedeutung hatte und in dem sich keine Partisanen versteckt hielten. Zwei Militärzüge machten sich auf den Weg dorthin und brachten in einem vierstündigen Gemetzel 504 Bewohner, ausnahmslos Zivilisten, um. Erschossen flüchtende Menschen, erschossen Kinder, ob sie weinten oder nicht, ob sie von ihren Müttern geschützt wurden oder nicht. Warfen Menschen in Brunnen und schmissen Handgranaten hinterher.

Berichtet wird über diese Metzelei von amerikanischen Reportern. Ohne das Fernsehen, ohne die mehr und mehr schonungslose Berichterstattung aus Vietnam hätte die Friedensbewegung in den USA niemals diese Sympathiewerte genießen können. Das Massaker von My Lai, das einhellige Zustimmung nur bei den Männern und (wenigen) Frauen des Ku-Klux-Klan fand, zeigte, daß der Krieg in Vietnam für die Soldaten selbst sinnlos geworden war. Die Mörder wurden bis zum Schluß der militärjuristischen Verfahren von den obersten Befehlshabern gedeckt. In Woodstock hatte diese Schlacht nur ein Signal zur Folge: Wir wollen dort nicht hin.

Der Historiker Bernd Greiner, Mitarbeiter am Hamburger Institut für Sozialforschung, schreibt in seinem Aufsatz „A Licence To Kill – Annäherungen an die Kriegsverbrechen von My Lai", daß in Vietnam eine Generation von Soldaten war, die nach dem Zweiten Weltkrieg im Bewußtsein einer „Siegerkultur" aufgewachsen ist: Nicht dein Bestes zählt, sondern nur der Sieg. Der Politologe Robert Lifton hat in der Mentalität vieler Vietnam-GIs „The John-Wayne-Thing" ausgemacht: „Schweigen, Mut, Loyalität, Beschützen von Frauen (von denen Gehorsam erwartet wurde) und einer schnellen Bereitschaft zur Gewalt, sobald irgendeines dieser Prinzipien verletzt wurde." Ihr Idol John F. Kennedy hatte es ihnen ja eingebleut: „Fragt nicht, was euer Land für euch tun kann, fragt lieber, was ihr für euer Land tun könnt." Er definierte auch das Motto seiner Vorstellung vom modernen Amerikaner: „Siegen. Siegen um jeden Preis."

Und daß dies im Dschungel Südostasiens, in einer Gegend, wo Menschen wohnen, deren Mentalität man nicht kennt, nicht gelingen wollte, provozierte Haß auf die daheimgebliebenen, in ihren Augen desertierten und feigen Friedenstauben der Woodstockkultur. Heute geben US-Militärwissenschaftler zu, daß in den sechziger Jahren in der amerikanischen Armee fast alle Standards disziplinierter Kriege – so wenig Opfer wie möglich, keine Vergeltung an der Zivilbevölkerung – außer Kraft gesetzt waren. „My Lai", zitiert Bernd Greiner den Bericht eines US-Militärs 1994 auf einer Tagung über das Massaker, „hatte Auswirkungen, die man einfach nicht für möglich hält. Es führte bei allen Beteiligten zu einem Verfall moralischer Standards." Die GIs in Vietnam waren diesem Krieg nicht gewachsen; anders als ihren Vätern, die mit dem Nationalsozialismus in Deutschland aufräumen konnten, war ihnen der Sinn des vietnamesischen Abenteuers nie klar, wie die meisten Berichte von Vietnamveteranen bezeugen. Bittere Pointe: Die meisten Drogenopfer jener Jahre gab es nicht im Umfeld der Beatniks, sondern in der grünen Hölle von Vietnam.

Mit eben dieser Kultur des Siegenmüssens, des Gewinnens um jeden Preis, wollte die Woodstockgeneration nichts zu tun haben. Ihre, wie es sich heute anhört, enervierend säuselndsensible Tonlage, ihre weicheierhafte Passivität waren politische Reaktionen auf den martialischen Sound der Militärs und des konservativen Amerika – und deshalb gerade bei allen Männern verhaßt, die es nie gelernt hatten, einen anderen als John Wayne zum Idol zu nehmen.

Der Krieg in Vietnam polarisierte auch die west- und mitteleuropäischen Gesellschaften. Selbst liberale Medien wie die

Zeit gaben in ihren Kommentaren über die Proteste gegen das US-Engagement in Südostasien zu bedenken, der Einsatz der Amerikaner könne nicht schlecht sein, schließlich habe auch Deutschland seine Befreiung vom Nationalsozialismus dieser Nation zu verdanken. Eine Einschätzung, die der Autor des Blattes viele Jahre später bedauerte. Der Krieg in Vietnam hat maßgeblich dazu beigetragen, die amerikanische Hilfe für Westdeutschland nach dem Zweiten Weltkrieg – in puncto Nahrungsmittel während der Berlin-Blockade, aber auch im Hinblick auf die Demokratisierung der Institutionen des Landes – zu relativieren. Das Pentagon der USA hat die Irrtümer, die zum paranoiden Engagement in Vietnam geführt haben, inzwischen mehr oder weniger eingestanden. Das ist für die Woodstockgeneration zumindest eine späte Genugtuung, mit ihrer Ablehnung des Krieges in Südostasien nicht völlig falschgelegen zu haben.

Am Ende der sechziger Jahre fühlten sich – politisch gesehen – die Friedens- und Bürgerrechtsaktivisten als Verlierer des Jahrzehnts. Dem aufgeheizten Klima fiel auch Robert F. Kennedy, Bruder des ermordeten Präsidenten John F. Kennedy, 1968 zum Opfer. Der jüngere der Kennedys war für die amerikanischen Achtundsechziger der letzte Hoffnungsträger im Establishment. Versuche im August 1968, mit militanten Demonstrationen den Parteitag der Demokraten in Chicago zu stören, schlugen fehl – Bataillone von kampflustigen Sicherheitskräften, 12 000 Polizisten, 6000 Mann Nationalgarde und 7000 Mann reguläres Militär, knüppelten den zaghaften, nur von 8000 Menschen getragenen Versuch des SDS nieder, eine Resolution gegen den Vietnamkrieg von den 3000 Delegierten zu erzwingen. Den SDS-Aktivisten fehlte es auch an den nötigen Unterstützern. Jerry Rubin, einer der Organisatoren der Aktionen in Chicago, kalkulierte offen Krawall ein: „Je mehr Truppen, desto besser das Theater." Einem solchen Kurs mochten weite Teile der Friedens- und Bürgerrechtsbewegung nicht folgen. Mehr als 150 Untergrundzeitschriften erschienen während dieser Zeit – und die meisten von ihnen gingen davon aus, daß die Regierung nicht mehr das Recht habe, für das wahre, das demokratische, das friedliche Amerika zu sprechen.

Ein Irrtum, wie sich in Chicago herausstellte, denn die Polizeiaktionen ernteten landesweit mehr Beifall als Kritik. Für die Demonstranten, die mit dem Aufgebot gegen sie nicht gerechnet hatten, war der Fall jedenfalls klar: Polizisten sind Schweine – und *„Pigs eat shit"*, Schweine fressen Scheiße. Die Unruhen von Chicago, telegen stundenlang von allen TV-Stationen landesweit aufbereitet, hatten in den gesamten USA einen starken Eindruck hinterlassen. Am Ende war es diese Militanz, diese zuletzt in den Tagen des amerikanischen Bürgerkriegs registrierte Feindseligkeit, die schließlich Ende 1968 Richard Nixon, den Mann des Law & Order, den Helden des schweigenden Amerika, das mit Woodstock, mit Hippies und Blumenkindern nichts zu tun haben wollte, bei den Wahlen gegen den wenig populären Hubert Humphrey siegen ließen. Nixon war vom Habitus her am ehesten wählbar für die Arbeiterklasse, weil er selbst nie zum feinen Washingtoner Establishment zählte. Bei ihm fühlte sich die ängstliche Majorität Amerikas am besten aufgehoben, bei ihm durfte man darauf hoffen, daß er nicht vor dem pazifistischen Furor der Woodstockgeneration einknicken und daß er es nicht dulden würde, daß Polizisten einfach als *Pigs*, als Schweine, beschimpft würden.

Der Politologe Richard J. Barnet glaubt trotzdem an die nachhaltige Wirkung der Bürgerrechtsbewegung, daran, daß die vielen Toten, die der Kampf gegen das aggressive und konservative Amerika gekostet hatte, sich lohnte: „Ohne die weiterwirkenden Szenen vom verzweifelten Widerstand gegen den Vietnamkrieg, ohne Chicago und die vier erschossenen Studenten (im Mai 1970 bei einer Polizeiaktion gegen die Proteste an der Universität von Ohio) hätte sich unsere Regierung wahrscheinlich längst in ein neues Vietnam in Mittelamerika gestürzt." Und weiter meinte er vor elf Jahren, kurz vor der Erosion der realsozialistischen Systeme, die Gefahr kalkulierend, daß die Regierung ihr Versprechen wahrmacht, Mittelamerika auch faktisch zum „Hinterhof der USA" zu machen: „Was Ronald Reagan *(einst Filmschauspieler, schließlich von 1981 bis 1989 erzkonservativer US-Präsident, zu Woodstockzeiten Gouverneur des US-Staates Kalifornien)* sieben Jahre lang davon abgehalten hat zu tun, was er da unten am liebsten täte, ist die Furcht, die Szenen von damals auf unseren Straßen und an unseren Universitäten könnten sich wiederholen."

Drei Tage weit weg von zu Hause

Ein logistisches Desaster als Festival des Aufbruchs

Gesucht: Geld für ein Musikstudio in schöner Umgebung. Michael Lang war 22 Jahre jung, sah mit seinem Lokkenkopf sogar sehr viel jünger aus und war mit seinem Leben im Grunde zufrieden. Er lebte in New York, führte in Miami einen Laden für Drogenbedarf und war damit ganz auf der Höhe der Zeit. In Florida hatte er ein kleineres Musikfestival organisiert, bei dem Jimi Hendrix mit einem Hubschrauber auf der Bühne abgesetzt wurde. Aber etwas nagte an ihm: So ganz arriviert war er noch nicht, obwohl er doch im Hippie- und Popbusiness einigen Straßenkredit sammeln konnte. Leute, die er verehrte und die es geschafft hatten, lebten nicht mehr nur in New York oder Los Angeles – sie verfügten über schöne Häuser in einer Gegend im Staate New York, in Woodstock, dort, wo das Wasser noch klar war und viele Bäume standen, wo Vögel sangen, ein Idyll, wo sommers eine stille Hitze aufkam und winters Schnee fiel. Joan Baez, Janis Joplin, die Männer von „The Band", aber vor allem der große Bob Dylan hatten sich dort niedergelassen – in diesem Worpswede des amerikanischen Ostens. Auch sein Bekannter, Artie Kornfeld, ebenso jung wie Lang und doch schon Vizepräsident von Capitol Records für die Ostküste, ein Hipster durch und durch, wollte von all dem beruflichen Trubel verschnaufen. So beschlossen sie, Geld zu akquirieren, um sich davon ein Plattenstudio in Woodstock einzurichten. Zwei New Yorker Anwälte schienen die Rettung zu bringen. John Roberts und Joel Rosenman, Männer mit exzellenter Ausbildung, ausgerüstet mit familiärem Vermögen, Männer, die keine Hippies waren, sondern klassische Anzugträger, suchten für ihr Kapital Anlageobjekte.

In der *New York Times* gaben sie eine Annonce auf: „Junge Männer mit unbegrenztem Kapital suchen nach interessanten und legalen Investitionsmöglichkeiten und Geschäftsvorschlägen." Lang und Kornfeld nahmen Kontakt mit ihnen auf. Doch Roberts und Rosenman, einige der wenigen New Yorker Businessleute, die keine Scheu hatten, nötigenfalls auch mit der amerikanischen Alternativszene Profite zu machen, sahen in dem Studioprojekt nicht das, wovon sie sich Zinsen versprachen: „Wie erfahren die Leute von dem neuen Studio? Die Künstler in Woodstock, okay – aber der Rest der Welt?". Lang und Kornfeld schlugen vor, das Studio mit einer Presseparty zu eröffnen, bei der Bob Dylan spielt, das wäre doch was, um dem Projekt den nötigen Schub zu geben. Roberts zeigte sich nicht interessiert; doch sein Golffreund Rosenman fand die Idee mit einem Konzert immer einleuchtender. „Warum machen wir nicht gleich ein Konzert und verdienen damit ein Vermögen?"

Das Know-how war ja mit im Spiel, Lang konnte auf seine Erfahrungen in Florida verweisen. Doch er wollte zunächst nicht. Ein Konzert, so wußte er, war kein Kindergeburtstag, kein heiteres Ballyhoo, bei dem die Organisatoren nur freundlich zu lächeln hätten. Ein Konzert würde Streß mit den Behörden bringen, man mußte die schlechte Laune der verwöhnten Stars aushalten und die Zicken ihrer nicht minder eitlen Agenten. Als Kompromiß kam schließlich heraus, ein Festival zu veranstalten, um von dessen Erlösen das Musikstudio zu finanzieren. So hob das Quartett die gemeinsame Firma „Woodstock Ventures" aus der Taufe. Mit Politik hatte das

Projekt bis dahin nichts zu tun. An Dinge wie die Bürgerrechtsbewegung, an den SDS oder die Beatniks verschwendeten Lang & Co. nicht einen Gedanken.

Der Titel des Unternehmens steht bald fest: „Three Days Of Peace And Music" – drei Tage des Friedens und der Musik. Geboten werden soll nicht nur Musik, sondern auch Kunst. „An Aquarian Exposition – Arts, Crafts and Music" bleibt als Überschrift auf der Strecke, das klang in den Ohren von Roberts und Rosenman zu verhuscht. Auch der ursprüngliche Plakatentwurf wird von den beiden Geschäftsleuten verworfen. Er bestand aus einer jugendstilähnlichen Zeichnung, die das Wassermannzeitalter symbolisieren sollte. Statt dessen zogen sie durch Greenwich Village in New York und erkundigten sich bei zufällig spazierengehenden Langhaarigen, was ästhetisch gerade so angesagt ist. Eine Gitarre, eine Taube … Knapp und präzise: Die Gitarre war *das* Musikinstrument der Hipster, die Taube konnte nur als Friedenstaube gedeutet werden.

Einzig der Ort war noch fraglich. Woodstock, die Gemeinde, in deren idyllischer Gegend sich so viele Prominente aus der Folk- und Rockszene angesiedelt hatten, winkte ab. Die Kommunalpolitiker mochten nicht mit Horden von Hippies konfrontiert werden, zu unsicher erschien ihnen die Sicherheitslage, ungelöst die Frage der Verpflegung und der sanitären Versorgung. Das Örtchen Wallkill, näher bei New York City gelegen, versehen mit Highwayanschlüssen, genug elektrischen Leitungen und ausreichend Wasser, fand Gnade nur bei den Männern, die die Bühne aufbauen sollten. Doch Michael Lang war dieses Wallkill ein Greuel. Die Gegend erinnerte ihn zu sehr an die Vorstadt einer x-beliebigen Kleinstadt. Nein, das war nicht attraktiv, das würde niemanden motivieren, sich auf die Reise dorthin zu machen.

Doch vorerst gab es keine Alternative. Die ersten Vorbereitungen werden auf dem Gelände in Wallkill getroffen; mit zusammengebissenen Zähnen ertragen die langhaarigen Bühnenarbeiter – die gleichen, die später im „Woodstock"-Film in den Eingangsszenen wie fromme Männer der Amish-People aussehen – die pestigen Sprüche der Leute aus Wallkill. Michael Lang wird gar gefragt: „Sind Sie Mister oder Misses Lang?" Am 7. Juli – der landesweite Vorverkauf hatte bereits begonnen – zog die Stadt die Genehmigung für das Festival zurück. Schließlich meldete sich der reiche Farmer Max Yasgur aus der Gemeinde Bethel, 3900 Einwohner, ein Ort im Nirgendwo, noch abgelegener als Woodstock, infrastrukturell das Gegenteil von Wallkill. Yasgur bot für 50 000 Dollar den Festivalleuten einen Teil seines Geländes an. Yasgur, eine der Ikonen der Tage von „Woodstock", machte die Jungs von „Woodstock Ventures" glücklich. Das Areal, das er ihnen anbot, war besser als alles, was sie sich erhofft hatten: ein von der topographischen Form her amphitheaterähnliches Gelände; drum herum Seen, kleine Wälder – ein lauschiges Plätzchen für etwa, so lauteten die Planungen, 50 000 Menschen.

Abbie Hoffman, charismatischer Anführer des SDS, noch vor einem knappen Jahr bei dem Versuch gescheitert, den Demokratischen Parteitag in Chicago politisch auf Linie der Protestgeneration zu bringen, bekam allmählich Wind von der Sache, die da in Upstate New York geplant wurde. Genaues wußte niemand in East Village / New York City. Es gab nur Gerüchte. Falsche und zutreffende Nachrichten, die viele der damals etwa 150 Untergrundzeitschriften kolportierten. Hoffman in seinen Erinnerungen: „Viele Leute sprachen mich an, auf Bob Dylans Farm sollte ein riesiges Musikfestival stattfinden. Als ich erfuhr, daß nie geplant war, es in Dylans Garten zu machen, wußte ich, daß die Veranstaltung vor der ersten Minute schon ein Mythos war ... Alle sprachen darüber."

Der SDS-Yipster, der Mann, der Politik auch als Entertainment in eigener Sache verstand („Laßt die Bullen nur kommen, das gibt eine gute Show"), ging Michael Lang um 10 000 Dollar und die Erlaubnis an, während des Festivals politisch agitieren zu dürfen. Und Zugang zur Bühne wollte er auch. Lang war ratlos, fragte Roberts und Rosenman, doch die lehnten strikt ab. Mit Politik sollte ihr Festival nicht befleckt werden. Hoffman drohte erfolgreich. Bekomme er kein Geld, würde er dafür sorgen, daß „Woodstock" nicht in Frieden stattfindet, sondern von militanten Gruppen aus der Lower-East-Side New Yorks heimgesucht wird, von Gruppen wie Human Rights, Against The Wall oder den Motherfuckers, ganz zu schweigen von den rabiaten Maoisten ... Zu Rosenman und Roberts sagte Hoffman lapidar: „Bildet euch nicht ein, daß es nur um Love, Love und Love geht, sondern auch um Gerechtigkeit, um den Krieg in Vietnam und Gesellschaftsveränderung überhaupt."

Das Veranstalterquartett erkannte in Hoffman einen Störenfried von hohen Graden und zahlte die 10 000 Dollar. Geld war ja inzwischen im Anrollen, die Filmrechte waren verkauft, die Eintrittskarten fanden reißenden Absatz.

Nach Woodstock weigert sich auch Dylan ... Bis wenige Wochen vor „Woodstock" war freilich überhaupt nicht geklärt, wer eigentlich auftreten würde. Die „Beatles" traten nicht mehr live auf; die „Rolling Stones" waren von der Gage her außerhalb jeder Vorstellung. Der erste Coup gelang mit dem Engagement der „Jefferson Airplane". Die Band, die ansonsten pro Auftritt 6000 Dollar zu kassieren pflegte, zeigte sich willig, als ihnen Lang & Co. für den Gig an der Ostküste das doppelte Honorar versprachen. Jimi Hendrix, Janis Joplin und The Who wurden ebenfalls mit Luxusgagen geködert; Joan Baez würde sowieso kommen, für sie war es eine Sache der Moral, in Woodstock aufzutreten. Kontakte wurden ihnen mit ermöglicht von Bill Graham, einem der wichtigsten Konzertveranstalter und Promoter der USA. Seine Lieblingsband zu der Zeit war eine bis „Woodstock" unbekannte Gruppe namens „Santana". Graham sicherte sich die Zusage, daß Carlos Santana und seine Kumpane am Samstag zur Prime Time auf die Bühne durften.

Aber wer kannte schon „Santana", wer Melanie, wer, außer ein paar Eingeweihten, Richie Havens? Im Grunde hatte „Woodstock" bis dahin nur einige Geheimtips zu bieten. Selbst Janis Joplin oder Jimi Hendrix zählten damals nicht gerade zur ersten Popgarnitur. Die „Rolling Stones", wie gesagt, hatten nicht erkannt, welche Reklamechance in dem Festival liegen würde. Wenn wenigstens Bob Dylan käme, der Held der Folk- und Hippieszene. Er wohnte ja gleich nebenan. Seine Männer von „The Band" hatten früh den Kontrakt unterzeichnet, doch der Meister ließ sich nicht erweichen. Angeblich fürchtete er allzu großen Trubel; seine Kinder sollten nicht in die Öffentlichkeit gezerrt werden. Die Crew ignorierte Dylans Desinteresse und interpretierte sein Schweigen als gutes Zeichen. Tatsächlich gastierte der Mann, der „The Times They Are A-Changin'" komponiert hat, wenige Wochen später auf der britischen Isle Of Wight – vermutlich hatte Dylan lange vor Woodstock einen Exklusivvertrag mit denen abgeschlossen.

In letzter Sekunde versuchten Menschen, die ihr Bethel unbedingt festivalfrei halten wollten, die Straße zu Yasgurs Farm zu blockieren. Doch sie zogen wieder ab, auch sie konnten den ankommenden Massen nicht widerstehen. Weshalb hätten sie auch nicht erbost sein sollen? Eine von „Woodstock Ventures" angeheuerte Theatertruppe, eigentlich vorgesehen, in Bethel für gute Stimmung unter den Einwohnern zu sorgen, strippte, was das Zeug hielt. Das war nicht gerade die Art von Kultur, die man in den Bergen oberhalb von New York City gewohnt war. Schließlich beschimpften die Schauspieler die Ein-

heimischen als Spießer und Kleinbürger, was wiederum mit wenig Sinn für Humor als beleidigend empfunden wurde.

Das Chaos, der Stau, die Radios. Freitag mittag kam sich Michael Lang vor, als befände er sich auf einem Horrortrip. Schon seit Tagen campierten viele Zuhörer auf der Wiese vor der Bühne, die noch am Dienstag kaum im Rohzustand vorhanden war. Immer mehr Autos verstopften die Straßen nach Bethel, schon am Donnerstag zuvor gab es einen Stau von zehn Meilen. Nur mühselig waren die Zäune um das Festivalgelände gezogen worden; manche Bühnenarbeiter murrten, weil sie immer noch keinen Lohn erhalten hatten. Sie blieben dennoch diszipliniert bei der Sache und grübelten sogar über die Frage nach, wie die Brücke beschaffen sein muß, die von der Bühne ins Publikum hineinragt: Wie schwer ist Hendrix, wie schwer seine Groupies, die den Steg erklimmen würden – hält sie dieser Belastung stand?

Immerhin waren inzwischen Wavy Gravy und seine Leute von der Hog Farm, einer Kommune in New Mexico und Berkeley aus dem US-Staat Kalifornien, eingetroffen. Seine 85 Farmer und 15 Hopi-Indianer sollten während der Festivaltage die Hippiepolizei abgeben, unterstützt von etwa 100 in New York City angeheuerten normalen Polizisten, die für ihr besonnenes Auftreten bekannt waren. (Die örtlichen Behörden untersagten diesen Ordnungshütern den Job – was viele nicht scherte und was dazu führte, daß etwa zehn Lohnquittungen mit Mickey Mouse unterzeichnet waren.) Die Sicherheitskräfte hatten schon zu diesem Zeitpunkt kaum etwas Sinnvolles zu tun. Den Besuchern beim Einparken zu helfen, war absurd, die meisten Autos befanden sich am Freitag vormittag bewegungslos im Stau. Kilometer im Umkreis von Bethel hatten Woodstockbesucher Zelte aufgebaut und meist ihren Müll achtlos irgendwo hingeworfen. Die Zahl der mobilen Toiletten hätte selbst für 50 000 Besucher nicht gereicht. Was Michael Lang allmählich schwante, war, daß es viel mehr Menschen werden würden, sehr viel mehr.

Zunächst, erinnert sich Wavy Gravy, waren nur 50 000 Menschen auf dem Gelände. Sie wurden meist nicht nach Eintrittskarten kontrolliert. Die wenigen Kassenhäuschen wirkten nicht gerade wie eine Sperre. Nachdem die Samstagsausgaben der Zeitungen in harschen Worten über Woodstock berichtet hatten – die *Los Angeles Times* schrieb: „... die Jugend (sei) auf die tiefste Stufe gefallen" –, begann am Samstag erst das wirkliche Chaos. Schlagzeilen wie die eben genannte waren eher Werbung denn abschreckend, die Menschenmassen aus den Städten der Ostküste setzten sich in Bewegung, ihr Ziel: Woodstock. Samstag vormittag erklärten die Veranstalter: „Von nun an ist es ein Gratiskonzert." Showpromoter Bill Graham hätte, wie er zugab, nicht so gehandelt. Im „Woodstock"-Film sagt er freimütig: „Weißt du, was sie in Südamerika tun, wenn diese menschenfressenden Marabunta-Ameisen im Anmarsch sind? Sie heben einen Graben aus. Den füllen sie dann mit Öl und stecken das Ganze an. Ich will damit nicht behaupten, sie hätten die Leute hier auch mit einem Feuergraben fernhalten sollen. Aber es muß doch irgendeinen Weg geben, diesem Menschenandrang ein Ende zu setzen." Für diese Äußerung mußte sich Graham noch Jahre später bitter fragen lassen: „Ey Typ, glaubst du, ich bin 'ne Ameise?"

Freitag, sieben Minuten nach fünf … Noch eine Viertelstunde vor seinem Auftritt, die Sonne beschien warm die Landschaft der Catskill Mountains, wußte Richie Havens nicht, daß er das Festival eröffnen würde. John Morris, Chef der Veranstaltung am Ort, Organisationsdirektor und schon zuvor verantwortlich für die Engagements der Künstler, hatte die Wahl zwischen Tim Hardin und Richie Havens. Doch Hardin hing irgendwo zugedröhnt herum. Havens stöhnte in ehrlicher Verzweiflung, nachdem er die Massen an Zuhörern gesehen hatte: „Bitte, stellt mich nicht vor eure Probleme da draußen, bitte nicht, tut mir das nicht an." Er mußte. Er sollte den Ton angeben, alles, was danach kommen würde, war offen. Und er gab sein Bestes. Als sein Repertoire erschöpft war und er trotzdem nicht von der Bühne durfte, kreierte er kurzerhand das Lied „Freedom", und das Auditorium glaubte vermutlich, daß es sich um eine politisch inspirierte Auftragskomposition handelte.

Dann mußte Country Joe McDonald ran. Ihn wollte Michael Lang eigentlich auf keinen Fall dabeihaben, der war ihm zu politisch, zu streng, zu ätzend, zu wenig heiter. Als andere Gruppen nicht kommen wollten und allmählich das Personal fehlte, ein dreitägiges Programm zu füllen, war Lang doch einverstanden. Ahnte er nicht, welche Stimmungskanone er da fast verhindert hätte? Country Joe McDonald setzte also zu seinem „Fixin'-to-die-Rag" an, einem wütenden Song über die Männer, die in Vietnam verheizt werden, und die Kerle, die noch zu Hause sind, einberufen werden und schon aus dem Fernsehen wissen, welche Hölle sie in Südostasien erwartet. Dieser Song putschte die Zuhörer auf. Sein F-U-C-K-Chor wirkte auch, als sei er vorher konzeptionell präzise geplant. Nach seinem Auftritt – den er im übrigen ohne seine Band bestreiten mußte, weil die noch im Stau steckte – drohte Leere. Und Tim Hardin („If I Were A Carpenter") war immer noch nicht zu gebrauchen.

Im Publikum entdeckte Morris John Sebastian, den ehemaligen Leadsänger von „Lovin' Spoonful" („Summer In The City"). Er wurde ebenfalls mit einer Gitarre aus dem Fundus von „The Grateful Dead" versorgt und spielte, als sei er schon Monate zuvor engagiert worden. Schließlich eine Zäsur, die niemand von den Veranstaltern einschätzen konnte. Kurz nach Sebastians Auftritt trat ein Mann auf John Morris zu und fragte, ob ein indischer Guru auf der Bühne mit den Menschen sprechen dürfe. Morris, froh, die Programmlücke füllen zu können, akzeptierte. Und der Swami sprach, murmelte Worte, raunte und betete, wobei seine Halskette leise, aber vernehmlich ins Mikrophon klimpernde Geräusche schickte ...

Nach der „Incredible String Band", nach Bert Sommer und „Sweetwater" war Tim Hardin endlich fähig, dem Publikum zu geben, was er im Kontrakt versprochen hatte: eine halbwegs anständige Folkshow. Nach ihm kam der indische Musiker Ravi Shankar, aber er mußte seinen Auftritt abbrechen, weil es zu regnen begann. Hinter der Bühne registrierte man etwas beruhigt, daß die Nachricht, die Hell's Angels seien in Woodstock aufgetaucht, keine bösen Folgen hatte. Waren sie womöglich auch durchnäßt? Innerhalb von drei Stunden schüttete es aus allen Wolken 15 Zentimeter Regen. Kein kalter Regen, im Gegenteil, niemand versucht, eilends nach Hause zu kommen. Die Menge harrt unter Plastikplanen aus, unter sich stetig morastiger werdender Boden.

Inzwischen gibt es die ersten Nachrichten aus der Festivalküche: Die eingekauften Nahrungsmittel neigen sich dem Ende zu. Über Radio werden Meldungen verlesen, daß, wer noch nach Bethel kommen will, Essen mitbringen soll, viel Essen. Die Dorfbewohner, plötzlich nicht mehr so feindselig, schmierten Brote – und manche verdienen viel Geld damit.

Im Sanitäterzelt werden die ersten Männer und Frauen verarztet, die den für sie ungewohnten Marihuana- und Mescalin-, den Acid- und LSD-Konsum nicht verkrafteten – Kreislaufprobleme, Erschöpfungszustände … Von der Bühne wird immer wieder auf gute und schlechte LSD-Sorten aufmerksam gemacht. „Orange Sunshine" fand als Qualitätssorte Gnade vor den Kennern im Organisationsteam.

Die schwangere Joan Baez, die auf der kleineren Bühne fast rund um die Uhr das Publikum bei Laune hält, singt auf der großen Bühne ein „We Shall Overcome" als Gute-Nacht-Lied. Unermüdlich tritt sie für die politische Sache ein, die Lang, Kornfeld, Rosenman und Roberts nie in diesem Festival sehen wollten. Baez erzählt von ihrem Mann, der wegen Drogenkonsums im Knast sitzt, in einen Hungerstreik getreten ist und darauf wartet, daß die Zeiten sich ändern. Nach ihrem Auftritt begründet Melanie mit „Beautiful People" ihre Karriere als Lightversion Janis Joplins, als Hippie-Interpretin und Menschenfreundin. Arlo Guthrie beschließt die Nacht von Freitag auf Samstag, aber da schlafen die meisten schon. Gouverneur Rockefeller erklärt für den Staat New York den Notstand im Gebiet rund um Bethel.

Abbie Hoffman, die Flugblätter und die Politik. Der SDS-Wortführer nutzt „Woodstock" als seine Bühne. Er und seine

Leute verteilen Flugblätter, rufen zum Widerstand gegen den Vietnamkrieg auf und predigen die Freigabe von Drogen. Doch seine Eitelkeit geht nicht soweit, als daß er nicht erkennen würde, worauf es bei diesem Festival ankommt: darauf, daß dessen Besucher nicht ausrasten, weil es an Nahrung und an medizinischer Versorgung fehlt. Schon am Freitag abend stellt sich heraus, daß es im Sanitätsbereich an allen wichtigen Materialien fehlt, um Drogenausgeflippte, Kreislaufkollabierte und durch Scherben Verletzte zu behandeln. Kurzerhand organisiert er telefonisch aus New York City Verbandsmaterial, Plasma, Medikamente, wärmende Decken. Auf den Vorhalt von John Morris, wie denn das Zeug hergeschafft werden kann, schließlich sind die Zufahrtstraßen allesamt mit zwangsparkenden Autos verstopft, reagiert Hoffman wie ein erfahrener Kämpfer gegen die Dekadenz. Er läßt die Hubschrauber ausräumen – all die Delikatessen, die sich die Rockstars erbeten hatten, um kommod in „Woodstock" über die Runden zu kommen. Er droht Morries ungeniert: „Ich werde allen erzählen, daß wir hier Leute haben, die dringend eine Bluttransfusion brauchen, und ihr liefert den gottverdammten Sängern Champagner, Tauben und Entenleberpastete. Wollt ihr diese gottverdammte Musik Toten vorspielen, oder was?"

Am Sonnabend fordert Hoffman schließlich, auf der Bühne auf die Kriminalisierung von Marihuanarauchern hinzuweisen. Darüber hinaus will er sich für seinen Freund John Sinclair einsetzen. Der Musiker der Rockgruppe „MC 5" wurde wegen eines Joints zu neun Jahren Gefängnis verurteilt. Michael Lang weist ihn ab: „Jetzt spielen ‚The Who', das ist sicher nicht der richtige Zeitpunkt." Als Hoffman doch auf die Bühne steigt, prügelt Pete Townsend von „The Who" mit seiner Gitarre auf Abbie Hoffmans Kopf ein. Nach einer späteren Auskunft des Künstlers hatte er keine Ahnung, wen er da ge-

walttätig von der Bühne verscheucht hatte. Darüber hinaus erinnerte er sich nicht gerade freundlich an „Woodstock": „Für alle Beteiligten war es nichts als ein fürchterliches Durcheinander. Überall diese absolut naiven, kindlichen Gestalten. Ich schätze, in England hätten sie die kurzerhand als *Trottel* bezeichnet."

Die Polizei, die Army und der Hunger. Richie Havens dementierte noch Jahre danach, daß die Woodstockgeneration etwas gegen Soldaten gehabt hätte. Nur gegen den Vietnamkrieg, gegen den sei man gewesen. Als die Versorgung mit Nahrung schon am Freitag abend stockte und sich eine akute Hungersnot für den kommenden Tag ankündigte – von den Festivalbesuchern ahnte niemand etwas –, bat Morris bei einer Institution um Hilfe, die eigentlich sakrosankt war: beim Militär. Schon Wochen vor „Woodstock" studierten Wavy Gravy und seine Jünger von der Hog-Farm einschlägige Bücher über die Verköstigung mittels Großküchen.

Die Lektüren taugten alle nicht, auf ein solches ziviles Ereignis war der Buchmarkt nicht eingestellt. Hilfe und Tips fand man nur in Heften des Militärs – dort wußte man, wie man Menschen in dutzendfacher Kompaniestärke effizient satt macht. Eine Situation, wie sie für die Bundesrepublik nur so vorstellbar ist: als hätte die Bundeswehr der Friedensbewegung der achtziger Jahre bei ihren Großdemonstrationen in Bonn mit Gulaschkanonen und anderer Küchen-Logistik ausgeholfen. Undenkbar? In den USA der späten sechziger Jahre waren genug Männer im Militär, die keinen ausgesprochenen Haß gegen die Woodstockgeneration empfanden.

Schließlich waren es Militärhubschrauber, die wesentlich die Kommunikations- und Transportwege offenhielten – für Nahrungsmittel, für Medikamente und für Kranke, die nicht mehr ambulant behandelt werden konnten. Sie warfen Lunchpakete herab, die gleichen, die sie auch ihren Kameraden in Vietnam gereicht hätten.

Der Regen, der Schlamm, das Gefühl, irgendwie auch in einem Krieg zu stecken. Der Fotograf Henrich Diltz, der zu jener Zeit für das *Life Magazine* arbeitete, war in „Woodstock" akkreditiert. Seinen stärksten Eindruck hatte er, nachdem Joe Cocker am Sonntag nachmittag seine Karriere mit einem fulminanten Auftritt begründet hatte. „With A Little Help From My Friends" beschwor er gemeinsam mit dem Auditorium, um die schrecklich dräuende schwarze Wolke genau über dem Gelände zu verjagen. Country Joe McDonald sprang seinem Kollegen bei und rief „No rain! No rain! No rain!" Die Gebete wurden spürbar bis zu Cockers Finale erhört. Dann setzte ein Sommersturm ein, der sich im wahrsten Sinne des Wortes gewaschen hatte. Diltz erinnert sich: „Als der Sturm losbrach, herrschte Panik auf der Bühne, weil er an diesen Segeltüchern zerrte, die sie dort aufgespannt hatten. Die Jungs mußten schleunigst die Segel einholen, wie bei einem Schiff, das in einen Orkan gerät. Dem Publikum schien es nicht viel auszumachen – die Leute blieben einfach sitzen."

Der Showpromoter Bill Graham hätte nicht verstanden, weshalb eine friedliche Menschenmenge den Regen und den Sturm fast ersehnte, um auch so etwas wie ein „Wir haben durchgehalten"-Gefühl zu empfinden. Graham zeigte sich fassungslos über das Festival schlechthin, denn der Sound klang mies, und die Verpflegung war ärmlich und ungesichert. Für einen professionellen Konzertveranstalter, der in Kategorien von Titel und Tantiemen zu denken pflegt, waren die drei Tage des Friedens und der Musik eine kryptische Angelegenheit – unentzifferbar, rätselhaft, obskur.

400 000, vielleicht auch 500 000 – niemand weiß bis heute genau, wie viele Menschen denn tatsächlich mindestens in Hörweite von „Woodstock" gelangten. Manche Schätzungen gehen davon aus, daß etwa die gleiche Zahl derjenigen, die es bis ans Ziel schafften, noch in irgendwelchen Staus steckengeblieben waren – und genau das scheint die Betroffenen nicht weiter gestört zu haben. Der *Rolling Stone*-Autor Greil Marcus im Rückblick: „Scheiße, schließlich waren sie gekommen, um hier drei, vier Tage zu kampieren, und das wollten sie auch tun. Viele von ihnen sind über zwanzig Kilometer durch Regen und Schlamm marschiert, nur um zwei Kilometer vorm Gelände aufzugeben und umzukehren. Aber auch sie haben Spaß gehabt. Ihr Lager hatten sie am Highway … Sie fanden es toll, schlossen Freundschaften, tanzten zur Musik der Autoradios und machten mit ihren eigenen Gitarren ihr eigenes Fest." Marcus über einen Freak, den es nicht nervte, nie ganz bis nach „Woodstock" zu kommen: „Das ist, als wenn man mit 'nem Haufen Leute im Fahrstuhl steckt, und der Strom fällt aus. Aber hier ist es schöner als im Fahrstuhl."

Und wer es aus dem Fahrstuhl heraus geschafft hatte, genoß offenkundig das kindergeburtstagsartige Freizeitangebot, das „Woodstock" auf natürliche Weise bereithielt – den Schlamm, in dem es sich prächtig rutschen ließ; der See, in dem es sich nett baden und waschen ließ. Country Joe McDonald sagte hinterher, genießend, daß seine Teilnahme ihn prominent gemacht hatte: „Woodstock war wie Vietnam, nur wurden keine Menschen umgebracht."

Samstag, der Tag, an dem Woodstock zur Woodstock-Nation wurde. Der Freitag, soviel hatten sich die Leute Michael Langs fest vorgenommen, sollte musikalisch eher folkig sein, der Samstag rockig, der Sonntag war noch offen, aber das Finale sollte Jimi Hendrix bestreiten. Immer mehr Leute strömten in die Catskill Mountains, neugierig gemacht durch die Radiomeldungen. Doch während sich die Menschen rund um das Festivalgelände einrichteten, nackt herumliefen, vögelten, kifften und sich irre Sonnenbrände nebst entzündeter Augenbindehäute zuzogen, wäre der künstlerische Rest des Programms fast an den üblichen Banköffnungszeiten gescheitert. Das lag nicht an dem siebzehnjährigen Mann, der sich in seinem Schlafsack in ein Kornfeld zur Nachtruhe begeben hatte und anderntags von einem Traktor tödlich überrollt wurde. Nein, das war kein Toter, der Panik hätte verursachen können – das war ein Unglücksfall, was sonst. Außerdem wurde seine Leiche erst in der Woche danach bei den Aufräumarbeiten entdeckt.

Bill Thompson, ehemaliger Manager von „Jefferson Airplane", erinnert sich an die wahren Gründe, weshalb am Samstag beinahe der schöne Schein in „Woodstock" ruiniert worden wäre: „Ich hatte mit Michael Lang und Artie Kornfeld gesprochen. Diese Typen sind die ganze Zeit barfuß rumgelaufen und haben immer nur was von Schönheit und Liebe erzählt. Irgendwie war mir nicht ganz wohl dabei. Deshalb habe ich dann die Manager von sämtlichen Acts aus der Samstagsshow zusammengetrommelt. Wir sind dann zu den Veranstaltern hin und haben ihnen gesagt: ‚Hey, wir wollen unsere Gagen haben. Aber es sieht hier im Moment nicht so aus, als ob bei euch was zu holen wäre.‘ Und sie haben wieder angefangen, von Liebe und Frieden und von dem ganzen Zeug zu erzählen.“ Thompson drohte daraufhin, all die schönen Acts zu stornieren, wenn nicht sofort die Gagen, und zwar in bar, ausgezahlt würden. So zogen Lang und Kornfeld los und schafften es tatsächlich, den örtlichen Bankdirektor zu einer Auszahlung zu bewegen – 15 000 Dollar an „Jefferson Airplane“, noch 2000 Dollar mehr an Jimi Hendrix.

Die Show konnte weitergehen. Inzwischen wurden mehrere der gebuchten Gruppen vermißt. Jeff Beck und seine Band mochten nicht kommen, weil ihnen die Heuer zu niedrig schien; Joni Mitchell behauptete sowieso, es nach Woodstock des Staus wegen nicht geschafft zu haben – andere Quellen besagen, daß sie dem Auftritt in Dick Cavetts Talkshow den Vorzug gab; Iron Butterfly saßen am Flughafen fest; Judy Collins wurde gesehen, aber nicht auf die Bühne geladen; Bob Dylan ließ sich stundenlang nicht blicken.

Er hat vielleicht gut daran getan. Eine andere Kultgruppe, „The Grateful Dead“, behauptete hinterher, nie wieder so schlecht gespielt zu haben. Bandmitglied Jerry Garcia: „Andere Musiker erlebten dort den großen Knall in ihrer Karriere. Es war wirklich ein ganz besonderer Moment. Unsere Vorstellung war ein musikalisches Desaster.“ Der einleuchtende Grund: Auch die Bühne und damit die Mikros waren inzwischen durch den Regen beschädigt worden. Die Gitarristen erhielten jedesmal einen kleinen Stromschlag, wenn sie ihre Gitarrensaiten berührten.

„The Who“, zufriedengestellt durch die Gagen in bar, spielten ein volles Konzertprogramm. Sie, wie auch viele andere Gruppen, waren einverstanden, möglichst lange auf der Bühne zu stehen: Die Veranstalter hatten Angst, daß andern-

falls die Menschen anfingen, der unwirtlichen Bedingungen ihres Besuchs in der freien Natur gewahr zu werden. Nein, eine Massenhysterie sollte auf keinen Fall riskiert werden. Abbie Hoffman entdeckte an diesem Tag „The Woodstock Nation" – der Mann wußte schon öfters griffig zu formulieren.

Bis in den frühen Morgen gab es auf der Bühne Musik. In den Umbaupausen wurde ein ums andere mal Joan Baez nach draußen geschickt, um den Leuten das Gefühl geplanter Geschäftigkeit *on stage* zu geben – sie löste ihre Aufgaben tapfer. Nachts um halb zwei trat mit Sly & The Family Stone die einzige Soulgruppe auf, „Jefferson Airplane" fanden erst morgens um halb neun auf die Bühne, dazwischen „The Who": Durchhalten gehörte für alle zur eisernen Moral.

Am Vormittag weckt Wavy Gravy die Menschen vor der Bühne mit dem Satz: „Jetzt gibt es Frühstück im Bett für 400 000." Seine Leute von der Hog Farm hatten die Nacht hindurch Hafer- und Weizenbrötchen vermengt, zu Brei verkocht und mit Erdnüssen versetzt. Eine ehrliche Besucherin fand das Essen „scheußlich, ekelhaft, ungenießbar", aber diese Kost war für die meisten die letzte Rettung, um nicht völlig mit Hungergefühlen zu kollabieren. Der Leiter der Hog Farm hatte noch eine andere Durchsage zu machen: „Hey, es gibt noch etwas anderes, um *high* zu sein. No drugs", lautete sein Appell. Die wenigstens hielten sich während der Tage von Bethel an diesen Ratschlag – sie waren doch gerade gekommen, um all die Dinge zu tun, die ihnen ihre Eltern verboten hatten.

Am eigentlich letzten Tag fiel jeder Beifall etwas verhaltener aus. Die ersten Besucher hatten begonnen, den Heimweg anzutreten; viele waren todmüde, litten an Erkältungen, manche mußten sich wegen des Verdachts auf Lungenentzündung ärztlich behandeln lassen. „Ten Years After", „The Band", „Blood, Sweat And Tears", Johnny Winter und Crosby, Stills, Nash & Young (die erstmals zusammen in dieser Formation auftraten), die „Paul Butterfield Band" und „Sha-Na-Na" – letztere Gruppen spielten in der Nacht zum Montag. Panik oder Krawalle waren nicht mehr zu befürchten. Joel Rosenman durfte befriedigt feststellen, daß es keine Ausschreitungen, keine Gewaltakte gegeben hatte.

Am Sonntag ließ er von der Bühne herunter die Schlagzeilen der frischen Zeitungen zitieren. Was er dem Publikum vorzulesen hatte, klang unisono – die *New York Times* sah in Whitelake „einen Alptraum in den Catskills" – wie eine angstlüsterne Erwartung, wie eine erwünschte Prophezeiung, „Woodstock" würde explodieren, sich auflösen in Chaos, Tote bringen … Jahre nach dem Fest erzählte Rosenbaum: Das Presseecho „war perfekt. Du mußt den Leuten sagen, was die Welt von ihnen erwartet. Denn es gibt nichts, was die Kids mehr mögen, als das Gegenteil dessen zu tun, was die Welt von ihnen erwartet." Also geschah nichts, und die nichthippieske Welt zeigte sich fast enttäuscht.

Was passierte, war fast banal. Zwei hochschwangere Frauen bekamen ihre Wehen und gebaren in einem nahegelegenen, eilends in einer Schule eingerichteten Krankenhaus ihre Kinder. Ein achtzehnjähriger Mann starb nach erster Diagnose an einer Überdosis Heroin; später hieß es, sein Kreislauf sei an den Folgen einer nicht auskurierten Malariaerkrankung zusammengebrochen. Einer kam fast ums Leben, weil er sich an einer Flasche die Füße aufgeschnitten hatte. Die meisten, die jetzt im Sanitätsbereich Aufnahme fanden, litten an Schüttelfrost, an Sonnenstich oder an Übelkeit. Knapp 6000 Menschen wurden während der drei Tage medizinisch behandelt – eine verschwindende Menge angesichts des Auditoriums, das zusammengekommen war.

„Woodstock Ventures" hatte nach „Woodstock" jede Menge Schulden: die Löhne der Bühnenarbeiter, die private Hubschrauberflotte, die Gagen, die Kosten für die Aufräumarbeiten. Am Ende beglich die Familie von John Roberts alle Verbindlichkeiten, selbst die Überstunden der Arbeiter hinter der Bühne wurden bezahlt. Rosenman und Roberts zahlten noch im Herbst Lang und Kornfeld mit jeweils knapp 32 000 Dollar aus. Eine Summe, die beim besten Willen nicht reichte, das ersehnte Musikstudio im echten Woodstock einzurichten. Das Quartett trennte sich: Rosenman und Roberts waren verschnupft, weil Michael Lang so tat, als hätte er die Sache in Gang gebracht, und entsprechende Präsenz im Film erhielt.

In Bethel gewann nach „Woodstock" ein Kandidat der Republikaner die Kommunalwahl gegen den bis dahin amtierenden Demokraten. Er siegte mit einem schlichten Wahlversprechen: „No More Woodstock." Kaum war er auf seinem Posten, ließ er ein Gesetz verabschieden: „Niemand darf Privatgelände für Versammlungen mit mehr als 10 000 Leuten benutzen oder benutzen lassen, ohne daß eine schriftliche Genehmigung der Stadtverwaltung das erlaubt." Bis heute gilt diese Verordnung, was zur Folge hatte, daß allen Anstrengungen zum Trotz in Whitelake kein Woodstockrevival gefeiert werden durfte.

Michael Lang machte nach „Woodstock" in der Musikindustrie Karriere. Nach einigen Jahren hatte er sich seinen Traum erfüllt – ein Anwesen in Woodstock, nah bei Bob Dylan und den anderen Helden seiner Jugendzeit. Seine Holzvilla verfügt über einen Swimmingpool, über einen Tennisplatz und drei Hunde. Und immer noch trägt er sein Haar lockiglang, sein Gesicht ist nur wenig in die Breite gegangen, seine Augen gucken immer noch so, als stellte er sich die Welt als ein verhindertes Hippiedorf vor, dem er zur Rettung verhelfen muß. Ende der achtziger Jahre hat Lang versucht, beiderseits der Berliner Mauer ein Megawoodstock zu veranstalten. Doch die Reaktion seitens der Popindustrie fiel ernüchternd aus: Einem solchen Projekt fehlt es an jeder Realisierungschance.

Max Yasgur und seine Absolution für die Besucher seiner Farm. Ambivalente, wirklich dokumentarische Szenen sieht man nur selten im „Woodstock"-Film. Eine immerhin war, als ein etwa fünfzigjähriger Mann, der für die Reinigung der wenigen mobilen Toiletten zuständig war, interviewt wurde. Auf die Frage, was er denn von den vielen Menschen halte, von den Hippies und Langhaarigen, sagte er, er tue nur seinen Job, aber er habe zwei Söhne; einer davon sei in Vietnam, der andere mache sich gerade auf den Weg nach „Woodstock". Und er wisse nicht, welcher von beiden das bessere Los gezogen habe.

Eine andere Szene ist weniger inszeniert, sondern gibt die Stimmung auf dem Festival selbst wieder. Sonntag nachmittag hat jemand hinter der Bühne den Einfall, Max Yasgur, der sich während der letzten Tage hin und wieder das Geschehen direkt aus der Nähe anschaute, auf die Bühne zu holen. Yasgur stand dann plötzlich im Rampenlicht, das Auditorium verstummt. „Was soll ich sagen?" fragt er und bekommt keine Antwort.

Dann geht er zum Mikrophon und sagt: „Ich denke, ihr habt der Welt etwas bewiesen – daß eine halbe Million Jugendlicher und Kinder zusammenkommen und drei Tage Musik und Spaß haben können und nichts als Spaß und Musik. Und ich segne euch dafür." Beifall. Und dann fügt Yasgur noch an: „Heute habe ich eine halbe Million Kinder." Das kommt einem Segen gleich, plötzlich haben die Woodstock-Jünger einen wirklichen Vater, einen, der sie versteht, der sie nicht drangsaliert: *The Kids Are Alright!* Der Mann geriet so in die Rolle eines Kronzeugen gegen das aggressive und vorurteilsgeile Amerika: Seht her, er ist kein Hippie, er ist eigentlich wie ihr, aber er hat keine Angst, er will auch nur in Frieden leben! Und er grüßt die Menge schließlich mit dem Friedens- und Siegeszeichen, Mittel- und Zeigefinger nach vorne stechend, daß sie ein „V" bilden: Victory!

Die *New York Times*, noch am Wochenende mit Anrufen empörter Eltern eingedeckt, weil nach den Informationen ihrer Kinder „Woodstock" wirklich kein Irrsinn war, schrieb über den Farmer nun freundlich: „Ein Bauer mit Herz". Die warmen Worte änderten an der Stimmung in Whitelake kaum etwas. Miriam und Max Yasgur verkaufen ihre Farm; Max Yasgur stirbt 1973 an den Folgen einer Herzattacke. In Bethel sind sie nie mehr recht heimisch geworden. Schmerzlich, so Miriam Yasgur, war für ihren Mann immer, daß er eigentlich nur helfen wollte, auf seinem großzügigen Grundstück ein harmloses Festival auszurichten. Als Dank aus der näheren Umgebung ernteten beide Drohanrufe, erhielten gehässige Briefe und bekamen im Leben nach „Woodstock" die geballte Ablehnung der Mitbürger von Whitelake zu spüren. Yasgur hat den Zorn nie verstehen können – schließlich hatte auch er auf seiner Farm viel zu arbeiten, ehe die Landschaft in den Catskills wieder so idyllisch aussah wie vor dem Festival und nicht mehr an eine Sondermüllhalde erinnerte. Doch wie er haben auch viele

Leute von Whitelake ihren Schnitt mit den Besuchern von „Woodstock" gemacht – durch den Verkauf von Getränken, Nahrungsmitteln und durch die Vermietung von Schlafstellen.

Jimi Hendrix und die Kohlköpfe, die zum Friedenszeichen wurden. Montag morgen, 8.30 Uhr, die Sonne ist gerade eben hinter dem Horizont hervorgekommen, Jimi Hendrix kann endlich auftreten. Er spielt und spielt und spielt – zwei Stunden lang, bis um halb elf. Nur noch 25 000 Menschen haben ausgeharrt; sie schauen erwartungsvoll und wissen doch nicht, daß sie Zeugen eines für das Jahrzehnt ikonographischen Moments werden. Als viertletztes Stück stimmte er, seine Gitarre wie immer mit ganzkörperlichem Einsatz, mit Händen, mit dem Kinn, mit der Stirn bearbeitend, die amerikanische Nationalhymne an: „Star Spangled Banner". Und völlig unbeeindruckt davon, daß er bei Lichte besehen vor einer riesigen Müllhalde spielt, zermalmt Hendrix die heilige Melodie mit seiner Gitarre, läßt es quietschen, als müsse er die nahe Apokalypse akkordieren. Die restlichen Zuschauer, die inzwischen ihre letzten Kräfte mobilisierten, um nicht in Ohnmacht zu fallen, meinten, aus seinem Spiel militärischen Lärm herausgehört zu haben, das Nahen von Bombern, unter sich Napalmbomben fallen lassend.

Der Fotograf Henry Diltz meinte: „Es war gespenstisch – da war ein Mann, der als letzter zu spielen hatte, der ein Solo gibt, und niemand gibt Beifall, es ist die absolute Stille an diesem Montagmorgen, nur Hendrix' schreiende Gitarre spielt die Nationalhymne – einen besseren Abschluß von ‚Woodstock' hätte es nicht geben können."

Auch der Film endet mit Jimi Hendrix und der aus Hubschraubern gemachten Aufnahme, die das Festivalgelände nach der Abreise seiner Besucher zeigt – ein Schlachtfeld der speziellen Art. Man sieht Abfall jeder Sorte. Und dann dreht

der Helikopter weg, und die Kamera schwenkt an das eine Ende des Ackers, wo – wie inszeniert – aus Kohlköpfen ein riesenhaftes Friedenszeichen angeordnet wurde: Propaganda für den guten Zweck.

Der Film. Michael Wadleigh gilt als Regisseur des Films. Er war die Notlösung des Problems, wie man dieses Festival für die Ewigkeit retten kann. Der spätere Schnitt geht auf seine Kosten, was Martin Scorcese, inzwischen einer der renommiertesten Filmregisseure, dazu veranlaßte, den Film heftig zu kritisieren. Schon als Kameramann zeigte sich Scorcese über die langweiligen Aufnahmen genervt. Tatsächlich wurde der Film einem Schnitt unterzogen, der jedem Anspruch auf Dokumentation widersprach. Weder war der Streifen chronologisch sortiert, noch enthielt er die Auftritte Abbie Hoffmans beim Versuch, über die Kriminalisierung von Marihuanakonsumenten zu informieren. Wadleigh und Warner Brothers folgten den ästhetischen Vorgaben von „Woodstock Ventures": Bloß nicht soviel Politik. Auch dafür, daß Wadleigh diese alternative Kraft nicht als allzu vordergründig politisch aufgenommen hat, gab es im Jahr danach von Hollywood einen „Oscar".

Statt dessen Menschen, die sich in indischen Entspannungstechniken übten, Männer und Frauen, ein stilles Plätzchen für ihre Körperpflege zu zweit suchend; die Menschen von Whitelake, die im Film befragt werden, sind von nachgerade erschütternder Freundlichkeit, nichts wird spürbar vom aufgeheizten Klima in Amerika am Ende der sechziger Jahre. Schon die Anfangsszenen wirken weniger wie die Vorbereitung einer kulturellen Proklamation, sondern eher wie eine Wochenendwerbeaktion der christlichen Amish-People – nette junge Männer, ehrenhaft, erdig-kumpelig, mit nackten Oberkörpern, unfrisierte Vollbärte tragend, die Bühne zusammenschraubend und -nagelnd. Von den Konflikten um die Gagen, um die fehlenden Medikamente, die Menschen, die medizinische Hilfe brauchten, um kollabierte Drogenkonsumenten – nichts davon, gar nichts.

Aber das mag eine rein ästhetische, für die damalige Realität unwichtige Kritik sein: „Woodstock" war ein Propagandafilm und war auch als solcher angelegt. Dem Establishment und den daheimgebliebenen, aber bangen Eltern signalisierend, daß alles gar nicht so schlimm war, weil alle doll zusammengehalten haben im Matsch, vor der Bühne, mit all den Leuten, die nichts Böses im Schilde führten. Heute fällt auf, was der Film alles nicht gezeigt hat – und nicht zeigen durfte, weil es an Lizenzen fehlte. Melanie ist nicht zu sehen, „The Grateful Dead" fehlen ebenso wie auch „Creedence Clearwater Revival" und Janis Joplin (die in einer neugeschnittenen Version des Films aus dem Jahre 1994 doch noch in einigen Ausschnitten zu sehen ist). Und es fehlen rauchende Menschen, obwohl damals noch die meisten Jugendlichen zu Zigaretten griffen. Nirgendwo im Film sieht man Qualm, und nur hin und wieder taucht ein Joint auf.

Aber wen hat es damals noch geschert, als „Woodstock" auch in die europäischen Lichtspielhäuser kam? Für die Eingeweihten, für die politisch noch verpuppten späteren Grünen kam der Film einer Offenbarung gleich. Normale Kinobesucher beschlich schon nach wenigen Minuten ratlose Langeweile: Und das soll spektakulär gewesen sein? „Woodstock" war eine Folie für alternatives Leben, ein Lehrfilm für das Leben in der freien Natur mit Musik und Politik, und er wurde in der Bundesrepublik nur wenige Jahre später auch bei Anti-AKW-Demonstrationen („Wehrt euch, leistet Widerstand") umgesetzt: Am liebsten zog man stundenlang durch matschige Wiesen, um seinen Protest gegen die Atommeiler anzumelden. Und überall gab es auch einen Max Yasgur: Einen Mann, der wie Martin Luther King den Protestierenden beisteht, seine schützenden Hände über sie hält und doch nicht ganz zu ihnen gehört; einen, der kein Hippie ist oder ein sonstwie antibürgerliches Leben führt – ob in Kalkar oder in Gorleben oder anderswo.

Und im juristischen Sinne gelogen hat der Film ja auch

nicht. Hier und da ein paar zeitlich anders arrangierte Auftritte – na und? Die drei Stunden Nabelschau einer Generation, die anders als ihre Vorfahren sein wollte, sind ein wahrhaftiges Dokument, daß war, was war. Denn hätte ein Regisseur all das, was sich in „Woodstock" in der Tat zufällig ergab, vorher in ein Drehbuch geschrieben, auf daß die Schauspieler es umsetzen, wäre er vermutlich nicht mal ins Sekretariat einer Filmproduktionsfirma gelassen worden: Richie Havens' „Freedom", der indische Guru, Joan Baez und ihre Klage wegen eines inhaftierten Mannes, der Regen, der Schlamm, die unschuldig-nackt Badenden, Max Yasgurs Sympathiebekundungen, die Polizisten, die offen zugaben, nicht viel zum Ordnen zu haben, der Ausruf „Frühstück im Bett für 400 000", dann die Joints, die lachend-neugierigen und zugleich gelassenen Gesichter der braven Mittelschichtskinder, schließlich Jimi Hendrix und seine aktuelle Version der „Nationalhymne" … Das hätte wie Kitsch gewirkt, mehr wie Künstlichkeit als Kunst, wenn es denn nicht wahr gewesen wäre. Es war wahr. Nichts sonst.

Live Hard, Die Fast

Woodstock, die Drogen und der Tod

Von Andreas Juhnke

Es war wahrscheinlich die längste Marihuanawerbung, die jemals um die Welt ging. Eine halbe Million Menschen drei Tage im Schlamm, kaum Nahrung, Musik nur in den ersten Reihen, sanitäre Steinzeit. Trotzdem, so konnte man es auf Platte und im Film hören und sehen, machten die meisten lustige Sprüche, trugen lachende Augen und einen entspannt grinsenden Mund zur Schau. Das lag, so konnte man aus der Ferne meinen, keineswegs zuletzt an Blättern und Harz des Cannabisstrauchs, bei uns besser bekannt als Hanf.

Jahrhundertelang waren in Nordamerika und Europa nur Stricke aus diesen Fasern gedreht worden, mit denen auch der Henker gerne arbeitete. Mancherorts auf dem Lande schon immer, dann, in den Städten etwa ab der Mitte des 19. Jahrhunderts, begann man den Hanf auch in Europa und Nordamerika zu rauchen, erst die Reisenden, dann die Künstler, die Schwarzen, die Armen, schließlich die Jugend der weißen Mittelklasse. Immer mehr entdeckten die erheiternde Wirkung der Pflanze. Denen wurde seit den dreißiger Jahren des aufgeklärten 20. Jahrhunderts die Lüge erzählt, daß der Hanf Wahnsinn und Tod bringt, wenn man ihn raucht.

Und dann das, in Bild und Ton um die Welt gesandt: „The Grateful Dead's" Jerry Garcia, der grinsend einen Joint in die Kamera hielt und ein Lob auf die Pflanze nuschelte, hinter seinen bunt gefärbten Brillengläsern sichtlich mit weiteren Farben beschäftigt. „Marihuana!" als fröhlicher Schlachtruf der frühen Boygroup Country Joe & The Fish. Arlo Guthrie, der Sohn des unsterblichen Folksängers Woody Guthrie, nachts das Lied des Drogenschmugglers singend, der von London mit *„a couple of kilos"* einfliegt. Der Refrain ein Stoßgebet: *„Don't touch my bag, Mister Custom man"*. John Sebastian sang von dem Wunsch, man möge Hanf ohne Angst rauchen dürfen.

In langen Bildfolgen wurden 100 Wege gezeigt, Hanf zu rauchen: in jeder Art von Pfeife, im Zigarettenpapier als Joint, aus dem Shilum. Zwei alte Männer diskutierten auf den Straßen von Bethel über die Folgen des Kiffens: „Wenn Pot so friedlich macht, sollten wir vielleicht alle Pot rauchen", sagte einer, der vorher noch nie einen Joint gesehen hatte. Wenn man 500 Menschen mit Alkohol zusammenbrächte, gäbe es Mord und Totschlag. Aber die Kids in Woodstock seien wunderbar. Sein Nachbar wollte sich trotzdem seine Vorurteile gegen die Kiffer draußen auf dem Feld nicht nehmen lassen, man sah auch in Bethel nur, was man sehen wollte. Tatsache ist: In Woodstock steckten 500 000 Menschen im Chaos, aber keiner erzählte hinterher von Gewalt. Selbst der Cop, der im Film interviewt wird, singt ein Loblied auf die Kids der Woodstock-Generation. Ein Hund spielte friedlich mit einem Schaf. So mußte es aussehen, das Paradies.

Das Woodstockidyll, das kaum einer in Bethel so erlebt hatte, wie es viele im Kino oder zu Hause zu sehen meinten, verführte natürlich zu falschen Schlüssen. Insbesondere wenn es um Drogen ging. Alles, was auf der anderen Seite des Gesetzes stand, schien von einer mißgünstigen Erwachsenenwelt nur deshalb unter Verbot gestellt worden zu sein, weil die es ihren Kindern nicht gönnte, daß sie mehr Spaß am Leben hatten. Sex, früh, oft und mit vielen. Ungeahnte Freiheiten von existentiellen Sorgen. Räusche jenseits von Alkohol und Valium. Die Wiederentdeckung der Ekstase. Eine Renaissance des dritten Triebes – nach Zeugung und Nahrung nun auch wieder die Lust am Leben.

Dummerweise hatten die Kinder der Industrieländer Eltern gegen sich, die gerade einen Höhepunkt der Lustfeindlichkeit gefeiert hatten und mit einem verkniffenen Zug um den Mund auf das Treiben ihres Nachwuchses reagierten. Ihre Warnungen waren ja nicht alle falsch, aber samt und sonders unglaubwürdig. Sie waren wie Nichtschwimmer, die vor dem Wasser warnten, Eunuchen, die den Sex verfluchten, unglückliche Existenzen, die den Weg zur Glückseligkeit erklärten. Die Erwachsenenwelt und die Welt der Jungen waren durch einen tiefen Graben getrennt, der auch ein Graben zwischen Leben und Tod war.

In den USA war das genau die Welt, die ihre jungen Männer nach Vietnam schickte, in einen Krieg, den schon die Soldaten nicht verstanden, die Wehrpflichtigen an den Colleges, in den Armen der ersten Geliebten oder in den Sommern der Liebe von 1967 bis 1970 schon gar nicht. Die Väter, die schon in die fernen Kriege Europas, des japanischen Pazifiks oder, vor kaum mehr als zehn Jahren, nach Korea geschickt worden waren, mußten nun auch ihre Söhne in noch fremdere Kriege schicken. Söhne, die, anders als frühere Soldaten, ihr blutiges Schicksal schon vorher im Fernsehen sehen konnten. Geschickt von Vätern, die den Krieg selbst im Schützenpanzer gerade so überlebt hatten; verabschiedet von Müttern, die alle ein Kind kannten, das in der Holzkiste zurückkam.

Daß die Truppentransporter trotzdem abfuhren und eine ganze Generation in die Hölle brachten, verheerte die Seelen. Dieser Vertrauensbruch fegte die alte Vereinbarung hinweg, daß unsere Eltern nur das Beste für uns wollten. Plötzlich vermutete man nur das Schlechteste. Das Gegenteil von allem, was sie für uns wollten und von uns forderten, schien richtig zu sein, in Amerika, aber auch in Europa. Mit dem einzigen Unterschied, daß in Deutschland die Eltern mindestens zur Hälfte die waren, die mit den Nazis gemordet hatten – indem sie schwiegen, böse Worte führten, viel zu viele von ihnen saßen mit blutigen Händen am Familientisch.

Diese Eltern wollten der Jugend der späten sechziger, frühen siebziger Jahre erzählen, was richtig und was falsch ist. Falsch waren lange Haare, Rockmusik, frühe Liebe, der Genuß, die vielen verschiedenen Stufen der Ekstase, falsch war jedes Rauschmittel, das nicht der Vater schon genommen hatte. Richtig waren Alkohol und Disziplin, richtig waren kurze Haare und lange, berührungslose Verlobungszeiten, richtig waren Richard Nixon und Kurt Georg Kiesinger, tiefschwarzer CDU-Bundeskanzler bis 1969. Da stimmte etwas nicht, das ganze Gebäude der Moral brach zusammen. Das war nicht nur ein Verlust, im Gegenteil, aus den Trümmern purzelten tausend Möglichkeiten, wie man nach seiner Fasson glücklich werden konnte. Viele Wege taten sich auf, und das Glückserleben der Woodstockgeneration war selbst nach den vielen Sackgassen größer als das ihrer Eltern.

Nicht wenigen half der Hanf dabei. Durch die Initiative eines polizeilichen Paranoikers namens Harry Jacob Anslinger war er zwar in den 30er Jahren zur „Monster-Droge" dämonisiert worden und vielerorts in den Industrieländern verboten worden, bald in Verruf und Vergessenheit geraten. Dank der polizeilichen Bemühungen, jeden Umgang mit diesen Harzen zu verfolgen, war der Hanf damit in die gleiche Ecke gerückt worden wie Opium, Heroin oder Kokain. Mit einer Mischung aus Besessenheit, Rassismus und skrupelloser Propaganda schaffte Anslinger es in jahrzehntelanger Arbeit, sein US-„Bureau of Narcotics" im Schatten von Weltwirtschaftskrise, Krieg und Prohibition zu einer mächtigen Behörde aufzubauen, deren Nachfolgerin noch heute die Front im „Krieg gegen die

Drogen" beherrscht. Und die dafür gesorgt hat, daß mittlerweile weltweit alle diese höchst unterschiedlichen Substanzen und ihre Benutzer in gleicher Weise verfolgt werden. In einigen Ländern, wie Malaysia, Singapur oder Afghanistan, muß man um sein Leben fürchten, wenn man mit zu großen Mengen Hanf erwischt wird.

Jahrelange Freiheitsstrafen unter meist kaum weniger lebensbedrohlichen Bedingungen drohen in vielen Ländern der Erde. Selbst in den traditionellen Rauchgesellschaften, wie Marokko, Nepal oder der Türkei, ist der Genuß des Hanfs heute verboten und wird im Zweifel streng bestraft. Und gleichzeitig ist er auf der ganzen Welt zu kaufen, ob in Skandinavien oder Südafrika, in Texas und Tschechien, in Island und im Iran. Dank neuer Anbaumethoden wächst die Pflanze heute in jedem x-beliebigen Keller – mit THC-Konzentrationen, die weit über dem noch 1969 üblichen Maß liegen. Und es gibt den Hanf heute immer noch im gleichen Laden, wie Heroin und andere Pharmagifte. Die Verkäufer auf diesem Schwarzmarkt sind mehr oder weniger finstere Gestalten, die vor allem ihren Profit im Auge haben.

Eine Lüge von Woodstock war, daß selbstlose Erleuchter ihren Drogenbauchladen aufklappten, die vor allem an der inneren Erfahrung der Kundschaft interessiert waren. Die gab und gibt es auch, tatsächlich sind sie aber eine verschwindende Minderheit. Die Mehrheit der Dealer ist vor allem daran interessiert, daß ihre Kundschaft wiederkommt, und das tut sie verläßlich nur, wenn die konzentrierten Kristalle des Koka- oder Mohnstrauchs verkauft werden. Die Kriminalisierung all dieser Drogen und ihrer Benutzer hat ein kriminelles Milieu geschaffen, das zu einer modernen Pest in vielen Teilen der Welt geworden ist. Die Drogenkartelle sind sagenhaft reich, sagenhaft brutal und in einer Weise einflußreich, wie sie noch keine Sage erzählt. Eine wachsende Zahl von Ländern lebt nur

noch von und mit Drogendollars. Die herrschenden Drogendynastien müßten geradezu dafür sorgen, daß ihr Stoff verboten bleibt. Nur so sind weiterhin unkontrolliert und unversteuert die ungeheuren Gewinne zu machen, die das Geschäft erst interessant und zu einem weitverbreiteten Phänomen machen.

Als *self-fulfilling prophecy* hat Anslinger weit über sein Ableben hinaus böse Triumphe gefeiert. Er hinterließ eine Hydra, die er mit seinem Kreuzzug erst schuf. Ende der sechziger, Anfang der siebziger Jahre ging die Jugend der industriellen Länder auf genau die tödlichen Trips, vor denen er immer gewarnt hatte. Nur geschah das nicht mit Cannabis, sondern mit Heroin und Kokain: destilliert in den Labors der pharmazeutischen Industrie Deutschlands, beworben Hustensaft und Kopfschmerztablette, in die Welt gebracht mit kühlem Geschäftssinn und aus ihr nicht mehr zu entfernen, wie heute die gentechnischen Neubauten und Reproduktionen aus der gleichen Quelle.

Wenn am Hanf nichts Arges ist, dachten sich viele der nichtsahnenden Love & Peace-Rebellen, dann konnte es auch mit den anderen Warnungen nicht weit hersein: Die Nase Kokain oder Heroin, Speed oder LSD – alles nicht so schlimm, wie Eltern, Lehrer oder Polizei immer behaupteten. Ein Irrtum, den viele mit Teilen ihrer Jugend, nur allzuoft auch ihrem Leben bezahlten.

Dabei hätte schon der „Woodstock"-Film als Warnung vor den Verheerungen der Drogen verstanden werden können: Der Ansager mußte sein Publikum beruhigen, daß „die Leute, die meinen, sie hätten Gift genommen, kein Gift genommen haben, sondern nur schlechtes Acid". Als weitere Warnung wurde durchgegeben, daß „das braune Acid, das hier zirkuliert, nicht zu gut ist und empfohlen wird, die Finger davon zu lassen". Aber es ist lange genug alles verboten gewesen, tut, was ihr für richtig haltet: „It's your own trip." Viele sahen auf den „Woodstock"-Bildern so aus, als würden sie am Ende dieser drei Tage nicht nach Hause zurückkehren. Drop Out oder U.S.-Army: Viele Wege führten zur Erfüllung der todernsten Losung: Live hard, die young – lebe hart, sterbe jung.

Auch wenn der Vietnamkrieg mehr Menschen in kürzerer Zeit getötet hatte, als die schlimmste Drogenwelle es jemals schaffte, gestorben wurde auch an Drogen, vor Woodstock und danach. Janis Joplin, Jimi Hendrix, Keith Moon, Paul Butterfield, Jerry Garcia und viele der Besucher in der Menge sahen wir im Film zum vorletzten Mal. David Crosby saß wegen seines Kokainkonsums einige Jahre im Gefängnis. Manche phantasieren noch heute im Internet über das UFO, das sie in Woodstock landen sahen, und verbreiten sogar ein Foto davon. Andere senden um die Welt, daß Lassie in Woodstock ein Massaker angerichtet habe. Es gab immer einen Point of no Return, aber niemand wollte es glauben. Die Dinge schienen im Fluß, in einem positiven Strom der Zeit zu sein. Alles würde gut werden. Aber so unverwundbar, wie alle in diesen Tagen im August schienen, waren sie dann doch nicht. Der gleiche Irrtum herrschte auf beiden Seiten des Atlantiks, und wir, die wir auf der falschen Seite saßen, wurden genauso belehrt wie die da drüben.

Der Irrtum war nur zu verständlich. Die Beatgeneration förderte ein neues, eigentlich uraltes Bewußtsein zurück. Im Aufbruch der sechziger Jahre kam ein elementares Bedürfnis wieder zum Vorschein, das jahrhundertelang begraben und mausetot schien: unser Trieb zum Rausch, zur Ekstase. Das wochenendliche Besäufnis, Karneval und andere Festlichkeiten waren schwache, letzte Refugien dieses Bedürfnisses. Dem Rausch war jeder Begriff verlorengegangen, er hatte keinen Wert mehr in dieser durchstrukturierten Welt, in der Erziehung kam er nicht vor. Er war unkalkulierbar und deshalb im arbeitsteiligen Produktionsprozeß nicht zu gebrauchen. Die protestantische Arbeitsethik sah in der Bewußtlosigkeit nur Teufelswerk, das Gegenteil der erwünschten Nüchternheit, des Verzichtsgebots, der allseitigen Beherrschtheit. Wer ausflippte, war nicht mehr zu kontrollieren. Die Irren wurden von Gotteskindern zu lebensunwerten Opfern in Verwahranstalten und Schlimmeres.

Die Jugendlichen der Sechziger, die sich selbst Freaks nannten, waren in ihren Augen so etwas ähnliches. Wer weiß, wie viele Spießer heute noch mit Zufriedenheit die neueste Zahl der Drogentoten lesen: Wieder ein paar weniger! Selbst schuld!

Der amerikanische Wissenschaftler Ronald Siegel, Professor an der Universität von Los Angeles, hat 1989, zwei Jahrzehnte nach Woodstock, damit begonnen, als erster die Umrisse dieser Wiederentdeckung dieses Triebes zu beschreiben. Er nennt das Verlangen nach Drogen „universell und unausweichlich". Die Begrifflichkeit, die er in seinem Buch

„Rauschdrogen" zu dem entwickelt, was er nach Hunger, Durst und Sex den vierten Trieb nennt, war erst eine Skizze. Er begann mit Tierbeobachtungen und ethnologischen Beschreibungen eine erste systematische Bestandsaufnahme. Und er beschrieb plausibel, daß wir einen elementaren Wunsch nach dem Rausch haben, der zu uns gehört wie Appetit und Lust auf einen anderen Körper. Wir müssen von Zeit zu Zeit unserem Bewußtsein eine Auszeit gönnen, wie wir schlafen und aufs Klo müssen. So wie der Traum unsere Eindrücke durcheinanderwirbelt und verarbeitet, so müssen wir uns für die psychische Gesundheit gelegentlich gehenlassen.

Einige Griechen und Inder haben die Kunst der Ekstase schon vor Jahrtausenden beschrieben. Das war lange her und vergessen, als sich Mitte der sechziger Jahre junge Leute in San Francisco, London, Paris und Berlin plötzlich auf der Straße küßten und in den Parks ihre Joints rauchten und die Spießbürger mit ihren feindlichen Gesichtern einfach auslachten. Eine Auseinandersetzung mit Siegels aufsehenerregender These fand nie statt. Das Band des Wissens zwischen Dr. Siegel und den Hedonisten um Aristippos in Athen vor 2500 Jahren war zu lange durchtrennt, Kant und seine Kinder knüpften uns an andere Bande. Genuß galt tendenziell als unsittlich. Die Glückseligkeit war für ein fernes Jenseits versprochen; wenn man es schon auf Erden erlebt hätte, wer hätte noch nach dem Danach gestrebt und die Pfarrer ernährt? Aber in diesem Jahrhundert glaubten mehr und mehr Menschen, daß sie dieses Jenseits nie sehen würden. Sie lebten hier und heute.

Für Rollenmodelle stand die Requisitenkammer der Welt weit offen, alles, was ein Schreibkundiger beschrieben oder eine Kamera gesehen hatte und zu uns nach Hause brachte. Die Kultur des Westens wurde durchlässig bis in fundamentale Bereiche. Viele suchten sich ihre Götter im gut bevölkerten Himmel, dem die Völker dieser Erde Gesichter und Geschichten gegeben haben. Buddha und Jesus, Ganesh oder Mohammed – das Pantheon dieser Welt steht jetzt allen offen. Wie die Götter, so suchte man sich auch die Genußmittel. Gekocht wird indisch, thailändisch, französisch oder wie bei Muttern. Und so wie andere ihren Wein trinken, begehen viele ihren Feierabend mit einem Joint, tanzen am Wochenende auf XTC durch, legen vielleicht beim Kartenspiel mit Freunden ein Gramm Kokain auf den Tisch. Dabei sind sie immer bedroht von Gesetzen, die den Verlust der bürgerlichen Existenz oder der Freiheit bedeuten können.

Eine Erziehung zur Ekstase findet bis heute nicht statt. Schon der Gedanke wird als absurd empfunden. Es gibt kaum noch Rituale, die den Rausch einbinden. Es fehlt an jedem anerzogenen Werkzeug, damit der richtige Gebrauch von diesen mächtigen Kräften gemacht werden kann. Die Renaissance des Rauschs muß auch ohne theoretischen Überbau auskommen. Man läßt das Geschäft mit den Drogen in den schlechtesten Händen, in denen es sein könnte. Ende der Sechziger war es so, als hätte man jede Aufzeichnung über giftige und eßbare Pilze vernichtet und dann die Jugend der Welt in den Wald geschickt, damit sie sich selbst ein Pilzragout zusammensucht. Wer starb, hatte eben Pech gehabt.

Das geschah zu einer Zeit, als der Warenverkehr rund um die Welt plötzlich Produkte aus jedem Winkel der Erde überall dort zur Verfügung hielt, wo der Transport und der Konsum bezahlt werden konnten. In Europa waren die ersten Schocks über die Wirkung neuer Genußmittel schon vor 500 Jahren beim Eintreffen des ersten Kaffees, Kakaos und Tabaks zu beobachten. Mancherorts, auch in Deutschland, versuchte man das Rauchen oder Kaffeetrinken mit der Todesstrafe zu bekämpfen, genauso vergeblich, wie wir uns seit mehr als dreißig Jahren der Produkte von Hanf, Koka oder Mohn entledigen wollen. Der letzte Schock, den wir in dieser Hinsicht erlebten, war die Einsicht der neunziger Jahre, daß heute mit kleinem Laboraufwand überall auf der Welt, wo elektrischer Strom fließt, hochwirksame XTC-Produkte und andere Designerdrogen hergestellt werden können. Jede Küche ist ein potentielles Drogenlabor.

Der Rausch ist ein Massenphänomen geworden, aus der Welt nicht mehr wegzudenken wie Mikroelektronik oder fließendes Wasser. Aber wir haben die Gebrauchsanleitung weggeworfen, wir lassen die Jugendlichen alleine und mit schlechten Ratschlägen in diese Dimension der Erwachsenenwelt hinein. Für viele werden die Erfahrungen ein Fall ins Bodenlose. Die Kids, die damit ihre ersten Versuche machen, haben bis heute keinerlei Piloten zur Hand, die sie vernünftig in diese Welt einweisen und ihnen nüchtern erklären, was man tun kann und was man lassen sollte, wenn man sich berauscht.

Nicht die Polizei muß heute mit diesem Phänomen befaßt werden, der Drogenkrieg ist längst verloren worden, es gibt kein Zurück mehr hinter die Erfahrungen der letzten drei Jahrzehnte. Nur eine blutige Diktatur könnte die Drogenfreiheit wieder durchzusetzen versuchen, und auch sie würde scheitern, wenn auch tödlich für viele. Fällt niemandem auf, daß in China immer mehr Drogenhändler hingerichtet werden, nicht weniger, wie man es sich eigentlich von der Todesstrafe erwarten sollte? Man hat, etwa in der Strafgesetzgebung, schon heute das Maximum an Freiheit für Drogendelikte eingeschränkt, die bürgerlichen Rechtsgarantien gelten in diesem Bereich nur noch bedingt oder gar nicht mehr. Trotzdem hat die zuständige UNO-Organisation auch für 1998 bei Drogenproduktion und -konsum wieder neue Rekordzahlen gemeldet, wie sie es jedes Jahr tun muß. Und wie jedes Jahr hat sie in ihrem gefährlichen Starrsinn nach der Härte des Gesetzes statt nach den Geboten des Verstandes verlangt. Damit produziert sie die Bedingungen für eine weitere Expansion dieses Marktes und, weist – wie zum Hohn – auch noch all denen die Schuld dafür zu, die andere Wege gehen, wie Holland mit seinen Haschisch-Shops oder die Schweiz mit ihrer Heroinausgabe. Die sind im übrigen die einzigen Länder, in denen sich die Situation langsam bessert.

Wir brauchen Pädagogen statt Polizei, wenn wir das tödliche Risiko mindern und die Lebenswege unserer Jugendlichen nicht an die Wand von Unverständnis und Härte fahren lassen wollen. Wie wäre es mit Rausch-Unterricht an den Schulen, der nicht nur vor Drogen warnt, sondern auch einen möglichst ungefährlichen Umgang empfiehlt? Wahlweise könnten Fachleute die Unterweisungen ausführen. Warum nicht Rauschberater? Damit könnten wir allemal mehr erreichen als mit den ewigen Wiederholungen von Warnungen, die von den Erfahrungen der Schüler längst widerlegt zu sein scheinen. Es gäbe viel, was wir ihnen an Erkenntnissen mitteilen müßten und was unter der Decke eines Tabus unbesprochen bleibt, das schon lange nicht mehr funktioniert. Gegen große Widerstände wurde nach Woodstock der Sexualkundeunterricht in die Schulen gebracht. Wo er vernünftig gelehrt wird, sind bewußtere Liebende aus ihm herausgekommen. Ernährungskunde ist mittlerweile Allgemeingut. Jeder weiß, daß Zucker schädlich und Vitamine wichtig sind. Trotzdem wird immer noch Zucker gegessen, manche sagen drogenartig, aber Karies ist ein bißchen weniger geworden, und irgendwann wird er vielleicht ganz verschwinden.

Aber wer sagt den Jugendlichen, daß Kokablätter unter bestimmten Bedingungen ein gutes Hilfsmittel, Kokainkristalle aber eine ungeheuer hochkonzentrierte Dosis sind, die im Tierversuch zu den entsetzlichsten Verstümmelungen geführt hat? Ronald Siegel beschreibt in seinem Buch ein Experiment mit Affen, die so lange auf den Kokainspender in ihrem Käfig einschlugen, bis ihre Hände blutige Stümpfe waren und sie an

Auszehrung starben. Wer zeigt den Schülern, was eine genieß-
bare Menge Hanf ist und was eine zu große, und sagt ihnen
dann, daß sie Autofahren und anderes lassen müssen, nachdem sie geraucht haben? Wer erklärt ihnen glaubwürdig, was
zuviel XTC in ihrem Hirn anrichtet und wann dieses Zuviel
beginnt? Wer hat die nötige Autorität, um ihnen Heroin als genauso unkontrollierbar wie Kokain deutlich zu machen? Wer
vermittelt ihnen das Gleichgewicht zwischen Ekstase und
Nüchternheit, ohne daß das eine für das andere geopfert wird?
Wer hilft ihnen zu kenntnisreicher Bewegung diesseits und
jenseits der Türen, die in unserem Bewußtsein zwischen den
Welten von Rausch und Realität sind – wohlgemerkt Türen,
nicht Mauern.

Ständig bekommen wir neue Bruchstücke von Wissen und
Einsichten über die Wirkung des Rausches in unserem Körper.
Trotzdem steht die Forschung darüber noch ganz am Anfang.
Eine konzentrierte, wissenschaftlich unabhängige Erkundung
des Rausches findet kaum statt. Aus der Hirn- und Hormon-
forschung wissen wir heute, daß fast alle Drogen ihre körper-
eigenen Gegenstücke haben. Wir können mit guten Gründen
vermuten, daß individueller Mangel an diesen wichtigen Bo-
tenstoffen durch Drogenkonsum ausgeglichen, gleichsam ge-
heilt werden kann. Die Stimulanz, die wir den Rezeptoren ver-
schaffen, gehört zum Grundrepertoire unserer Körperchemie,
ohne die es kein Wohlbefinden und keine Möglichkeit gibt,
sich in dieser Welt zurechtzufinden. Wir werden in wenigen
Jahrzehnten über Einsichten verfügen, wieweit unsere jeweili-
gen genetischen und hormonellen Bedingungen uns zum
Drogenkonsum prädestinieren. Bis dahin werden wir hoffentlich gelernt haben, wie wir diese Mittel vernünftig, bedürfnis-
gerecht und zu unserer Freude einsetzen können. Insofern
stecken wir in einer Zwischenzeit, ausgestattet mit dem Er-
kenntnisstand und Erfahrungsschatz von vorgestern, aber mit

Instrumenten in der Hand, die uns die Möglichkeiten von morgen bieten. Wir sind wie ein Stamm in Papua-Neuguinea, dem ein Laptop in die Hände fällt. Noch klemmen wir uns nur beim Zuklappen die Finger, irgendwann sollten wir ihn benutzen lernen.

So ähnlich konnte man sich jedenfalls damals Anfang der siebziger Jahre vorkommen, als Woodstock um die Welt ging und in unserer Generation einschlug wie ein Blitz. Zum Beispiel in Frankfurt am Main. Als Woodstock nach Frankfurt kam, war alles schon da, was man für ähnliche Parties brauchen konnte. In der Grünanlage um das Stadtbad Mitte standen Langhaarige im buntbestickten Afghanenpelz, die ihre harzigen Reisemitbringsel unter die Leute brachten und erstklassiges Haschisch für fünf Mark das Gramm verkauften. Manchmal, wenn die Polizei ihre Observationswohnungen gegenüber der Grünanlage verließ und zur Razzia stürmte, flog zwar der ganze Stoff in einen nahen Tümpel. Aber gleich nachdem die grünen Autos mit zwei, drei, vier Gefangenen abgefahren waren, ging der Handel fröhlich weiter. Neue Stücke wurden aus den Gebüschen geholt, türkisches Haschisch, afghanisches oder nepalisches, libanesisches oder marokkanisches, was das Herz begehrte.

Und der gleiche freundliche Freak, der über die Liebe philosophierte oder über den Weg der Veränderungen dieser Gesellschaft durch Veränderung des eigenen Bewußtseins, hatte bald darauf die ersten Kokainbriefchen einstecken und kleine, bunte, mit LSD beträufelte Löschpapierecken, die den Benutzer für zwölf Stunden durchs Universum schossen. Von den meisten Trips kam man wieder zurück. Schon alleine deshalb wurde der nächste alsbald geplant. Dabei wurde die Kluft zwischen denen, die durch die Pforten der Wahrnehmung gegangen, und denen, die immer diesseits geblieben waren, der Riß durch diese Gesellschaft. „Ausgeflippt", „Trip", „abgefahren" waren seinerzeit Geheimsprache der Drogenbenutzer, heute sind sie allgemeiner Sprachgebrauch.

Allein bei der Internetsuchmaschine HotBot bekommt man jetzt um die 2750 Treffer, wenn man das Stichwort Marihuana eingibt. Damals mußte man sich Informationen in räucherstäbchengeschwängerten Läden zusammensuchen, wo es höchstens einen schlechten Raubdruck des „Haschisch-Kochbuchs" gab, das als Satire geschrieben worden war und von Schülern in der sturmfreien Bude der Eltern eins zu eins nachgekocht wurde. Die Rezepte hatten Mengenangaben, die als Kifferscherz gemeint waren und einmal sogar das gesamte Rauchgiftdezernat der Frankfurter Polizei ins Krankenhaus brachten. Ein Ex-Bäcker unter den Drogenfahndern hatte das Rezept auch wörtlich genommen und viel zu viele Gramm Haschisch aus der Asservatenkammer in die Hörnchen gebröselt, die er seinen nichtsahnenden Kollegen servierte. Die waren von der Wirkung überwältigt und mußten mit dem Rettungswagen in ärztliche Behandlung gebracht werden. Wissentliche Benutzer klagen selten über zu hohe Dosierung. Dieser Fall gehört tatsächlich zu den wenigen, in denen der Hanf vorübergehend gesundheitliche Beeinträchtigungen hervorrief. Alle Beamte taten hinterher wiederhergestellt und mit gleichem Eifer ihren Dienst. Nur der Ex-Bäcker war danach Ex-Polizist.

In dieses muntere Treiben jenseits des Betäubungsmittelgesetzes kam irgendwann Anfang der siebziger Jahre „Woodstock", ein Mythos mit Strahlkraft. Er verwandelte ein kleines Kino in einen Fensterplatz zu einer besseren Welt. Das Filmstübchen lag an der Zeil, irgendwo zwischen der Breiten Gasse, wo uns die Huren mit „Hee Hippie! Willste nicht mitgehen?" begrüßten, während ihre Schamlippen aus den Höschen hingen, und dem Zoo, in dem Bernhard Grzimeks enge Käfigwelt als Garten der großen Tierliebe gefeiert wurde.

In Frankfurt war man damals oft fast alleine. Die ganze

graue Straße hinunter wohnte nicht einer, dem die Haare über die Ohren wuchsen. Blöde Sprüche den ganzen Tag: „Na du schwule Sau! Hascher! Susi!" In der Schule schleifte einen der Sportlehrer, der nach Nazi roch, voller Abscheu zum Direktor. „Du langhaariger Affe!" mußte man sich anhören. Nachts auf der Straße überfielen einen betrunkene Halbstarke. Sie waren sicher überrascht, daß die Langhaarigen zurückschlugen und sie den kürzeren zogen. Nicht, daß Hanf popeye-ähnliche Kräfte verlieh, aber die verschärfte Sensibilität machte den Weg frei zu ungehemmtem Muskelgebrauch, auch wenn man hinterher längere Zeit überlegen mußte, wie sich der Kampf nun im einzelnen abgespielt hatte.

In dieser Atmosphäre des Allein-gegen-alle gab es hin und wieder eine Demo, mit ein paar tausend Ähnlichen – und dieses kleine Kino, das ein großes Wohnzimmer war. Zwei große Boxen hatten sie an diesem Abend aufgehängt, die so schlecht klangen wie die Anlage zu Hause, nur lauter. Ein paar Freunde waren natürlich dabei. Der Eintritt verschlang die Hälfte der neuen Santana-Platte. Dafür sollte es Legende geben.

Drei Stunden lang klappte ein Fenster auf, das direkt in eine bessere Welt ging. Die Musik war eine durchgehende Session mit einigen der besten Musiker der Welt – selbst die schlechteren klangen begnadet. Wir Zuschauer wurden ein Teil dieser Welt, die auf der Leinwand im Schneegestöber einer schlechten Kopie vor uns aufschien, so magnetisch lebendig, als geschähe das alles eben gerade, draußen vor dieser Tür. Immer wieder Bilder einer unübersehbaren Menschenmenge, die genauso aussah und zu fühlen schien wie man selbst. Die gleichen Ideen: daß es der Welt an Liebe fehlt, nicht an Haß. Daß wir diese Liebe haben. Die bessere Musik. Die Jungs mit den schöneren Haaren. Und die schöneren Mädchen, weil sie keine Zicken waren und nicht aufgedonnert. Wir waren die, die wußten, daß wir alle Brüder und Schwestern sind. Wir würden die Welt verwandeln, keiner könnte uns aufhalten. Was war stärker als die Liebe?

Danach war man für immer verloren für alles, was Zwang, Freudlosigkeit, keine Befriedigung bedeutete. Wir waren individuelle Revolutionen in einer neuen Masse. Woodstock war die Bergpredigt des Beat, ein Traum, der Wirklichkeit geworden zu sein schien: Dort in Amerika, hier und jetzt in diesem Kino und in unseren Herzen, davor und danach. Die Kraft der Liebe würde siegen, mußte siegen, wir sind alle Menschen mit den gleichen beschissenen Bedürfnissen und alle dem gleichen Recht, sie zu befriedigen. Laßt uns die Balance suchen zwischen der Freiheit und dem Glück jedes einzelnen und dem gleichen Recht für alle.

Die Mitglieder der Woodstockgeneration, die wir danach persönlich trafen, kamen allerdings direkt aus Vietnam. Sie hießen Greg, John oder Steve, ließen sich die Haare eben wieder wachsen und waren den ganzen Tag konzentriert damit beschäftigt, ihr Bewußtsein auszuschalten. Sie trugen noch die Uniform der US-Army, schienen aber nur in die Kaserne zu gehen, um im PX halbe Gallonen Jim Beam und stangenweise Marlboro zu kaufen und schwarzen Pakistani gegen grüne Dollars zu tauschen. Sie wohnten in lausigen Buden am Stadtrand, und nur bei den Hits, die ihre Hirnchemie trafen, lächelten sie.

Auch sie hatten das Unverwundbare, das manche für eine Eigenheit der amerikanischen Jugend halten. Aber ihre Erinnerung zerfetzte ihnen den Verstand. Vom Tod im Reisfeld sprachen sie nie. Wir wußten nicht, ob sie in Südostasien Napalm abgefüllt, in der Kantine abgewaschen oder mit dem Maschinengewehr in ein Gebüsch gefeuert hatten. Nur wenn sie vollkommen stoned waren, sagten sie Dinge wie: *„Be cool!"* oder *„Change your mind and you will change the world"*, nichts, was wirklich ernst zu nehmen gewesen wäre. Und doch lernte man etwas von ihnen: Drei Gramm Haschisch sind eine Reise. Null Komma fast nichts LSD sind ein Trip. Und ein Viertel Gramm Heroin ist der schnellste Weg, um sich zwei Tage im Nirwana auszuruhen.

Eine interessante Entdeckung, Frankfurt wurde damit zum Ort großer Heiterkeit. Kichernd stand man an der Straßenecke, bis die Polizei kam und die Ausweise kontrollierte. Oder man lag bei Freunden im Knautschsack, eine endlose Tonbandspule spielte Westcoast-Rock, mit jeder Maiskolbenpfeife rückte man näher zusammen, bis alle am Ende auf einem Bett lagen, ohne daß je etwas passiert wäre. Pärchen verschwanden im Nebenzimmer, wo mit heißer Aufregung gänsehäutige Körper aneinander rieben. Hastig vereinigt man sich die ganze Nacht.

In die Schule ging man nur noch ab der dritten Stunde. Dann hielt man Vorträge zum Thema Zwang im Kapitalismus und der Freiheit des Kommunismus, an die sich heute keiner mehr gerne erinnert. In den Pausen kreiste die Pfeife auf dem Klo. Die Lehrer fragten, was los sei, wissend, daß das Stichwort Drogen zum Rauswurf führen würde. Also bekamen sie keine Antworten. Irgendwann kam man gar nicht mehr in den Sandsteinbau, mit seinem Lehrkörper aus Bemühen und autoritärem Reflex. Das, was man lernen konnte, lernte man aus Büchern und mit Freunden – oder gar nicht. Drop Out, auch so ein Spruch, den man einfach so wahr machte. Als die ersten Nadeln pieksten, wurde man langsam wach, aber da war es schon fast zu spät.

Woodstock war auch ein fundamentaler Irrtum. Der Film hatte keine Lösung, schon gar nicht für die Fragen nach dem richtigen Rausch. Alles war nur eine Projektion, der Film zeigte überhaupt keine Leute, die wußten, wie das Leben weitergeht, sondern nur Suchende, wie sie in jedem kleinen Kino auch saßen. Die da oben auf der Leinwand und die da unten im Sessel würden die gleichen Erfahrungen machen, gute und schlechte. Einige würden nie wieder ein Kino besuchen. Einige würden ein Kino kaufen. Auch aus der Woodstockgeneration sind einige im Drogengeschäft reich geworden. Sie haben ein Haus am grünen Stadtrand, gehen immer noch zum „Stones"-Konzert und freuen sich, daß die es ja auch überlebt haben.

Die Liste ihrer Opfer liegt unter Vergessen in ihrem Bewußtsein. Wenn Woodstock ihnen geholfen hatte, ihre Geschäfte zu machen, dann war das sicher der perfideste Mißbrauch einer Bergpredigt, seitdem im Namen Jesu die Scheiterhaufen gebrannt hatten. Insofern nicht ohne Parallele. Und mit einem Trost: Gute Ideen sind selbst damit nicht totzukriegen.

Jeder Dummkopf hat seinen Regenbogen

Woodstock und die Ohnmacht feministischen Wollens
Von Anke Westphal

Die US-Amerikanerin Susan Gordon Lydon gehörte nicht nur zu den ersten Underground-Journalisten der sechziger Jahre, sondern auch zu den ersten weiblichen. Sie war dabei, als Jan Wenner den *Rolling Stone* gründete, jenes Rock'n'Roll-Zentralorgan, das noch dreißig Jahre später, im Zenit seiner eigenen Etabliertheit dünstend, festlegen sollte, was Pop-Kultur eigentlich ausmacht. Susan Gordon Lydon hat zu Ende der neunziger Jahre ihre Autobiographie geschrieben. Sie gab ihr den Titel „Der lange Weg zurück: Stationen einer Sucht – Bericht einer Überlebenden", ein pathetischer Titel, den sie nicht allein auf illegale Substanzen, sondern auch auf die Verführbarkeit durch einen Zeitgeist bezogen haben mag.

Nach dem Monterey-Festival 1967 dachte Jan Wenner daran, eine Rockzeitung ins Leben zu rufen. Man hatte ihm, nachdem der „Stone"-Vorläufer *Sunday Ramparts* eingegangen war, unentgeltlichen Büroraum angeboten. Es gab viel zu tun. Wenner wollte, wie er Lydon und ihrem damaligen Ehemann Michael auseinandersetzte, mit einer journalistisch professionell aufgezogenen Zeitschrift der „Henry Luce der Gegenkultur" werden. Lydon hatte zwar schon längere Zeit für Wenner und „Ramparts" geschrieben, aber den Posten des stellvertretenden Chefredakteurs des *Rolling Stone* bekam ihr Mann Michael, auch ein Journalist.

„Was machst du eigentlich den ganzen Tag", fragte Wenner sie eines Tages, laut Gordon Lydon „1967 eine absolute Killerfrage für Frauen".

„Wir werden jemanden brauchen, der uns die Adressenaufkleber tippt für die Freiexemplare, die wir verschicken wollen", sagte Wenner. Der fand auch, „daß im Büro am Telefon immer ein Mädel antworten sollte".

„Scher dich zum Teufel", soll Gordon Lydon ihn angefahren haben, „ich bin Schriftstellerin, keine Tippse."

Der Sommer der Liebe von 1967 hatte drei große Gottesdienste in seinem Schlepptau: Monterey, zwei Jahre später im August 1969 Woodstock und schließlich Altamont, die Apokalypse. Der Höhepunkt des Rituals eines jeden Gottesdienstes ist die Predigt. Der Sommer der Liebe muß eine romantische Reform-, wenn nicht gar eine Wandervogelbewegung gewesen sein. Das kann ich nur vermuten und aus zahllosen Quellen schlußfolgern, denn ich war aus Gründen einer unglücklichen Geburt (DDR, 1961) nicht dabei. Fest steht, daß der lange Summer of Love eine Angelegenheit weißer Mittelklasse-Kinder war.

Man wollte alles anders haben als die Eltern: Liebe, Frieden, Freiheit, Gleichheit – ja, und Brüderlichkeit. Oder auch Schwesterlichkeit? Natürlich gab es in Woodstock Frauen. Frauen auf der Bühne – weniger als Männer, doch was bedeutet das eigentlich, und Frauen vor der Bühne. Wenn man sich vor Augen hält, daß diese Mädchen und Frauen im August 1969 ungefähr zwischen siebzehn und dreißig Jahre alt waren, dann ist klar, daß sie zwischen Mitte der fünfziger und sechziger Jahre sozialisiert wurden und zunächst die Werte jener Dekade verinnerlicht hatten.

Frauen in Woodstock – das war nichts Besonderes, nicht im Sinn einer besonders artikulierten existentiellen, also auch kulturellen Erfahrung. Die feministische Abgrenzung brauchte zwar den Vorlauf und auch die Erfahrung von Woodstock, erfolgte jedoch parallel zu den Hippies. Erst in den Jahren danach wurde der Feminismus zur Massenbewegung wiederum vornehmlich weißer Mittelstandsfrauen – nachdem sich Frauen, die nicht mehr nur die Tippsen der Subkultur sein wollten, mit ihren Unzufriedenheiten und Babys in Privatwohnungen zusammengefunden hatten.

Gordon Lydon erinnert sich: „Während die Babys spielten, unterhielten wir uns über die Mutterschaft und andere Aspekte des Frauseins in der damaligen Zeit. Bei einem dieser Besuche erzählte mir (ihre Freundin) Nancy, eine Gruppe von Frauen habe angefangen, sich in Berkeley zu treffen, um über ihre Unzufriedenheit mit den untergeordneten Rollen, die ihnen die Männer in der studentischen Antikriegsbewegung zuteilten, zu diskutieren … Das Private ist politisch." Berkeley war nicht Woodstock.

Für „das Klicken der Erkenntnis", wie Gloria Steinems feministisches Magazin *Ms* es damals nannte, war Woodstock der denkbar ungeeignetste Ort. Die Gründe sind zum Teil verblüffend simpel: Massen von Menschen hatten tagelang in Verkehrsstaus gesteckt und waren jetzt stoned, waren high. Weihrauch und Myrrhe dieses Gottesdienstes waren Gras und LSD. Als einige der wenigen Zeitzeugen der Wellen des Summers of Love formulierte die Schriftstellerin Joan Didion schon damals die „apokalyptische Seite" dessen, „was wie eine riesige Party des ständigen Fortschritts aussah". Barry Farell von *Life* ging sogar soweit zu bekennen, daß dieses Festival in ihm die Angst vor der Zukunft weckte.

Doch Woodstock Wonderland flog als Triumph des Friedens und der Musik durch die damalige und die zukünftige Gegenwart. Tatsächlich sah auch eine andere Zeugin am Puls der Zeit, Myra Friedman (die von 1968 bis 1970 die Managerin von Janis Joplin war), die Bedingungen dieses ohne Mühe mythologisierten Friedensfestivals eher nüchtern: „...taumelnde Gestalten, blutleere Gesichter und ausdruckslose narkotisierte Augen." „Wenn die Menge, die in die riesige Waschschüssel eingepfercht war, so verblüffend friedlich blieb, dann wohl nicht aus Gleichmut gegenüber den unerträglichen Verhältnissen, sondern wegen ihrer dämmrigen Passivität. Die Hälfte des Publikums am White Lake konnte die Musik gar nicht hören; niemanden störte es."

Von Trips und Pot einmal abgesehen, haben Gegenkulturen die Geschlechterrollen des Establishments zunächst immer reproduziert, auch wenn sie das Gegenteil von sich behaupteten und sogar glaubten. Das gilt für die Anarchisten, für den Rock'n'Pop, für die Hippies wie für die Black Panther. Eldrige Cleavers Philosophie der „Mösenmacht" beispielsweise besagte, daß Frauen NUR mit Revolutionären schlafen sollten (am besten nur mit ihm, Eldridge Cleaver selbst), und Stokeley Carmichael fand, daß die einzige Position für Frauen in der Bewegung die flach-liegende sei. Andererseits hatte Betty Friedan mit „Der Weiblichkeitswahn" schon 1963 einen Klassiker der Frauenbewegung veröffentlicht.

Die relative Gleichzeitigkeit der Ereignisse verhindert Gott sei Dank allzu einfache Schlüsse. Es muß für eine junge Frau, die zu Ende der sechziger Jahre nach neuen Lebensmodellen suchte, außerordentlich verwirrend und abenteuerlich gewesen sein: Hier die sexuelle Revolution – da die radikalen Anfänge der feministischen Bewegung, die mit der sexuellen Revolution zunächst rein gar nichts zu tun hatte, weil sie nichts mit ihr zu tun haben wollte. Der frühe Feminismus hatte zwischen den Schwestern und dem sexuellen Hingezogensein zum feindlichen Mann samt seiner verwerflichen Folgen (Make-up, Mode!) zu entscheiden, und er wählte die Schwestern.

Als die Feministin Nancy Friday in jenen Tagen das Manuskript ihrer berühmten Studie über die sexuellen Phantasien der Frauen an das feministische Magazin *Ms* schickte, bekam sie einen barschen Brief zurück: „*Ms* wird sich die Entscheidung vorbehalten, was unter sexuellen Phantasien von Frauen zu verstehen ist." Dazu denke man sich noch die Blumenkinder, die Schwarzen, die politische Studentenbewegung, die Vietnamkriegsgegner. Nicht so ausschließende Aktivisten einer Fraktion wollten das Beste, was andere Aktivisten zu bieten hatten, integrieren. Dope und Sex und Frieden und Selbstachtung und Gleichberechtigung und entspannten politischen Aktivismus? Natürlich ging das nicht nur nicht gut, es ging gar nicht.

So, wenigstens so ähnlich, gestaltete sich der schwierige gesellschaftspolitische Kontext des Woodstock Festival, dessen Mythos auf immer von Michael Wadleighs Dokumentarfilm geprägt ist. Dieser Film zeigt schöne, glückliche junge Menschen, auch viele schöne, glückliche junge Frauen. „Bist du wegen der Mädchen hier?" wird im Woodstock-Film ein Festivalteilnehmer gefragt. „Gar keine so schlechte Idee", antwortet er, „es sind ein Haufen Mädchen hier."

Während des Festivals von Woodstock wurden vermutlich nicht nur etliche Babys gezeugt, sondern tatsächlich auch zwei Babys geboren, drei Fehlgeburten erlitten und über Lautsprecher etliche Heiratsanträge gemacht. – Wobei die Realpolitik der Rockmusik jener Tage laut Myra Friedman darauf basierte, daß man nur so gut – und „in" – war wie die Anzahl der Joints, die man rauchte, nur so selig, wie man high war.

„Der Kern der sechziger Jahre war eine populistische Bewegung, aber es gab einen Kleiderkodex unter den Hippies, der strenger war als in West Point oder in der Park Avenue", schrieb Timothy Leary. Bei so viel alternativer Spießigkeit konnte es niemanden wundern, daß Frauen für den *Rolling Stone* allenfalls tippen sollten.

Woodstock war die ultimative Proklamation der Droge und – der Symbiose, nicht die Proklamation der Differenz.

Frauen in Woodstock waren, so dumm es klingt, zunächst nur weibliche Menschen, die sangen und spielten und Liebe machten. Griffig zugeschrieben hat man diese Auflösungs- und Verschmelzungseuphorie der Macht der allgemeinen kulturellen Stimmung. Es ist schon komisch, was die Erinnerung mit den Menschen anstellt. Aus einem riesigen Schlammacker wurde Frieden, aus endlosen Staus auf dem Freeway Liebe.

Unter den Woodstock-Organisatoren waren Frauen indes so selten oder häufig wie Schwarze unter den Hippies. Das Festival wurde von vier weißen Jungen ausgerichtet, von denen keiner über 26 Jahre alt war. Die ganze Bewegung der Hippie-Gegenkultur und ihre Medien spiegelten, allein was die rein numerischen Anteile der Geschlechter anging, die gesellschaftliche Wirklichkeit, von der man sich doch abgrenzen wollte, exakt wider. Die Frage, was Woodstock denn nun für die Frauen und die Frauenbewegung bedeutete, ist müßig genug, denn sie wird aus einer Perspektive gestellt, die sich erst Jahre nach Woodstock eröffnete.

Eine Geschichte von Frauen in Woodstock kann, sofern sie den Rahmen des Spekulativen verläßt, nur von den auftretenden Künstlerinnen handeln, von Einzelpersonen, nicht von einer „Bewegung". Und natürlich waren sie alle da, die Pin-up-Girls der Szene, denn viel bedeutender war ihre Position damals wohl nicht. Eine Sängerin oder Musikerin versuchte, so tough wie ein Sänger oder Musiker zu sein, besser noch tougher. Wie gesagt: Es ging nicht um Unterschiede, es ging um Verschmelzung. „Ich habe jeden gefickt; ich habe alles genommen, geschnupft, gespritzt, geraucht, geschluckt, was da war …", hat Janis Joplin mehr als einmal gesagt. Joplin hat sich sogar selbst – in einem Brief an ihre Eltern – als „Pin-up-Girl der Hippies" bezeichnet. Die Aufrechterhaltung dieses toughen Images strengte Joplin bis auf den Tod an. Als Myra Friedman ihr einmal eine Pause vom Rockgeschäft vorschlug,

soll Joplin schrecklich geschluchzt haben: „Aber ich habe doch nichts anderes."

Im Vergleich dazu lebte Grace Slick, das Aushängeschild der Band Jefferson Airplane, weitaus geschützter – mit Mann, Kind und einem sicheren Hafen, dem „Airplane"-Haus. Melanie, Grace Slick mit ihrer neuen Pudel-Dauerwelle, Joan Baez, Janis Joplin ... Viel langes Haar, viel Spitze, viel Weiß und

Orange. Jeder Dummkopf, sogar jeder Nicht-Dummkopf hat seinen Regenbogen, seinen großen Traum. Joplin soll, will man den Kritiken glauben, einen der schlechtesten Gigs ihrer Laufbahn geliefert haben.

Der „Woodstock"-Film, in dem ja oft die Sonne scheint und auch der viele Müll nicht stinkt, der sich damals im Schlamm auflöste, vermittelt einen anderen Eindruck – einen von Passion, innerem Druck, Hingabe. Die Erinnerungen Laura Joplins an ihre Schwester vermitteln einen wieder anderen, ebenso interessanten Eindruck. Es ist kein Geheimnis, daß Woodstock in Schlamm, Regen und Fäkalien ersoffen ist. Nicht nur die hygienischen Bedingungen, auch die Versorgung der Festivalbesucher mit Lebensmitteln war unzureichend. Zusammen mit anderen Musikern kaufte Janis Joplin Essen, um es beim Festival zu verschenken.

Gemessen am Ausmaß der logistischen Überforderung ein Tropfen auf den heißen Stein. Eine romantische, eine mütterliche Geste. Joan Baez scheint da im nachhinein ein weitaus angepaßterer, robusterer Fall gewesen zu sein. Ihr damaliger Ehemann David saß wegen Kriegsdienstverweigerung im Gefängnis, als Baez in Woodstock vor das Publikum trat – ein Umstand, den sie glücklich in ihre Eigenpromotion einbaute. Es ging die Saga, daß sie ihn nur geheiratet hatte, weil er wegen Kriegsdienstverweigerung im Knast saß.

Doch das sind alles so Geschichten, mehr nicht. 1994 gab es zu Ehren des 25. Geburtstags von Woodstock ein zweites Woodstock-Festival, von dem heute schon niemand mehr redet. Grunge-Bands, Schlamm, Warten und Langeweile, weil längst alles möglich war, jedes Tabu nicht nur gebrochen, sondern auch öffentlich. Nach Woodstock II ging ein Foto von Joni Mitchell durch die Presse. Es zeigt eine etwa 50jährige, leicht in die Breite gegangene Joni Mitchell dabei, wie sie, einen Strohhut auf dem Kopf, mit einer kleinen Touristenkamera Fotos vom Woodstock-Revival schießt. 1998 dann stritten sich zwei Filmstudios – Paramount und Tristar – um die Rechte an Laura Joplins Biografie ihrer Schwester Janis. 1999 hat Paramount den Streit gewonnen.

Die Rock-Musikerin Melissa Etheridge, nicht die Schauspielerin Lili Taylor, wird als Janis in die Kinos kommen. Joan Baez macht manchmal Platten. Melanie hat inzwischen ein Vierfach-Kinn, tritt aber noch auf. Grace Slick lebt immer noch in Kalifornien. Sie sammelt teure alte Puppen. Es heißt, daß sie trinkt. Alles Leben muß irgendwann Erzählung werden, damit es in der Erzählung überwunden werden kann.

Literatur

David Dalton, „Janis", Simon & Schuster, New York, 1971

Nancy Friday, „Die Macht der Schönheit", aus dem Amerikanischen von Ursula Bischoff und Susanne Kahn-Ackermann, C. Bertelsmann Verlag, München, 1997

Myra Friedman, „Buried Alive: Janis Joplin", aus dem Amerikanischen von Michael Kubiak, Hannibal Verlag, St. Andrä-Wördern, 1992

Gillian G. Gaar, „Rebellinnen: Die Geschichte der Frauen in der Rockmusik", aus dem Amerikanischen von Heike Brühl, Argument Verlag, Hamburg, 1994

Laura Joplin, „Love XX Janis. Janis Joplin", aus dem Amerikanischen von Tina Hohl, vgs Verlag, Köln, 1993

Susan Gordon Lydon, „Der lange Weg zurück", aus dem Amerikanischen von Angela Schumitz, dtv München, 1997

Ed Sanders, „Der Sommer der Liebe", aus dem Amerikanischen von Erwin Einzinger, Hannibal Verlag, St. Andrä-Wördern, 1997

Antimode als Lebensform

Henna und Schlamm schmücken auch

Von Uta Andresen

„Mach dich doch mal ein bißchen hübsch." In diesen Worten meiner Großmutter kam die ganze Müdigkeit eines zäh ausgetragenen Generationenkonflikts zum Ausdruck. Ihre Tochter, also meine Tante, verstand diesen Ratschlag auf ihre Weise und obsiegte mit einem bodenlangen beige-braun gemusterten, indisch anmutenden Baumwollteil, dessen Label „Bum Shanka" oder so ähnlich geheißen haben muß. Meine Oma soll sich nach diesem Auftritt in ihrer Küche aus der familiären Modedebatte zurückgezogen haben.

Das Familienalbum beweist: Meine Großmutter hatte recht und irrte dennoch. Richtig war: Aussehen tat das nicht, worin meine Tante sich hüllte. Chic entstand irgendwo in Paris und London und hatte nun wirklich nichts mit der Garderobe meiner Tante zu tun. Mit der meiner Oma übrigens auch nicht. Denn die hing noch dem drögen und bescheidenen, wenig herausputzenden Hemdblusenkleid der fünfziger Jahre an. Und ein Minirock, wie er einige Zeit Ende der sechziger Jahre sehr angesagt war, wäre meiner Großmutter nie über die Hüften gekommen.

Aber an Mode dieser Art dachte meine Tante sowieso nicht. Das letzte, was sie wollte, war, sich dem Diktat von *Constanze* oder *Brigitte* zu beugen. Was beide nicht wußten, war doch: Das opportune Kleidungsstück, also eine textile Etikette –

105

der Sonntagsanzug für die Kirche, das gute Kleid für das Theater, ansonsten Arbeitshose und Kittelschürze – gab es nicht mehr. Was modisch war, entschied jede Altersgruppe für sich. Falsch war deshalb die Annahme meiner Großmutter, daß sie sich mit einer Tochter bar jeden Stilgefühls herumschlagen mußte. Die langen, mittelgescheitelten naturblonden Haare, die mühsam gehäkelten Baumwollpullis und -taschen sowie die abgewetzte Zimmermannshose wiesen meine Tante als aktuell und modern, also hochmodisch aus.

„Die erste für jedes Kind spürbare Errungenschaft der Hippiebewegung war ja, daß man bequeme, formlose Kleidung aus Jeans- und Cordstoff trug", schrieb der Poptheoretiker Diedrich Diederichsen, der Ende der sechziger Jahre noch Kind war und Woodstock nur vom Hörensagen kannte. Wer etwas auf sich hielt, verweigerte sich dem Establishment und dessen Etikette. Daß das natürlich im Kollektiv geschah, also keineswegs etwas mit einsamem Dissidententum zu tun hatte, spielte für meine Tante und für die „Gammler, Pinscher und Uhus" (so ein verzweifelter Ausruf von CDU-Bundeskanzler Ludwig Erhard, nachdem er es endgültig aufgegeben hatte, die Achtundsechziger zu verstehen) keine Rolle.

Soviel ist gewiß: Modisch war, nicht modisch zu sein. Und Woodstock bot reichlich Spielarten dieses Prinzips.

Der Joe Cocker-Typ. Joe Cocker, selbst Kind der britischen Arbeiterklasse, gibt sich mit seinem Gammellook als würdiger Vertreter der Masse. Enge, verwaschene Jeans mit abgeschabten Knien. Meine Großmutter wäre entsetzt gewesen. Was sie nicht ahnen konnte: Die Jeans – ursprünglich die billige Arbeitshose amerikanischer Fabrikarbeiter, ehe sie in den fünfziger Jahren von den amerikanischen Beatniks als textile Solidaritätsgeste mit der *working class* angezogen wurde, um die Eltern und das eigene Mittelschichtsmilieu zu schockieren –

gehörte 1969 bereits zur Pflichtausstattung des Protestjugendlichen. Kein Happening ohne Nietenhose!

In West- und Mitteleuropa zog zu jener Zeit die Jeans noch Taschengeldentzug mit sich. Und wer meinte, Jeans beim Studieren tragen zu müssen, lief Gefahr, aus der Vorlesung geschmissen zu werden. In der DDR gab es zunächst keine Jeans. Doch es wurde Westfernsehen geguckt. Und so wurde auch im Arbeiter- und Bauernstaat die grobe Hose zum Objekt des Begehrens. Verwandte aus dem Westen mußten Jeans schicken. Noch in den achtziger Jahren durfte niemand an Studienprüfungen teilnehmen, der ein solches Beinkleid zu dieser Gelegenheit tragen wollte. Jeans waren ein Zeichen des bösen Westens – ein Signal des Verfalls, der Dekadenz und des fehlenden Anstands. Ein deutscher Arbeiter hatte stets korrekt, also leicht spießig daherzukommen.

„Die blauen verwaschenen Hosen wurden von Eltern und Vorgesetzten als häßlich abgetan, da sie keine Bügelfalte, unschöne Nähte und derb aufgesetzte Taschen hatten und auch sonst ‚zerknittert‘ und ‚unordentlich‘ aussahen“, hieß es auch im Westen noch in einem Stilbuch aus den siebziger Jahren. Und der *Spiegel* fürchtete schon 1966 die „Invasion der Gammler“: Jeans war schierer Affront. Und zwar systemübergreifend, in der Bundesrepublik, erst recht in der DDR, wo die typische billige Hose der Arbeiter vor allem als Symbol des kapitalistischen Westens wahrgenommen wurde.

Also genau das Richtige für Woodstock. Hier ging man fast einheitlich in *denim*, wie die taubenblau-graue Farbe der Jeans hieß. Und das bedeutete: Männer *und* Frauen. Das eigentliche Sakrileg, das die Hippies begingen, war nicht, daß der Mittelstand in *workingclass*-Kluft herumlief, sondern daß Frauen Männerhosen trugen. Meine Tante zumindest hatte einen zähen Kampf um ihre erste Jeans auszutragen. Problematisch dabei war vor allem, daß sie, wie alle ihre Altersgenossen, dieses Textil zu jeder Tageszeit tragen wollte. Zu Hause, das mochte ja noch angehen. Aber in der Schule oder gar auf einer Familienfeier? Was meine Großmutter vor Augen gehabt haben muß, war eine Szene ähnlich der im Musical „Hair“. Da tanzt so ein Gammler in seinen verranzten Jeans bei einem feinen Dinner auf dem Tisch. Die ohnehin steife Gesellschaft zieht sich beim Anblick dieses langhaarigen Etwas nochmals das Seidenkleid glatt und die Krawatte fest. Keine Frage, Jeans zu jeder Gelegenheit zu tragen kam einer weiteren Grenzüberschreitung in Sachen Etikette gleich. Die Hippies und ihre Nachfolger in den Industrieländern hoben schlicht die bisher strikt eingehaltenen Schranken zwischen Freizeit-, Büro- und Abendkleidung auf.

Und dann liefen sie auch noch in Unterwäsche herum! Joe Cockers T-Shirt war nicht einfach nur ein Zugeständnis an den schweißtreibenden Gig auf der Bühne. Der einst als Herrenunterhemd gedachte Baumwollstoff schien das ideale Pendant zur Jeans. Unterwäsche und Malocherklamotte eine Kombination, ideal, um sich von den Anzugträgern abzusetzen. Zumal Marlon Brando schon 1951 in „Endstation Sehnsucht" vorgemacht hatte, wie muskel- und sexprotzend so ein strahlend weißes Doppelfeinripp aussehen kann.

Doch damit allein war das T-Shirt noch nicht kompatibel für die Blumenkinder. Wie bloß ausdrücken, daß man in Harmonie mit Mutter Erde lebte und zugleich den Menschen dieser Welt Frieden und Glück bringen wollte? Unter diesen Bedingungen erschien die Batiktechnik ideal. Zusammengeknotet und in bunte Farbe getunkt, kommt so ein Unterhemd befreit von jeglichen Konventionen daher. Love, Peace and Happiness. Auch Joe Cockers Batikshirt in Orange, Rot, Braun und Denim ließ tausend Blumen blühen.

Der Crosby, Stills, Nash & Young-Typ. Dieser Typ ging gerne in Cowboyhut, mit Lederweste auf nackter Haut oder rotschwarzem Trapperhemd. Nicht zu vergessen die *hushpuppies*, weiche Wildlederstiefel, deren Schaft oft bis zu den Knien reichte. Die brachten dieses Naturgefühl so unheimlich rüber und avancierten Anfang der siebziger Jahre zum akzeptierten Modeartikel in jedem Kaufhaus. Unter dem Etikett „Boots" sollten sie ein paar Jahre später auch die deutschen Freunde des Prärielebens begeistern. Doch Crosby, Stills , Nash & Young sind vor allem die Repräsentanten alternativer Haarpracht. Lange Matten und Bärte – gern hätte sicher auch Joe Cocker einen Schopf wie die vier aufgewiesen. Hatte er aber nicht. Zum Ausgleich trug er Koteletten bis zum Adamsapfel. Seine frühen Fans hatten um so mehr zu bieten: Haare, Haare, Haare. Möglichst viel, möglichst lang. Männer trugen ungestutzte Bärte von abrahamschen Ausmaßen und lange Locken – nur nicht aussehen wie ein GI! Weich wollte man sein, biblisch-gütig erscheinen, nicht hart oder gar soldatisch. Die Frauen, auch meine Tante später, gaben passend dazu ein madonnenhaftes Bild mit ihrem zumeist mittelgescheitelten brustlangen Haupthaar. Peace, man.

In einer Zeit, in der es uncool war, sich die Haare aus der Stirn zu streichen, wurde nichts künstlich gelockt, gefönt oder gar toupiert. Schluß mit Farah-Diba-Dutt oder *beehive* (Bienenkorb). Nur keinen Fassonschnitt! Man ließ der Frisur wie der Liebe freien Lauf. Alles andere mochten nur Spießer. Die Haare wurden im Fluß gewaschen, Liebe auf der Wiese gemacht. Wenn Haare gebändigt wurden, dann mit einem um die Stirn gewundenen, dünnen Lederband oder einem Nickituch, das das Haupthaar so leicht nach oben drückt – Guerillero läßt grüßen.

Noch Anfang jenes Jahrzehnts galten die angesichts dieser Längen jämmerlichen Pilzköpfe der „Beatles" als „unmännlich". Schon deren moderate Haarverlängerungen an Ohren, Stirn und Nacken entsprachen nicht dem Geist von Zucht und Ordnung, den man in Amerika und erst recht in Europa über alles schätzte. Beim Anblick von Crosby, Stills, Nash & Young oder gar Canned Heat mit ihren Rauschebärten sehnte sich mit Sicherheit so mancher brave Bürger nach den Bübchenfrisuren der Beatles zurück.

Ein zähes Erbe dieser Zeit – das erst die Alternativbewegung Ende der siebziger Jahre zur massenhaften Geltung brachte – ist auch Henna, meine Tante übrigens versuchte es mit Kamille. Doch der uringelbe Effekt auf ihren hellblonden Haaren ließ sie schnell von den so gepriesenen Naturfarben Abstand nehmen.

Der Richie Havens-Typ. Sein Spontanlied von Woodstock, „Freedom", konnte auch als Leitmotiv für seinen Kleidungsstil gesehen werden: schlammoranger Kaftan mit goldenen Ornamenten um den Hals, dazu weiße Baumwollhose und braune Lederlatschen mit schwarzen Socken. Freiheit ist die des sich Anderskleidenden.

Richie Havens präsentiert sich damit als Freund des Ethnolook, der Ende der sechziger Jahre die Blumenkinder erfaßt. Crosby Stills Nash & Young übrigens auch. Sie trugen Ponchos aus geometrisch gemustertem, gewebtem Wollstoff – und demonstrierten damit ihre Verbundenheit mit den Brüdern aus den Anden. Afghanische Schaffelljacken mit reicher Stickerei, Gauchohosen oder Djellabahs – je exotischer, desto lieber. Dazu paßten Jesuslatschen und handgewebte Schultertaschen aus Marokko. (Sogenannte Palästinensertücher kamen übrigens erst von 1976 an in Mode; gerne getragen bei Anti-AKW-Demonstrationen.)

Die Hippiegeneration machte eines deutlich: Mit traditioneller Volkstracht hat Folklore nichts zu tun. Kombiniert wird, was gefällt: das indianische Stirnband mit dem arabischen Kaftan mit dem indischen Muster mit der amerikanischen Jeans. Sind wir nicht alle eine große Familie? Der Ethnolook als Zeichen der Solidarität mit den Völkern dieser Erde und eine Absage an die konsum- und erfolgsorientierte Gesellschaft des Westens. Geht ihr ins Büro, wir gehen auf'n Trip.

Die Folklorewelle kann auch als eine allergische Reaktion

auf den Weltraumlook des Pariser Designers André Courrèges gedeutet werden. Mondmädchen in silbernen Hosen paßten nicht zu den naturphilosophisch begründeten Utopien der Hippies. „Uniformiert" oder mindestens „funktionell" galt den Blumenkindern die Mode der *upperclass*, die in dem Minirock Mary Quants ihre gewagteste Errungenschaft sah.

Der Janis Joplin-Typ. Das Konzept, nicht modisch im Sinne der angepaßten Gesellschaft zu sein, trieb bisweilen bunte Blüten. Als Perfektionistin dieser Stilrichtung muß Janis Joplin gesehen werden. Blaues Hemd, dunkelblau besticker Samtumhang, Pelzkappe mit Hibiskusblüte oder – wie auf dem Konzert – braun-blau-beige gebatikte Schlaghose mit passendem Schlabberhemd – die Ökovariante von Tausendundeiner Nacht.

Die neue Freiheit erfaßte auch die Wäsche. Zwar konnte es nie eindeutig geklärt werden, aber: Janis Joplin schien auf die stützende Kraft eines BHs zu verzichten. Was für ein Körpergefühl! Eine ganz andere Figur machte da noch Dusty Springfield, ein auslaufendes Modell aus der Popszene der Mittsechziger mit fixierter Fönfrisur und fischbeinverstärktem Busen. Eine derart hochgeschürzte Brust galt den Blumenkindern als Menetekel: Die Mütter lebten ein ins Korsett der Gesellschaft gezwängtes Leben.

Klar, daß sich da die Frauenbewegung der sechziger Jahre auch der Unterkleidung annehmen mußte. Verbrennt, was euch beengt! BHs wurden in Woodstock selten gesehen, entfesselte Natur dafür um so mehr. Die Miederindustrie reagierte ein paar Jahre später mit sanfter Kurskorrektur. Schiesser etwa warb für einen „luftleichten" Büstenhalter mit dem Slogan „Frei – aber nicht haltlos. Das ist der Busen 1974".

Überhaupt hat Woodstock gezeigt, wie man sich kultiviert auszieht. Etwa mit T-Shirt, aber ohne Höschen im Wasser stehen. Oder beim Liebemachen das Kopftuch aufbehalten. Die reinste Unschuld. Auch scheinen hier die Wet-T-Shirt-Contests erfunden worden zu sein. Regen prasselte auf Baumwolle, unter der die vom BH befreiten Brüste zum Vorschein kamen.

Das Gegenteil, nämlich mehr ist mehr, lebte die Woodstockgeneration jedoch bei den Accessoires. Janis Joplin etwa trug Sonnenbrillen wie Wagenräder und ließ schwere Armreifen klingeln – aus knallbunten Perlen natürlich. Silber war gerade noch opportun. Gold hatte man schließlich den Inkas gestohlen. Darüber hinaus galt das teurere Edelmetall der politisierten Jugend als versnobt oder zumindest als Insignium der aufsteigenden Arbeiterklasse und damit als irgendwie billig. Silberschmuck, den einfachen Naturvölkern abgekauft oder -geguckt, das erschien unverdorben und paßte ins intellektuelle Konzept.

Der Jimi Hendrix-Typ. Er vertrat den psychedelisch gewendeten Hippiestil. Sein Indianerhemd aus weichem Wildleder mit hüftlangen Fransen an den Ärmeln konnte noch als gemäßigte Variante gesehen werden. Dieses Winnetouhemd wies den Rockstar zwar als Anhänger der Folklore aus, machte zugleich aber auch klar: Ich bin hier der Häuptling. Doch Jimi konnte auch anders: schrille Sakkos mit Blümchen in ätzenden Farben, Ringe wie Mozartkugeln und pfauenmäßig aufgerüschte Uniformen – er ließ nichts aus, um einen LSD-Trip auch modisch erfaßbar zu machen. Seine Haarpracht wies dabei schon mutig in die Siebziger, in denen der Afrolook auch von den weißen Mittelstandskindern in die Discos getragen wurde. Wegweisend.

Der Grannytyp. Nicht weit vom Folklorelook einer Janis Joplin war es bis zum Großmutteroutfit, besser: Grannylook. Dieser eher verhuschte Typ war aus naheliegenden Gründen eher nicht auf der Bühne zu finden – er taugte nur wenig als Projektionsfläche. Für Nostalgiker dieser Art galt: Wenn Kleider, dann bitte körperfern. Die knöchellangen Hängerchen waren so romantisch wie altmodisch. Rüschen, Volants, Stickereien – Freiheit hatte auch hier höchste Priorität. Man kaufte sich seine weitschwingenden Röcke auf dem Trödel oder trug die Accessoires und Spitzenhemden seiner Großmutter.

Die Stoffe waren natürlich natürlich. Viel gehäkelte und gewebte Baumwolle, gerne Leder oder Knitterseide. Wie könnte man in Nylon oder anderen synthetischen Erfindungen herumlaufen, auf die die Mütter so versessen waren? Die Muster wurden beherrscht von Blümchen oder Paisley; Art déco mochte zumindest in gymnasialen Kreisen noch angehen.

Kombiniert mit Stroh- oder Schlapphut und nacktem Kind auf dem Arm, erinnern Roben dieser Art an die Besiedlung Amerikas – an das einfache Leben auf dem Lande. Die heute noch lebenden Quäker werden sich gewundert haben. Aber zu Unrecht: Tatsächlich haben sich die Woodstockjünger ja als die zweiten, aber friedlichen Besiedler Amerikas gesehen.

Folgerichtig waren die Farben dieser Klientel erdig gebrochen, natürlich eben. Taubenblau, beige, ausgewaschenes braun. Welche Naturvölker würden schon das kalte Silber eines Courrèges oder das Acidorange einer Mary Quant benutzen? Zivilisation – nein danke. So kam es wohl, daß sämtliche Farben der Folkloristen und Grannys dem Schlamm ähnelten, in dem sich die Masse der fröhlich-bunten Konzertbesucher auf Max Yasgurs Farm wälzte.

Der Joan Baez-Typ. Joan Baez war 1969 kein Blumenmädchen mehr. Überhaupt war sie nie ein Hippie. Sie verstand Woodstock nicht als Spaß, als großes Fest von Kindern, die mit

Krieg und Kommerz nichts zu schaffen haben wollten. Nein, die Sängerin, damals wohl die einflußreichste Popsängerin der westlichen Welt, begriff die Musik nur als Mittel zum politischen Zweck. Dementsprechend fiel ihr Look aus. Der zartblaue Kasak mit dem gekonnt über der Schulter geknoteten Seidentuch und die kurzen Haare im eleganten *Julie-Driscoll-Look* – nach *Vogue* und *Elle* „*der* Typ 1968" – verraten sie als melancholische PR-Dame der Friedensbewegung, die dem barocken Modeschnickschnack à la Janis Joplin nichts abgewinnen konnte und wollte. Passend zum missionarischen Liedgut der streng-nonnenhafte Aufzug. Squawklamotten und Kleinmädchenzöpfe hatte sie bereits hinter sich.

Joan Baez gibt sich ungeschminkt. Ist es aber nicht. Und das war mit Sicherheit nicht *comme il faut*. Was Ende der sechziger Jahre in der Subkultur vielleicht noch akzeptiert sein mochte, war ägyptische Erde oder Kajal, was schließlich nichts anderes als erkaltete Asche ist. Das war's aber auch. Doch Joan Baez' ganzer Habitus brachte rüber: Da hat jemand trotz Antimode zu sich selbst gefunden. Eine traurige Heldin in der Rolle der Asketin. Hippie goes Chic.

Der Antityp. Woodstock hatte mehr zu bieten als langhaarige Friedensbarden und späte Blumenmädchen. Auch Absatzbewegungen vom gammeligen Mainstream waren bereits zu finden, gewissermaßen die Negation der Negation. Doch dieser Glamour war nur sehr vereinzelt, zumindest aber auf der Bühne zu finden. „The Who" etwa waren viel zu durchgestylt für das Ereignis. Pete Townsend mit seinem weißen Hosenanzug hätte jedem Chanel-Happening zur Ehre gereicht. Und Roger Daltrey hatte wenigstens ein paar Fransen an seiner Lederweste und schien, wohl Zugeständnis an das Publikum, keinen Schlüpfer zu tragen. Zumindest vermittelte die masochistisch enge Hose diesen Eindruck.

Und erst der Auftritt von Sha-Na-Na! Sehr verwirrend. Goldene Glitteranzüge, einstudierte Choreographie wie bei einem „Fernsehballett" (Diedrich Diederichsen). Das muß Satire gewesen sein! Die Woodstockgemeinde wird gestaunt haben. Ins Bild der selbstgestrickten Pullis und BHs paßte diese New Yorker Truppe jedenfalls nicht.

Kleidung war nicht Mode, Kleidung war Politik. Das obligatorische Ché-Shirt erinnerte an den Befreiungskampf der Linken in Lateinamerika, der Schlüpfer aus dem Sternenbanner gemahnte an den Krieg der USA gegen Vietnam. Ein anstrengender Mix aus Marx und Hinduismus.

Mit Jackett und Krawatte streiften die Männer ihre klassische Rolle als Ernährer ab. Und die Frauen tauschten den Minirock, kürzlich erst *das* Symbol der sexuellen Befreiung, mit ausgebeulten Hosen, bisher den Männern vom Bau vorbehalten. Das Dummchen im schicken Kleid wollte man nicht mehr sein. Die Botschaft? Wir sind alle gleich, es gibt kein Oben und kein Unten, du kannst Mann oder Frau sein.

Eine Generation, die sich mühte, sich nicht um Kodierungen zu scheren. Man war antirassistisch, antisexistisch, antibürgerlich, also auch antimodisch. Angezogen wurde, was den Regeln zuwiderlief. Den Maßgaben der Eltern, die die Kinder in Rock und Anzug sehen wollten, denen des Staates, der die Männer in Uniform sehen wollte.

Das Bewußtsein bestimmte das Design. Ein Prinzip, das die Modeindustrie und die Haute Couture erst recht vor große Probleme stellte. Was kreieren, wenn die potentielle Kundschaft sich jeglicher Konfektion von der Stange verweigert, mit Vorliebe in Klamottenkisten herumwühlt und gnadenlos alles kombiniert, was die Kontinente dieser Welt hergeben? Und das, obwohl doch die Finanzkraft der jungen Generation, unbehelligt von Wirtschaftskrisen, so üppig gedieh und große Gewinne versprach? 1967 erwarben die 15- bis 19jährigen sechzig Prozent aller Modeartikel. Den Modeschöpfern blieb somit nichts anderes übrig, als den unkonventionellen Eigenheimkreationen der Hippies hinterherzuschneidern. Das Prinzip, daß Hofschneider und Designer die Etikette bestimmten, hatte sich gründlich gewandelt.

Erst Anfang der siebziger Jahre hatte sich die Haute Couture von ihrem Schreck erholt – und drapierte nun Tausende von Blumen auf ihrem Laufsteg. Nun gab es Abendkleider mit Spitze, Herrenhemden mit Rüschen und Bikinis aus Jeansimitat. Der Ethnolook erreichte sogar die Kürschnerszene, die ihre Pelze jetzt im Kosakenstil zurechtschnitt. Topmodels trugen Stirnbänder und squawhaft gescheitelte Haare. Die *Freundin* präsentierte Strandmoden im Flowerpowerstil. Die Bekleidungsindustrie erkannte in der Antimode das, was sie war: eine Mode.

Hätte meine Großmutter den Woodstockfilm seinerzeit im Kino gesehen – vielleicht hätte sie verstanden. Meiner Tante jedenfalls ist aus ihrer Protestphase eine Vorliebe für Samtkleider und das Landleben geblieben. Auf Jeans jedoch verzichtet sie inzwischen gern. Zu unbequem.

Die Avantgarde des Sperrmülls

Woodstock und die Verrümpelung der Wohnkultur

Von Reinhard Krause

Die eindringlichsten Bilder vom Woodstockfestival waren nicht das archaische Gefuchtel einer Janis Joplin oder eines Joe Cocker, nicht die entgleitende Sirenenhaftigkeit einer Joan Baez oder das verzweifelt epische „Freedom"-Mantra eines Richie Havens. Weit berückender und prägender waren die Aufnahmen von den Hunderttausenden amerikanischer Mittelstandskinder, die in der riesigen Talmulde von Whitelake, Upstate New York, eine einträchtige, in ihrer Friedfertigkeit verblüffend homogene Gemeinschaft bildeten. Peaceniks bis zum Horizont, hingelagert auf Decken und Isomatten, mit dünnen Zeltplanen gegen den Regen ausgerüstet.

Tatsächlich erinnert die Festivalszenerie von Woodstock ein wenig an Heinrich von Kleists Novelle „Das Erdbeben in Chili", an das geradezu erdentrückte Miteinander vor den Toren der großen, leider Gottes gerade von einem Erdbeben in Schutt und Asche gelegten Stadt: „Und in der Tat schien, mitten in diesen gräßlichen Augenblicken, in welchen alle irdischen Güter der Menschen zu Grunde gingen, und die ganze Natur verschüttet zu werden drohte, der menschliche Geist selbst, wie eine schöne Blume, aufzugehen. Auf den Feldern, so weit das Auge reichte, sah man Menschen von allen Ständen durcheinander liegen, Fürsten und Bettler, Matronen und Bäuerinnen, Staatsbeamte und Tagelöhner, Klosterherren und Klosterfrauen: einander bemitleiden, sich wechselseitig Hülfe reichen, von dem, was sie zur Erhaltung ihres Lebens gerettet haben mochten, freudig mitteilen, als ob das allgemeine Unglück alles, was ihm entronnen war, zu einer Familie gemacht hätte."

In Kleists Sankt Jago des Jahres 1647 erfahren die Überlebenden der Katastrophe auf den Hügeln und Wiesen vor den Stadtmauern eine kurze Zeit wundersamer Glückseligkeit. Die Katastrophe hat alle gesellschaftlichen Barrieren zum Einsturz gebracht; hier gibt es nur noch glücklich Entronnene. In Woodstock war die apokalyptische Bedrohung selbstredend anderer Natur: Eine ganze Generation von jungen Amerikanern durchlebte das Trauma des zähen Vietnamkriegs. Mondlandung hin, Mondlandung her – die Welt schien aus den Fugen geraten. Von Joan Baez ist das Wort überliefert, an Amerika sei nichts gut – außer der Erdnußbutter. Und doch: Hier saß eine runde halbe Million junger Menschen in völligem Gleichklang mit sich und ihrem Tun. Auch die Regenschauer der Festivaltage verwandelten die Veranstaltung nicht in das befürchtete Chaos aus Schlamm und Hysterie, sondern trugen im Gegenteil zum kollektiven Erlebnis und zum Mythos Woodstock bei. Das Festival als wahr gewordene Friedensutopie. Keine Konzerthalle der Welt hätte eine vergleichbare Ausstrahlung vermitteln können.

Die Zeit war offenbar reif für Woodstock, für eine gesellschaftliche Öffnung, für die Suche nach neuen Formen des Miteinanders. Auch im Wohnbereich just im Woodstockjahr 1969 wurde ein internationaler Möbeltrend populär, bei dem frei flottierende Kommunikation und Unkonventionalität ins Zentrum gestalterischen Interesses rückten: Die *Wohnlandschaft* wurde erfunden, und mit ihr hielt Zeltlagerromantik Einzug in die Wohnzimmer. Nicht länger sollten Stühle, Tische, Sofas und Schränke einen normierten, funktionalen Wohnalltag prägen. Wohnlandschaften waren Multifunk-

tionsmöbel, die sich zu immer neuen Variationen zusammenstellen lassen sollten. Und mit den neuen synthetischen Werkstoffen ließen sich alle möglichen oder unmöglichen Möbelexperimente realisieren.

Schon der Name verrät es: Diese Wohnlandschaften waren nicht zum manierlichen Sitzen, Liegen oder Stehen geschaffen worden, sondern zum legeren *Lagern*. Das Woodstock für den Indoor-Gebrauch sozusagen. Luigi Colani etwa, deutscher Stardesigner der siebziger Jahre und erst später durch antisemitische Ausfälle in Mißkredit geraten, entwarf 1970/71 für Rosenthal eine sogenannte „Wohnmulde" mit dem Namen „Pool". Im Grunde konnte man in diesen Möbeln nichts anderes tun, als mit ausgestreckten oder angewinkelten Beinen wie in einem großen Planschbecken herumzusitzen und zu versuchen, sich zwanglos und gesellig zu geben. Denn keine Frage: Die Wohnlandschaft war ein Gesellschaftsmöbel. Mutterseelenallein auf üppig mäandernden Polsterelementen zu sitzen muß zu den tristesten Erfahrungen gehören, die ein Mensch überhaupt machen kann.

Ein anderer prominenter Vertreter der Wohnlandschaftsidee war der Däne Verner Panton. 1969 ging nicht nur der nach ihm benannte, sanftkurvige Stapelstuhl aus Fiberglas und Polyester in Serienproduktion, aus jener Zeit datiert auch sein berühmt-berüchtigtes Meisterwerk: die psychedelische Hamburger *Spiegel*-Kantine in Orange, Rot und Violett. Wabernde Wandverkleidungen, sinnlose Raumteiler und dazu passende Lampengebilde machen bei Panton den Wohnraum zur Höhle, zum begehbaren Uterus.

Die ersten Wohnlandschaften des italienischen Stardesigners Joe Colombo hatten sich noch an futuristischen Raumfahrtdesigns im Stil der Science-fiction-Groteske „Barbarella" (1967) orientiert. Doch das waren Weltraummodelle für einen virtuellen Flug in die Zukunft. Nicht Kommunikation als Lebens- und Wohnform stand hier im Mittelpunkt des Interesses, sondern die Apotheose der Technikverliebtheit. Im Grunde waren diese Kreationen von vornherein für das Museum beziehungsweise für die Leistungsschauen der Möbelindustrie gebaut worden. Insofern war die Wohnlandschaft eigentlich nichts anderes als eine modische Wiederauflage des im Alltag schlicht funktionslosen bürgerlichen Schauzimmers, der sogenannten Kalten Pracht aus der Gründerzeit.

Julia Groten etwa, Assistentin in der Chefetage eines der größten alternativen Betriebe der Bundesrepublik, hat keineswegs nur ungetrübte, antiautoritäre Erinnerungen an die Wohnlandschaft, mit der ihr Vater die Familie eines Tages in den siebziger Jahren zu beglücken meinte. Bei aller Aufgeschlossenheit gegenüber der egalitären kommunikativen Idee: Flecken auf den teuren Polyesterbezügen waren strikt zu vermeiden. Noch heute kann es passieren, daß die Endzwanzigerin vom Vater nicht ins Allerheiligste gelassen wird: Mit Jeans bitte nicht in die Wohnlandschaft. Da sind sie, die Grenzen des friedvollen *laissez-faire*.

Das Marktsegment Wohnlandschaft verschwand allerdings schon nach wenigen Jahren wieder aus dem Blickfeld der Designer: Es waren Möbel für idealistisch gesonnene Besserverdienende – eine Zielgruppe, die nie groß genug war, um einen wirklichen Trend zu begründen. Die potentiellen Käufer ahnten wohl, daß sich hinter der schönen Idee gemeinsamen Herumlungerns nur ein Zwang zu endlosem Partypalaver verbarg. Der Wohnraum als permanentes kommunikatives Experimentierfeld für den antiautoritären Diskurs? Nein danke, das erschien denn doch zu öde und zu anstrengend.

Mit Weltraum-Chic und offziellen Moden hatten die Jugendlichen der Woodstock–Ära freilich wenig am Hut. Die Protestgeneration hätte sich die avantgardistischen Luxusartikel des Space-Age ohnehin kaum leisten können. Wozu das schmale Geld für teure Klamotten oder gar Luxusmöbel ausgeben? Das hätte doch nur bedeutet, sich mit dem vielgeschmähten Establishment zu arrangieren. Wozu überhaupt etwas kaufen? Krankte nicht das ganze „System" daran, käuflich zu sein, korrumpierbar? Lieber beerbten die Blumenkinder, die Gammler und Weltverbesserer ihre Altvorderen. Im Grunde ihrer Herzen suchten sie nach der vermeintlich heilen Welt von einst. Die Moderne wurde nicht gleich von der Postmoderne abgelöst, zunächst einmal gab es die Nostalgiewelle. Und die Hippies waren deren Avantgarde.

Das monströse Vertiko der Großeltern ließ man sich gerne schenken, das schnittige Sideboard der Eltern auf gar keinen Fall. Im Generationenkonflikt stehen nun einmal die Eltern notorisch auf der Verliererseite. Die Aneignung dieser Überlassenschaften erfolgte in der Regel durch entschlossenes Übermalen. Stühle, Tische, Küchenschränke erlebten eine Auffrischung in Pink, Schlamm oder Blau, Grün, gerne auch

Orange – die Modefarbe der frühen Siebziger –, später Ocker. Selbst edle Hölzer verschwanden unter Lackschichten. Eine andere probate, allerdings auch irreversible Form der Inbesitznahme bestand darin, die Beine der Möbel radikal und völlig grundlos zu kürzen. Womöglich sollten die abgesägten Tischchen und Stühlchen einen Hauch von Exotik verbreiten. Unbequem, dafür aber sehr *down to earth* saß man fortan auf ruiniertem Sperrmüll.

Die Begeisterung für nostalgischen Trödel führte zu dem merkwürdigen Effekt, daß die Weltverbesserungsformeln des Studentenprotests und des gewaltlosen Widerstands häufig in schlecht proportioniertem Gründerzeitambiente ersonnen wurden. Der Traum aller Wohngemeinschaften waren altertümliche Plüschsofas, die ihren Ehrenplatz in der Gemeinschaftsküche fanden und die meist gemütlicher schienen, als sie es tatsächlich waren – auch Sprungfedern haben ein Verfallsdatum.

Gültigen Ausdruck fand die deutsche Wohngemeinschafts- und Hausbesetzerromantik in Juliane Werdings Protestschlager „Kinder des Regenbogens" aus dem Jahr 1972: „Steffi hatte Krach mit ihren Eltern / Sie rannte fort, sie hielt es nicht mehr aus / Da traf sie Rolf, der sagte: Komm doch mit uns / Und sie zogen in ein abbruchreifes Haus / Dann hat Tom die Wände tapeziert / Und Mike die Fenster repariert / Katja strich das Treppenhaus bunt an …" Maggie Mae, eine andere deutsche Schlagersängerin der siebziger Jahre, konnte nur wenige Jahre nach Juliane Werding mit „Applaus für ein total verrücktes Haus" bereits die schrille Popversion der Regenbogenkinder anbieten. Wenn Werding die deutsche Joan Baez war, verkörperte die nickelbebrillte Maggie Mae eine unernste Wiedergängerin von Janis Joplin.

Auch bei den Accessoires tobte sich der Drang zum Selbst- oder zumindest Handgefertigten aus: Legion sind die Eulen und Blumenampeln aus Makramee, die ungelenk von Laien produzierten Teegeschirre aus Ton oder die in Asien- oder Dritte-Welt-Läden erstandenen Flickenteppiche. Hauptsache, die Dinge des täglichen Wohnbedarfs vermittelten nicht die angeblich seelenlose Perfektion und Glätte serieller Massenfertigung. Einen regelrechten Horror entwickelte die Protestgeneration vor synthetischen Werkstoffen. Plastik stand für Umweltgift, Ex-und-hopp-Kultur und Selbstentfremdung.

Natur und Natürlichkeit gingen über alles; das sollte sich auch im Wohnraum niederschlagen. Nie zuvor und auch später nie wieder sollten so dschungelähnliche Blumenfenster gedeihen wie im Jahrzehnt nach Woodstock. Zwar machten die vielen Topfpflanzen die WG-Zimmer immens dunkel, dafür lieferten sie aber auch einen wundervollen Vorwand, die Fenster nicht putzen zu müssen. Schließlich gedieh auch die eine oder andere Cannabispflanze zwischen Yuccapalmen und dem unvermeidlichen Pampasgras.

Die Ticks und Trends der Woodstockgeneration waren keine wirklichen Neuschöpfungen, eher handelte es sich um einen Mischmasch aus den unterschiedlichen Gegenmoden der sechziger Jahre. Der Lebensstil der Hippies etwa hatte schon vor Woodstock kräftige Blüten getrieben. Haight Ashbury in San Francisco war das Mekka der alternativen Kultur, die Londoner Carnaby Street das Zentrum seiner Vermischung mit Popart und Kommerzialisierung.

Der österreichische Schauspieler und Exzentriker Helmut Berger hat in seinen Lebenserinnerungen („Ich", 1998) das Londoner Haus beschrieben, in dem der Sänger Cat Stevens mit seiner Freundin Patty D'Arbanville Mitte der sechziger Jahre wohnte: „Ihr Haus in einer Seitenstraße der King's Road war das Irrste, nein Wahnsinnigste, das ich je gesehen habe. Sämtliche Wände in glänzenden Regenbogenfarben ausgemalt. Mit Sternen, in denen nackte Frauen, nymphengleich, badeten. Irrsinnsbilder, schillernder und schöner als jede freundliche Drogenfantasie."

Es ist kein Zufall, daß parallel zur psychedelischen Drogenästhetik der sechziger Jahre auch der Jugendstil wiederentdeckt wurde. Tatsächlich griff der erste Plakatentwurf für das Woodstockfestival die schwülstig wallenden Dekore der Jahrhundertwende auf und zeigte zwei langmähnige Fin-de-siècle-Damen in schwesterlicher Umarmung. Allerdings wurde dieser Entwurf von den Festivalmachern stante pede abgelehnt. Gar zu lieblich und rückwärtsgewandt mochte man sich im musikalischen Friedenskampf nun doch nicht geben. Zumal der Kunsthandel gerade begonnen hatte, sich heftig auf die Relikte des Jugendstils zu stürzen und die Preise in astronomische Höhen zu treiben. Vermutlich wurde durch diese kunstgeschichtliche Rehabilitierung so manches Möbel vor antibürgerlicher Bemalung gerettet.

Nicht immer gingen die jungen Bilderstürmer so stilvoll vor wie noch 1965 in Richard Lesters Spielfilm „The Knack", in dessen Verlauf ein von jungen Spunden bewohntes Londoner Stadthaus mit reichen Art-déco-Paneelen komplett weiß lackiert wird. Gewiß auch dies eine frevlerische Tat, im Sinne der gerade beginnenden Op-Art-Welle allerdings effektvoll. Für Woodstockfans allerdings zu kühl und artifiziell.

Die kurze Zeit später auftauchenden Hippies und Blumenkinder ließen lieber tausend Blüten sprechen und schwelgten in Farbräuschen aus Indiamustern. Dank einer Flut billiger Dekostoffe und Berberdecken gelangte die Mode textiler Wandgestaltung zu einer ungeahnten Blüte. Auch der Flokati, eigentlich im pseudoschicken Stylingbereich mit Rauchglastischen und Stahlrohrgestellen daheim, fand durch seine formlose Zotteligkeit und seine Pflegeleichtigkeit (einfach ausschütteln und wieder hinlegen) viele Anhänger bei der finanzschwachen Jugend.

Zur gleichen Zeit, als das dürre britische Fotomodell Twiggy eine erste Bulimiewelle lostrat, ließen sich zwei seltsame Zwillingsbrüder von Cecil Beaton und anderen Modefotografen in orientalischen Dekoren ablichten. Die Myers-Zwillinge wirkten stets heftig umnebelt und kamen konsequent immer dann zum Einsatz, wenn pseudoindischer George-Harrison-Look gefragt war. Dann wurden Matratzenlager aufgeschichtet und mit alten Teppichen bedeckt. Für Menschen mit Staubmilbenallergie dürfte diese dekorative Methode, die Betten zu machen, ein Martyrium gewesen sein. Die Aufgabe der stets identisch gekleideten und immer barfuß agierenden Zwillinge bestand darin, mit möglichst müder Erotik Richtung Kamera zu schauen. Die Matratzengruft war die wohl progressivste Variante der alternativen Schlafstatt. Das Bett wurde zum Tummelplatz des sozialen Lebens – mit fließenden Übergängen zu mehr horizontaler Kommunikation.

In Westdeutschland freilich setzte sich in späteren Jahren vor allem das Hochbett durch. Diese Entwicklung erklärt sich wohl zum Teil aus dem Umstand, daß die neugegründeten Wohngemeinschaften mit Vorliebe großbürgerliche Wohnungen mit immenser Deckenhöhe bezogen. Ein Hochbett verschaffte die Möglichkeit, ohne viel Aufwand Platz zu sparen und zusätzlich für höhlenartige Kuscheligkeit zu sorgen. Es ist aber durchaus auch denkbar, daß das Hochbett so geschätzt wurde, weil es einen klammheimlichen Rückzug aus der selbstverordneten sozialen Offenheit ermöglichte. Wenn es schon kein abschließbares Schlafzimmer gab, so doch zumindest ein dem kollektiven Wohnalltag enthobenes Nest für die Nacht.

Ganz andere Funktion erfüllte hingegen die Schrulle, Hängematten in der Wohnstube zu befestigen. Mit einer Hängematte, zwei Lautsprecherboxen und einem Joint schufen sich die kontemplativeren Gemüter innerhalb der Protestbewegung ihre private Chill-out-Zone. In einigen Kreuzberger WGs hat sich diese Form der Wohnraumgestaltung erstaunlicherweise bis heute erhalten können.

Ebenfalls sehr beliebt waren Baumhäuser. Das Leben im Kollektiv war ein einziger Abenteuerspielplatz für die zweite Jugend, kaum daß die Adoleszenz beendet war. In Juliane Werdings Diktion: „Sie nannten sich Kinder des Regenbogens / denn sie glaubten an das Gute in der Welt / Sie wollten gemeinsam in Frieden leben / Jeder auf die Art, die er für richtig hält ...“

Der Charme dieser Wohnexperimente lag in ihrer Verspieltheit. Nicht nur löste man sich mit der Gründung von Wohngemeinschaften aus der überkommenen Familienstruktur, man holte auch alles nach, was man in der Kindheit als spannendes Abenteuer empfunden hätte und was die strengen Nachkriegseltern niemals hätten durchgehen lassen. Die Hängematte fand ihren Weg vom Garten ins Wohnzimmer, die Badewanne stellte man dafür in den Garten. Oder besser noch: zwei Badewannen, so daß sich die Badenden miteinander unterhalten – und sich anschauen konnten!

Man ergötzte sich an den Fotos der nackt badenden Woodstockbesucher und versuchte, die neue Selbstverständlichkeit in den eigenen Alltag herüberzuretten. Nicht immer freilich stellte sich heraus, daß die soziale Lockerung ganz ohne neue Zwänge auskam. Ein gewisses Unbehagen dürfte sich bei den meisten Besuchern von Christiania, Kopenhagens autonomer Vorzeigekolonie, eingestellt haben, wenn sie vergeblich nach den Klowänden suchten. Während dezente Gemüter sich betrübt die Restbestände ihrer bürgerlichen Sozialisation eingestehen mußten, konnten sich weniger rücksichtsvolle Zeitgenossen als Speerspitze der Entkrampftheit aufspielen. Daß selbst Hunde und Katzen sich beim Kacken nicht gerne zusehen lassen, geriet für ein paar Jahre völlig aus dem Bewußtsein.

Das Ablegen bürgerlicher Normen im Zusammenleben hatte auch Folgen, die dem Establishment sogleich unangenehm ins Auge stachen und die für eine sprichtwörtlich *schlechte Presse* sorgten: Wo alle Ordnung verabschiedet schien, wurde es schnell einmal ein wenig schmuddelig. Wer sich daran störte, galt als spießig. Noch einmal Helmut Berger über die Hippiehöhle des Cat Stevens: „Wenn man den Blick hochhielt, fühlte man sich im Himmelsparadies. Senkte ich den Blick, war ich in der Götterdämmerung. Welch ein Dreck. Welch eine Schlamperei! Auf dem Parkettboden ungewaschenes Geschirr, das sich in den vielen Salons stapelte. Die Betten in den Schlafzimmern waren seit Wochen nicht mehr frisch bezogen worden. Ich bin ja im Grunde meines Wesens äußerst pingelig, aber damals registrierte mein Ordnungsfimmel das geschlamperte Chaos, all die Zigarettenkippen und benutzten Weingläser in den schönen hohen Räumen, ohne daß ich in ästhetische Ohnmachten fallen mußte." Man war jung und bereit, sich und seine Erziehung radikal in Frage zu stellen.

Bei der Orientierungssuche zählte nicht nur das soziale Experiment, auch der ideologische Überbau spielte eine große Rolle. Für die schnell wachsenden Sammlungen marxistisch-leninistischer Basisliteratur gab es endlich die adäquate Aufbewahrungsmöglichkeit, als der aufstrebende schwedische Möbelriese Ikea in den siebziger Jahren das Regalsystem *Ivar* auf den Markt brachte. Das bestand aus simplen Fichtenholzbrettern, die in eine ebenso simple Trägerkonstruktion variabel eingehängt wurden. Seinen überbordenden Erfolg in linken Studentenkreisen verdankte *Ivar* vor allem dem Umstand, daß es von einem grob gezimmerten Kellerregal kaum zu unterscheiden war. Hauptsache unprätentiös!

Mit dem Aufstieg von Ikea begann freilich schon die Gegenbewegung zum bunten Stilkuddelmuddel der Woodstockgeneration. Ikea-Möbel waren kostengünstige Anbauprogramme, die sich mühelos aufstocken ließen, die man aber auch ohne Reue wieder dem Sperrmüll überantworten konnte, wenn man sich an ihnen satt gesehen hatte oder genügend Geld besaß, sich komfortablere Möbel leisten zu können. Ikea übertrug die Idee der Mode in die Möbelwirtschaft: Öfter mal etwas Neues ausprobieren. Keine Frage: Diese Möbel mußten so billig sein wie Mode von der Stange. Ikea stand für Konsum, war aber in linken Studentenkreisen akzeptiert, weil es Naturhölzer zu günstigen Konditionen bot und aus dem sozialdemokratischen Schweden kam. Daß Ikea die Hölzer gegen wenig Devisen in osteuropäischen Wäldern schlagen und danach gerne in DDR-Knästen produzieren ließ, erfuhr man erst später – oder vergaß es schnell wieder.

Für die Anhänger der Gegenkultur blieb das Woodstockerbe bis in die achtziger Jahre hinein stilprägend. Die Jugendkultur allerdings hatte sich schon vorher, der antizyklischen Logik von Moden folgend, verändert. Zehn Jahre nach Woodstock griffen Musikgruppen wie The B-52's wieder affirmativ die von Woodstock unterbrochene Tradition der Popästhetik auf und sangen grell: „This is the Space-Age!" Für das Plattencover ihrer LP „Wild Planet" (1980) ließen sich die B-52's auf einem Billigimitat des „Wire Chair" von Harry Bertoia fotografieren, einer Ikone der fortschrittsgläubigen fünfziger Jahre. Schlimmer noch: Die B-52's-Sängerinnen sahen ganz so aus, als würden sie Doris Day den Vorzug vor Joan Baez geben. Nun erst wurde das von Susan Sontag bereits 1962 beschriebene Phänomen der Camp-Ästhetik von der Masse verstanden. Die Freude an billiger, übertriebener Massenkultur bot der nachgewachsenen Jugend eine Entlastung von der ewigen Verpflichtung auf innere Werte, Konsumverzicht und krampfhafte Natürlichkeit. Statt allzeit kritisch wurde der Weltbezug der neuen Jugendkultur allzeit ironisch.

Wohin hatte das Weltverbesserertum der siebziger Jahre

auch schließlich geführt? In den USA regierte nicht mehr Richard Nixon, sondern Ronald Reagan, in Deutschland setzte ein sozialdemokratischer Bundeskanzler den Nato-Doppelbeschluß um. Die Boheme war weder dies- noch jenseits des Atlantiks zum Erfolgsmodell geworden. Die Blütenträume von Woodstock waren ausgeträumt. Die jugendlichen Helden aus Kleists Erdbebennovelle werden am Schluß vom wütenden Pöbel erschlagen, und auch Juliane Werdings WG erleidet ein jähes Ende von dubioser Hand: „Eines Tages kamen Leute / Brachen alle Türen auf / Und zerstörten Stein für Stein das schöne Haus …" Irgendwann hatte sich vermutlich aber auch herumgesprochen, daß selbst Menschen mit Poposcheitel und Plüschsofa ein mieses Karma haben können.

Und heute? Zumindest die Schlamm- und Naturton-Farbskala hat im Styling der letzten Jahre ein Revival erlebt; allerdings in Verbindung mit kühlen weißen Wänden, wie sandgestrahlt wirkenden rauhen Holzflächen und schokoladenfarbenen Fellen. Die tonangebenden Illustrierten zum Thema Wohnen kommen derzeit aus Großbritannien, *Wallpaper* etwa oder die britische Ausgabe von *Elle Decoration*. In diesen Magazinen wird eine Rückkehr zum funktionalen, designerischen Qualitätsmöbel propagiert. Sündhaftteure Stiltendenzen wie *Eco Chic Living* gehören dabei zum festen Repertoire und lassen nichts mehr ahnen vom unfrohen Bioladenmuff der frühen Jahre. Auch der handgearbeitete Ethnolook feierte seine modische Wiederauferstehung – und wurde bereits in der populären britischen Comedy-Serie *Absolutely Fabulous* karikiert. Da nämlich fallen zwei in die Jahre gekommene und längst zu erfolgreichen Stylistinnen gewordene ehemalige Hippiegirls in Dritte-Welt-Länder ein und entreißen ahnungslosen Ureinwohnern die Fußmatten und Kindertragegestelle, um sie in Europa mit viel Gewinn als letzten Schrei zu verscherbeln.

Während es bei *Elle Deco* zum guten Ton gehört, die realen Wohnungen einer Stylingelite fotogen auszuleuchten und bei den Bezugsquellen durchaus auch den Flohmarkt gelten zu lassen, präsentiert *Wallpaper* kühl komponierte Wohnungen mit fabrikneuen Möbelklassikern der fünfziger und sechziger Jahre. Beim selbsternannten Trendmagazin legt man größten Wert darauf, die neuen eleganten Musterwohnungen mit blutjungen Fotomodellen zu fotografieren. Etwas linkisch und verloren sitzt die *jeunesse dorée* von heute in all dem wunderbar funktionalen Luxus und zieht dabei so angestrengte Gesichter, als könnten im nächsten Moment die Eltern hereinplatzen. Keine Frage, dies sind die besseren Einrichtungsgegenstände, nur hat die Jugend hier durchaus keinen aktiven Part übernommen – sie gehört schlicht zur Möblierung. Und das ist ja nun auch kein Fortschritt.

Ende und Anfang der Prüderie

Woodstock und der erste Höhepunkt der sexuellen Revolution

Im „Woodstock"-Film sind für das prüde Amerika unerhörte, mindestens ungewöhnliche Szenen zu sehen. Männer und Frauen baden zusammen im See. Sie waschen sich dort, Männer rasieren sich, Frauen seifen sich ein. Und zwar nackt. Oder wenigstens manchmal ganz nackt. Frauen tragen keine Oberteile. Das war, als der Film Monate nach dem Festival in die Lichtspielhäuser kam, für konservative Gemüter, wenn überhaupt, nur schwer zu ertragen.

Die Menschen, so sahen die Zuschauer, wirken füreinander seltsam unbeteiligt, ganz so, als ob sie nicht weiter interessierte, daß andere Nackte und Fastnackte neben, vor und hinter ihnen sich ebenfalls waschen und erfrischen. Später sind ein Mann und eine Frau zu sehen, die sich etwas von der voyeurhaften Kamera entfernen, im hohen Gras einer Wiese verschwinden, sich dort ausziehen, ohne daß der Mann vergißt, bei aller Textilfreiheit sich am Ende seinen breitkrempigen Hut wieder aufzusetzen. Und dann sieht man nur noch ihre Beine, die sich bewegen.

Die Botschaft ist eindeutig und wurde durch eine Fülle von Zeugenaussagen gestützt: In Woodstock gab es Sex. Viel Sex. Hinterher sprachen einige sogar vom „Bumsen", so, als müßten sie einer Sache, von denen man ihnen als heilige erzählte, einen extrarüden und beiläufigen Charakter geben. Sie führ-

ten sich ganz so auf, als ob alle Scham suspendiert zu sein scheint. Also Sex ohne Angst vor dem Erwischtwerden. Und ohne größere Nebenwirkungen. Warum auch nicht? Woodstock war seinen Jüngern und Jüngerinnen vor allem die Alternative zu dem, was sie in Elternhaus und Schule lernen mußten: Sex ist nur gut in der Ehe. Im Gegensatz dazu galt den Beatniks, den Hippies und den Rock 'n' Rollern Sex nicht als verboten. Mehr noch: Das Spiel mit den Körpern galt als natürlich. Und Natürlichkeit war eine der wichtigsten Botschaften der Woodstockgeneration: Sei nicht so künstlich, nicht so blockiert, sei bloß kein Spießer!

Das klingt dreißig Jahre danach wie Geschichte aus einem entfernten Jahrhundert. Welches Gebirge an Heuchelei damals abzutragen war, zeigte nicht zuletzt die jüngste Affaire des US-Präsidenten Bill Clinton mit der Weißen-Haus-Praktikantin Monica Lewinsky: Für den noch amtierenden Präsidenten wie für die meisten US-Bürger war das, was sich zwischen beiden abspielte, kein Sex – schließlich hat sie ihn nur oral befriedigt. Das ist zwar ein Verständnis von Sexualität, das allen Erkenntnissen der Sexualforschung widerspricht, als ob Sex nur dann Sex ist, wenn der Penis in die Scheide gleitet. In den Vereinigten Staaten werden derlei Differenzierungen gemacht: Sex ist eigentlich vor der Ehe verboten – erlaubt ist hingegen alles, was von der klassischen Penis-in-Vagina-Variante abweicht.

Lügen über Lügen. Schon in den fünfziger Jahren wußte eine – vorwiegend akademisch – interessierte Öffentlichkeit, daß das Selbstbild der Amerikaner kaum in Einklang zu bringen ist mit ihrer Lebenswirklichkeit. Verantwortlich für diese Aufklärung war ein Biologieprofessor von der Indiana University in Bloomington: Alfred C. Kinsey. Mitte der vierziger Jahre wurde er beauftragt, eine Studie über die „Sexualität des Mannes" anzufertigen, kurz darauf auch mit einer Untersuchung über die „Sexualität der Frau".

Beide Forschungsbefunde sollten nicht nur in den USA für Furore sorgen. Bevor Alfred Kinsey und seine Mitarbeiter anfingen, in gründlichen Interviews den sexuellen Vorlieben der Amerikaner auf den Grund zu gehen, arbeitete der Zoologe als Insektenforscher. Die beiden Bücher über männliche und weibliche Sexualität lasen sich später etwa so spannend wie Telefonbücher irgendeiner fremden Stadt. Vom Tonfall waren sie kaum prickelnder zu lesen als eine ingenieurwissenschaftliche Anleitung zum Bau eines Staudamms in Lateinamerika. Die Statistiken enthielten jedoch unverbrämt ein Material, das das konservative Amerika entsetzen mußte: Knapp zwei Drittel aller Amerikanerinnen gaben an, schon vor der Ehe guten Sex gehabt zu haben. Auch einer damals unaussprechlichen Perversion wie „Homosexualität" gingen mehr Amerikaner nach als vermutet: Fast ein Drittel aller erwachsenen Männer gab an, im Laufe des Lebens mindestens eine schwule Erfahrung gemacht zu haben.

Nach den Untersuchungen Kinseys konnte kaum etwas vom frommen Selbstbild der Amerikaner übrigbleiben. An der Moral, an der Prüderie änderte sich dennoch wenig. Bis weit in die sechziger Jahre hinein galten Mädchen, die nicht mehr jungfräulich in die Ehe gehen, als Schlampen. Uneheliche Schwangerschaften kamen einer Katastrophe gleich, Abtreibungen waren verboten. Mädchen hatten züchtig zu sein, Jungs schneidig. Ende der fünfziger Jahre lag das durchschnittliche Heiratsalter bei Frauen bei 20, bei Männern bei 23 Jahren. Nur jede zehnte Ehe blieb kinderlos. Seitensprünge waren damals in 45 Bundesstaaten verboten, Sex zwischen Unverheirateten noch in 38 Bundesstaaten unter Strafe gestellt. Schwule, die sich beim Sex mit ihrem Partner erwischen ließen, wurden angeklagt, Homosexualität war verboten. Bis heute stellen einige Bundesstaaten bestimmte sexuelle Praktiken – und zwar unabhängig davon, ob sie von Hetero- oder Homosexuellen ausgeübt werden – unter Strafe: Oral- und Analverkehr beispielsweise.

Vielen Jugendlichen schien diese Prüderie nicht mehr einleuchtend. Sie waren die ersten Nichterwachsenen, die es nicht eilige hatten, dem Ernst des Lebens näherzutreten. Und sie waren aufgewachsen mit einem sexuell offen agierenden Rock 'n' Roll, angespitzt durch einen Star wie Elvis Presley, der ohne viel Scham sein Becken wie kopulierend auf der Bühne bewegte und sang, als stöhnte er. Anfang der sechziger Jahre begann auch öffentlich sichtbar zu werden, was später als „Sexuelle Revolution" verstanden wurde.

Was nun auch öffentlich zur Schau gestellt wurde, war letztlich nur Ausdruck dessen, was die Forscher um Alfred Kinsley längst herausgefunden hatten: Körperliche Lust hält sich nicht an rigide Vorstellungen darüber, daß Sex erst in der Ehe und dort am besten nur zur Zeugung des Nachwuchses stattfinden darf. Lange vor Woodstock reüssierte Alex Comforts Buch „The Joy Of Sex" zu einem Bestseller. Zeitzeugen zufolge fand sich dieses Stellungskompendium, das von der Vorstellung beseelt war, der lebendigste Sex sei nur eine Frage der Technik, auf Millionen von amerikanischen Nachtschränkchen. Ein Pionier wie in der Bundesrepublik Oswald Kolle mit seinen Aufklärungsfilmen. Andere Bücher, die Anfang der sechziger Jahre erschienen, deuteten ebenfalls einen Mentalitätswandel an.

Frauenrechtlerinnen wie Betty Friedan, Kate Millet, Shulamith Firestone, T-Grace Atkinson und Germaine Greer waren die wichtigsten frühfeministischen Autorinnen. Sie alle waren sich darin einig, daß die Frau tatsächlich mehr im Leben zu erwarten hat, als Männern vom Schlage eines John Wayne einzig die treue Ehefrau zu sein. Es war Literatur der Hoffnung – und des Aufbruchs. Bestseller wurden ihre Bücher zunächst nicht. Ihre Leserschaft fand sich vor allem in Großstädten wie New York, San Francisco oder Los Angeles, dort begierig aufgenommen von einem Publikum, das an die heiligen Werte der amerikanischen Familie – der Vater als Patriarch, die Mutter als gute Kameradin, die Kinder der ganze Stolz – nicht mehr glauben wollte.

Mitte der sechziger Jahre wurde mit einem weiteren Tabu gebrochen: das der Homosexualität. In den meisten US-Bundesstaaten stand Homosexualität unter Strafe. Am ehesten war es noch in San Francisco möglich, sich öffentlich als Schwuler oder Lesbe zu bekennen. In der Stadt an der Westküste blieben nach dem Ende des Zweiten Weltkriegs viele Soldaten hängen, weil sie sich während ihrer ersten Erwachsenenjahre als homosexuell erkannt hatten und deshalb nicht wieder zurück in die Provinz wollten. San Francisco, seit jeher eine Stadt mit weniger strengen Sitten, bot ihnen einen Platz zum Leben. Heute gilt sie als Hauptstadt der Homosexuellen, als Mekka der Schwulen- und Lesbenbewegung: „Wer nirgendwo einen Ort findet, ist hier gut aufgehoben", sagt heute der schwule Schriftsteller Armistead Maupin, Verfasser der bekannten „Stadtgeschichten", über die Stadt, in die er selbst Anfang der siebziger Jahre nach seinem Coming-out zog, „das war damals so, das gilt auch noch jetzt."

In dem Jahr, in dem Woodstock gefeiert wurde, rebellierten Ende Juni in New York homosexuelle Besucher der Bar „Stonewall" an der Christopher Street gegen die üblichen Polizeirazzien. Der „Aufstand der Perversen" (Rosa von Praunheim) gilt als Geburtsakt der modernen Homosexuellenbewegung. Aus Woodstock selbst wird berichtet, daß sich in den Büschen nicht nur heterosexuelle Paare fanden.

„Love-Ins", „Kiss-Ins": Öffentliche Knutschereien und Schmusereien waren – so obskur das heute klingen mag – provokant. Inspiriert wurden die Protestierer von den Beatniks um Allen Ginsberg, der Vordenkerfabrik der Hippiekultur in San Francisco. „Liebe ist die Botschaft" – und das konservative Amerika wußte sehr wohl, daß diese Message nicht nach seinem Geschmack war. Viele sind damals als Teilnehmende von „Kiss-Ins" wegen Störung des öffentlichen Friedens („Make Love Not War") angeklagt und verurteilt worden.

Woodstock war schließlich die größte Demonstration von Frieden zwischen den Geschlechtern: ein Ereignis, das die Gebote der sexuellen Revolution ernst nahm. Der Praxistest auf die neue Freiheit fiel zunächst befriedigend aus. Im Film sagt eine Frau: „Ich gehe hier nackt herum, und niemand greift mich. Ich muß hier keine Angst vor Vergewaltigung haben." Auch diese Aussage wirkt heute wie aus einer Welt voller Unschuld und Zuversicht. Wie auch das Bild jenes Mannes, der, langhaarig, Bartflaum um das Kinn, auf seinem nackten Oberkörper sein Kind wiegt – was zu Recht als Antithese zur klassischen Männlichkeit erkannt werden konnte: Konservativen war das schon zu zärtlich, also zu weiblich.

Danach begann tatsächlich der Siegeszug der Liebe ohne moralisches Korsett. Angst vor unerwünschten Schwangerschaften mußten die Frauen nicht mehr haben: Wenige Jahre vor Woodstock war die Pille auf den Markt gekommen.

In der Bundesrepublik hieß es aus der Achtundsechzigerbewegung lapidar: „Wer zweimal mit der gleichen pennt, gehört schon zum Establishment." Plötzlich war Sexualität keine Sache der Angst und der Schuld, sondern – im Gegenteil – eine, die man machen mußte, um dazuzugehören. Sex konvertierte unter der Hand zu einem Leistungssport: wer seine und ihre Triebe am besten abreagieren konnte, war auf der Höhe der Zeit.

In praktischer Hinsicht hatte die neue Freiheit Folgen, die zehn Jahre zuvor undenkbar schienen. In allen größeren Städten der Welt entstanden plötzlich schwule Bars, in denen Homosexuelle sich treffen konnten – die Woodstockära hat auch Schwulen und (später) Lesben zu mehr Selbstbewußtsein verholfen. Auf heterosexueller Seite war vorehelicher Geschlechtsverkehr kein Skandal mehr, Jungfräulichkeit galt spätestens Ende der siebziger Jahre als Zeichen mangelnder Begehrlichkeit.

Die Woodstockgeneration mag nicht den Weltfrieden gebracht, nicht alle Menschen von Umweltschutz und ökologischer Vollwertkost überzeugt haben, aber ihr Siegeszug in puncto Sexualität war grandios. Der Hamburger Sexualwissenschaftler Gunter Schmidt meint, daß sich mittlerweile das Verhältnis der Geschlechter grundlegend gewandelt hat: von einer Kultur des Mannes, der definiert, was gut ist für die Frau, zu einer Kultur der Verhandlungsmoral. Die Geschlechter müssen jetzt aushandeln, was sie sexuell voneinander wollen. Allerdings unterscheiden sich die aktuellen Zahlen, die Schmidt, Mitarbeiter am Hamburger Institut für Sexualforschung, herausfand, kaum grundlegend von denen, die er vor dreißig Jahren erhob. Viele Männer schlagen als Ultima ratio ihre Frauen im Beziehungsclinch, damals wie heute. Der Unterschied ist klein, aber fein: Während früher Männer dies für ihr natürliches Recht hielten, haben sie heute wenigstens ein schlechtes Gewissen.

Schlechtes Gewissen? Vom Wissen um das Sexuelle, davon, daß es mehr ist als die Möglichkeit der männlichen Befriedigung, haben vor allem Frauen profitiert: Dreißig Jahre Feminismus haben bis weit ins konservative Milieu hineingewirkt.

Bisweilen treibt diese Verhandlungsmoral bizarre Blüten hervor. Was schicklich ist und was nicht, was also eine sexuelle Belästigung ist, bestimmen meist Frauen. Manche amerikanische Universität hat strikte Regeln aufgestellt, was einem Manne geziemt und was nicht. Selbst flüchtige Scherze reichen oft, einen Mann als Sexisten zu denunzieren. In dieser Hinsicht haben sich konservative und radikal-feministische Moralhüter seit Mitte der achtziger Jahre gut treffen können: Das eifernde Interesse an der Aufklärung der Affäre des US-Präsidenten Bill Clinton mit einer jungen Praktikantin im Weißen Haus nahm das Credo der Woodstockgeneration ernst: Das Private ist politisch. Der Satz, der zunächst dazu diente, sexuelle Gewalt – Vergewaltigung, Mißbrauch – öffentlich anprangern zu können, diente nun dazu, das ungeschickte Verhalten des ranghöchsten Politikers des Landes zum Vorwand zu nehmen, seine im Verhältnis zu den Republikanern sozialere Politik zu konterkarieren: So ironisch kann Geschichte verlaufen.

Zappt man sich durch die amerikanischen Talkshows, wird man den Eindruck nicht los, als ob die Menschen von keinem anderen Thema bewegt werden als von Sex. Dabei werden keine pornographischen Bilder gezeigt. Im Gegenteil wird in den USA ein Blatt wie der *Playboy* am Kiosk in eine braune Papiertüte gepackt. Öffentliche Lektüre solcher Zeitschriften ist strafbar. Die neuesten Zahlen bestätigen die Befunde Alfred Kinseys: Sex ist keine Veranstaltung, die nur in der Ehe gegeben wird. Die Statistiken belegen indes auch, daß die Menschen heute nicht mehr Sex haben als ihre Vorfahren. Auch bundesdeutsche Zahlen besagen das gleiche: Am ehesten ist Sex in einer festen Partnerschaft zu finden.

Was sich in den USA geändert hat, ist zumindest die Einstellung zum Sex, zur Körperlichkeit überhaupt: Konservative Moral scheint nicht mehr mehrheitsfähig, davon hat selbst Bill Clinton profitieren können. Der republikanische Furor gegen ihn hat die Sympathiewerte für den Demokraten nicht senken können. Den Preis hierfür mußte freilich seine Ehefrau Hillary zahlen: Sie wurde gezwungen, ihre berufliche Qualifikation mehr oder weniger zugunsten der Rolle der rührigen und tapferen Ehefrau zu verstecken – als ob sie ein Heimchen am Herd ist und nicht eine der besten Juristinnen des Landes.

Rechtlich gesehen hat sich – was das Sexuelle anbetrifft – allerdings nur wenig geändert. Prostitution ist in den meisten Bundesstaaten illegal – was nichts daran ändert, daß es sie gibt und daß sie floriert. In vielen Bundesstaaten sind bestimmte sexuelle Praktiken – Blasen, Analverkehr, einvernehmliche SM-Praktiken – wie eh und je verboten. Diese Paragraphen werden nur selten angewendet, abgeschafft wurden sie jedoch nicht. Homosexuellen ist der Zugang zum Militär zwar nicht mehr verwehrt, aber sie dürfen dort nicht offen über ihre sexuelle Orientierung sprechen, andernfalls können sie unehrenhaft aus dem Dienst entlassen werden. Zivilrechtliche Gleichstellungen für Homosexuelle gibt es nur in wenigen Bundesstaaten, wie Hawaii beispielsweise. Einige Staaten haben durch Volksabstimmungen jede Gleichstellung Homosexueller abgelehnt.

Und das soll ein Sieg der Woodstockgeneration sein? Wenigstens ein relativer. Sexualität ist kein Tabu mehr, ebensowenig wie Ansprüche von Frauen auf ihre erotischen Wünsche. Die Infektionskrankheit Aids, die sich ab 1982 auszubreiten begann, hat sowohl in den USA als auch in der Bundesrepublik schwulen Männern nicht weniger, sondern eher mehr Solidarität und Mitgefühl eingetragen. Der Kampf von angeblich lebensschützerischen – dabei jedoch gelegentlich mörderischen – Initiativen gegen die Abtreibung trägt eher dazu bei, das Recht von Frauen auf eine freie Entscheidung über eine Schwangerschaft moralisch zu stärken. Männer, die Frauen vergewaltigen, gelten nicht mehr als tolle Hechte, ihre Opfer nicht mehr als insgeheim doch willig.

Daß die Parole „Make Love Not War" sich nicht durchsetzen konnte, lag womöglich an der Woodstockgeneration selbst. Hatte sie nicht auch ein vorwiegend technisches Verständnis von Sex? Lagen nicht auf ihren Nachttischen – wenn nicht Comforts „The Joy Of Sex" – indisch angehauchte Lektüren mit gymnastisch indiskutablen Stellungen aus der ungemütlichen Welt der Koitusverrenkungen? Kultivierten sie nicht zuvörderst eine Sexualität, die weniger unbeschwert als beschwerlich daherkam? Eine Sexualität, deren erotischer Gehalt etwa dem eines Marmeladenbrotes gleichkommt – flüchtig und schnell konsumiert? Sex – nichts als ein Leistungssport?

Die Gegenbewegung zu Woodstock ist in den USA gut organisiert. Christliche Fundamentalisten agitieren gegen alles, wofür die Love & Peace-Generation eintrat: Liebe soll nur noch in der Familie, Sex nur zwischen Eheleuten erlaubt sein. Daß dies nicht ohne Heuchelei vonstatten geht, steht fest: Auf dem Höhepunkt der Verhandlungen gegen Bill Clinton outete Larry Flynt, Herausgeber des Sexmagazin *The Hustler*, mit großem Vergnügen zwei prominente Politiker der republikanischen Partei als Männer mit Liebschaften außerhalb ihrer Ehen. Ihre Karrieren waren damit vorläufig auf Eis gelegt:

Man darf offenbar alles tun, doch wehe, wenn es herauskommt!

Apropos Clinton: Im Grunde ist er – auch wenn er nicht persönlich dabei war – eine klassische Figur aus dem Woodstocktroß. Wie schon in der Frage von Drogen („I didn't inhale" – ich habe Marihuana geraucht, aber nicht inhaliert) hat er auch bei seiner Liebschaft mit Monica Lewinsky versäumt, offensiv die konservative Sprachregelung des Sexuellen anzugreifen. Anstatt zuzugeben, neben seiner Beziehung zu seiner Frau auch andere sexuelle Verhältnisse zu haben, verneinte er die Frage nach dem sexuellen Charakter seines Verhältnisses zu Ms. Lewinsky. Als ob eine Praxis, bei der die Frau den Penis des Mannes in den Mund nimmt, nichts mit Sexualität zu tun hat. Mit dieser seltsamen, typisch amerikanisch feinsinnigen Differenz hat Clinton dem liberalen Teil seiner Generation vermutlich einen Bärendienst erwiesen: Weiterhin wird man in den USA so tun müssen, als sei die Familie der erste und einzige Ort legitimer erotischer Abenteuer. Schon Alfred Kinsey, dieser vom Naturell eher nüchterne, naturwissenschaftlich orientierte Mann, wußte, daß dieser Glaube nichts ist als Aberglaube.

Die Unterschiede zur Bundesrepublik sind offensichtlich. Ein Bundeskanzler, der zum vierten Mal verheiratet ist, wie Gerhard Schröder, wäre in den USA undenkbar. Sexuelle Denunziation ist hierzulande tabu. Nicht einmal in der Union hat sich jemand daran gestört, daß zwei Minister des letzten christliberalen Kabinetts schwul sind. Kinder zu schlagen oder Söhne härter zu erziehen als Töchter findet keine Zustimmung. Die Achtundsechzigergeneration hierzulande hat womöglich nachhaltigeren Erfolg gehabt. Sex hat seinen dramatischen Charakter verloren. Die Zahlen sprechen eine eindeutige Sprache: Das erste Mal findet immer später statt – der Reiz des Verbotenen ist weg. Was den Sex anbetrifft, sind in Deutschland fast alle Hippies geworden.

Die verlorene Generation?

Woodstock probt das Weiterleben

Es muß für den jungen Mann ein bitteres Geschäft gewesen sein. Stand da mit breitkrempigem Hut auf der Piazza der toskanischen Stadt Siena, vor dem Bauch eine Gitarre haltend, seine Mähne beim Vortrag immer wieder leicht schüttelnd. Er sang „The Boxer" von Simon & Garfunkel: „I'm just a poor boy / though my story's seldom told" … Nein, diese Geschichte wollten die schicken Menschen, die unter milder Abendsonne in den Restaurants saßen, nicht schon wieder hören. Es war ein Jahr in den Achtzigern, junge Erwachsene hielten plötzlich auf gute Kleidung, nicht mehr auf Jeans, Sweatshirt und Stirnband. Einer rief: „Aufhören", die meisten schauten indigniert weg. Am Ende hatte der Sänger kaum mehr als den Gegenwert von wenigen Mark in Lire einsammeln können.

Nein, solche Lieder waren schmuddelig, gestrig und entsprachen so gar nicht dem Weißwein- und Mineralwasserzeitalter. Keine Spur mehr vom *Age Of Aquarius*, vom Zeitalter des Wassermanns. Was war nur aus Jimi Hendrix geworden, der passend zur Todeswütigkeit seiner Generation nach „Woodstock" in die Blöcke von Journalisten diktiert hat: „Das war nur der Beginn. Der einzige Weg für junge Leute, sich den Älteren verständlich zu machen, ist, Massenveranstaltungen wie in Bethel zu veranstalten. Und die Kinder werden nicht ewig im Matsch waten. Von nun an werden sie die Dinge ändern und neu aufbauen. Die ganze Welt braucht einfach eine Wäsche, ja, sie muß gründlich abgeschrubbt werden."

Heute beklagen Zeitkritiker, die Gesellschaft sei immer egoistischer geworden, die Menschen dächten nur an ihre eigenen Interessen; die Kinder verlotterten mehr und mehr, was nur als Resultat der antiautoritären Erziehung verstanden werden kann; die Scheidungen nähmen zu, die Einsamkeit in den Großstädten auch; in Sachen Sex gehe es kaum mehr um Erotik und das Geheimnis des Sexuellen an sich, statt dessen werde wahllos in der Gegend herumgevögelt, wofür Gott als Strafe Aids geschickt habe. Und der Jugend fehle es an Leistungsbereitschaft, der erst auf die Sprünge geholfen werden kann, wenn man die Sozialprogramme zusammenkürzt. Aufs Ganze gesehen seien es vor allem die Hippies, die „Gammler, Pinscher, Uhus" (CDU-Bundeskanzler Ludwig Erhard), die dieses Chaos gestiftet hätten.

Es ist erstaunlich, wofür die Woodstockgeneration (die in der Bundesrepublik meist als „Achtundsechziger" tituliert wird) immer noch in (moralische) Haft genommen wird. Jedenfalls erkennen nüchternere Betrachtungsweisen heute eine andere Zeit: Scheidungen bedeuten nicht zwingend soziales Scheitern, weil es nicht gottgegeben ist, nur mit einer Person ein Leben lang zusammenzubleiben, vielmehr ist eine Trennung von einem einst geliebten Partner tragisch, aber es gebe nun einmal keine Garantie für intakte Familienverhältnisse; Sex war auch in den fünfziger Jahren kein erotisches Fest, sondern eine Gier, die von Männern gerne in Bordellen ausgelebt wurde; der Jugend fehle es nicht an gutem Willen, sondern an anständigen Perspektiven, darüber hinaus sind gerade sie es, die das Gros von Ehrenämtern innehaben, ob nun bei Greenpeace oder der katholischen Landjugend; und mit der gewachsenen Einsamkeit ist es auch nicht weit her, weil auch vor „Woodstock" die Telefonseelsorgen mit nächtlichen Anrufen

überhäuft wurden, nur sprach darüber niemand öffentlich. Der Umstand, daß Kinder nur noch selten gedrillt werden, also sich auch trauen, Widerworte zu geben, muß nicht schlecht, dürfe sogar als Entspannung im Verhältnis zwischen den Generationen gewertet werden. Und selbst der Vorwurf des Egoismus ist banal, so, als ob es schädlich wäre, eigene Interessen anzumelden und auch für sie einzutreten.

Dies ist sicher: Die düster-selbstbewußte Drohung von Jimi Hendrix wurde nicht wahr. Die Welt wurde nicht abgeschrubbt, sondern bestenfalls leicht eingeseift. Die meisten Gäste auf Max Yasgurs Farm an jenem Augustwochenende im Sommer '69 hatten mit Revolution sowieso nichts im Sinn. Sie gingen nach Hause, schliefen sich aus und wußten spätestens nach der Uraufführung des „Woodstock"-Films, daß sie bei etwas Großem dabeigewesen waren. Dann gingen sie wieder zur Schule, besuchten die Universität und bekamen Jobs. Sie

145

schienen die guten Gefühle bei den Schlammparties, den Lagerfeuern und FKK-Schwimmübungen vergessen zu haben.

Der harte Kern der Hippies mochte sich mit derlei „Ich will nach Hause"-Nöten nicht anfreunden. Er nahm immer noch ernst, was Grace Slick als Frontfrau der „Jefferson Airplane" einmal gesungen hat, bevor sie mehr und mehr alkoholischen Getränken zusprach und das Singen immer schwerer wurde: „Guckt, was in den Straßen passiert / eine Revolution, eine Revolution / Hey, ich tanze die Straße herunter / eine Revolution, in die Revolution." Und wenn schon nicht viele andere mitmachen wollten, dann allein. Sie bildeten Avantgarden über die Militanz der sechziger Jahre hinaus. Reisten mit Rucksäcken um die Welt, ordneten sich Gurus wie dem Bhagwan unter, übten angeblich ursprüngliches Leben in Nepal und propagierten den Gedanken des Verzichts, hier ganz Kinder der Nachkriegszeit, als der Konsumrausch noch nicht eingesetzt hatte. Diese asketische Attitüde war es – zusammen mit dem Drang zur alternativen Uniform – Jeans, Boots, Baumwollsweatshirts –, der sie spätestens in den achtziger Jahren unausstehlich machte, von ihrem Jammerton, ihrem sensiblen Getue und dem ewigen Blick auf die guten alten Tage ganz zu schweigen.

Kaum eine Schulklasse Anfang der siebziger Jahre, in der die Schüler nicht wie Freaks, wie Hippies, wie Gammler aussehen wollten. Man schlief draußen, mißachtete elterliche Order, um zehn Uhr abends zu Hause zu sein, rauchte Pot und hörte „Hottentottenmusik" (wie die Eltern alles nannten, was weder Jazz noch Schlager noch Klassik war). Und natürlich trug man lange Haare. Und was heute kaum noch vorstellbar ist: All dies, Rockmusik, Tanzen ohne Anfassen wie beim Standardtanz, Jeans, gar Flicken auf der Hose, war bei vielen Eltern verpönt, wenn sie es nicht gleich unter Androhung von Schlägen verboten hatten. In amerikanischen, natürlich auch in (bundes-)deutschen Haushalten tobte ein Kulturkampf, bei dem die Kinder meist den längeren Atem hatten. (Im Unterhaltungsgewerbe versuchten es manche mit hippiesken Stoffen. Cindy & Bert beispielsweise, die sich später mit „Immer wieder sonntags" als Schlagerduo in Szene setzten und doch nie die deutschen Sonny & Cher wurden, obwohl sie sich an deutschen Coverversionen von „Uriah Heep"-Titeln versuchten, fingen ihre Karriere in der deutschen Aufführung von „Hair" an – aber es ließ sich davon nicht lange leben.)

Aber davon abgesehen, kam in der Bundesrepublik – anders als in den USA, wo Befreiungstheorien als eher unhip galten – noch hinzu, daß der Soziologe Theodor W. Adorno mit Blick auf Auschwitz und das dafür verantwortliche Nazideutschland die These formulierte, es gebe kein richtiges Leben im falschen. Seine Jünger interpretierten den Satz fatal: Für sie war Leben im Kapitalismus schlechthin ein verfehltes Projekt, das nur durch Klassenkampf und Aufwiegelung beseitigt werden kann – und soll. Bis heute hat sich diese spezifisch deutsche Variante von *Them & Us*, von Die & Wir, gehalten: Mit denen ist kein Staat zu machen, mit denen keine Politik, und schon gar kein Kompromiß, man könnte sonst vom System korrumpiert werden. Am konsequentesten hat diese Politik die Rote-Armee-Fraktion verfolgt, doch auch Politikerinnen wie die inzwischen tote Petra Kelly von den Grünen glaubten, daß nur Fundamentalopposition dem einmal als richtig Erkannten nützt: die Erde zu retten, die Menschheit, die Armen und Entrechteten. Menschen, die die Welt auch gerne besser hätten, stehen seither irgendwie unter Generalverdacht, sich nur „in den Verhältnissen einrichten" zu wollen, Verräter sozusagen an der guten Sache.

Tatsächlich haben militante Figuren wie Petra Kelly oder Ulrike Meinhof – auch sie Achtundsechziger, Woodstockjünger auf ihre Art – nicht erkennen wollen (oder können), daß die kulturellen Befreiungsbewegungen der sechziger Jahre am Ende fast auf ganzer Linie gesiegt haben. In den USA gibt es mittlerweile – allerdings bedrohte – Förderprogramme für afroamerikanische Bürger, für Frauen, in manchen Bundesstaaten wird die Diskriminierung Homosexueller verfolgt (in anderen indes ausdrücklich vorgesehen). Damals war noch richtig: Die und Wir, stand fest, wer Spießer ist und wer nicht. Heute kann das niemand mehr sagen: Ist nicht auch ein Grünen-Wähler ein Spießer, der seinen Nachbarn bei der Ökopolizei anschwärzt, weil er Zeitungen und Flaschen in die Mülltonne für den allgemeinen Abfall wirft? (Kathleen Turner hat eine solche Figur bösartig in dem Film „Serial Mom" von John Waters persifliert.)

Was blieb also von „Woodstock" übrig? Die Ökobewegung. Nicht nur Arlo Guthrie hat sich der Umweltschutzbewegung verschrieben, andere Künstler des Wochenendes sind in dieser Hinsicht gleichfalls rührig. Zu den Relikten der Endsechziger zählten eine Zeitlang Jesuslatschen an allen Füßen von Freunden des Hippiegedankens; zählte eine Vorliebe für rüschige Hemden (Demis Roussos!), zählte eine emphatische Bereitschaft, im griechischen Komponisten Mikis Theodorakis eine Art Dritte-Welt-Beethoven zu erkennen, zählten Jeans mit weitem Hosenschlag, zählten Prilblumen, dickes Make-up bei Frauen. Auch der Film „Alexis Zorbas" gehört mit in diesen Reigen der heiligen Dinge, die Anfang der siebziger Jahre im kulturellen Fundus der Nachwoodstockjünger gehütet wurden. Nicht besonders lang etablieren konnte sich eine Zeitschrift wie *100 Ideen*, ein Magazin für allerlei Basteleien mit natürlichen Materialien. Noch vor Ende der siebziger Jahre wurde sie mangels Kaufinteressenten eingestellt.

Andere Dinge sind geblieben. Die Neigung beispielsweise, das Wort „irgendwie" in jeden zweiten Satz einzuklemmen. Was nicht unpassend ist, entspricht sie doch der Erkenntnis, daß die Dinge auch anders als so oder so sein können. Oder der Glaube, daß es authentische Rockmusik gibt – und in Woodstock auch gab. (Alles Lüge, natürlich, eine schöne allerdings: Bill Graham, der Musikpromoter, „The Who", „Santana" und all die anderen, außer Joan Baez, für sie war „Woodstock" vielleicht überwältigend, aber vor allem ein Geschäft, eine Werbemöglichkeit in jeder Hinsicht.) Konserviert scheint auch der Glaube, daß es künstliche und natürliche Dinge gibt, also Beton gegen Holz, elektrische gegen akustische Gitarre, Polyester gegen Baumwolle, Plastik gegen Kautschuk, Afghanenmäntel gegen Persianer, lange und mittelgescheitelte Blockflötenfrisuren gegen Dauerwellen. Gegen diesen Glauben an das Authentische, an den gemeinsam hervorzupulenden natürlichen Kern des Menschen („Finde Dich selbst"), konnte selbst die Glamourbewegung der frühen siebziger Jahre nichts ausrichten. Plateauschuhe waren nicht hippiegemäß, grelle grüne Hosen und kackbraune Jackets trugen nur Spießer. Wie gesagt, für diese Intoleranz mußte nicht nur der Gitarrespieler, wie oben geschildert, in Siena damit büßen, daß er ignoriert wurde.

Bewahrt hat sich auch die Vorstellung, daß es nur auf dem Land ein schönes Leben gäbe, die Stadt ein Moloch sei, wo es stinkt und lärmt. Anfang der siebziger Jahre setzten hierzulande Freaks, Achtundsechziger und andere Systemoppositionelle mit der ihnen als Deutsche eigenen Gründlichkeit um, was man aus Amerika gehört und für toll befunden hatte: Man gründete Wohngemeinschaften, WGs, mehr noch – Landkommunen. Alles sollte gemeinsam erwirtschaftet, besprochen, gemacht werden. Der Gemüseanbau, die Kinderaufzucht und die Beziehungsprobleme. Die meisten Versuche scheiterten, weil vielleicht Privates nicht kollektiviert werden kann, weil Glück nicht planbar ist und weil es einfach, so stellte sich heraus, auch bei Freaks Gefühle wie Neid und Eifersucht,

Zustände wie Erschöpfung und Resignation gibt. WGs haben sich länger gehalten. Schon aus praktischen Gründen, denn Wohnraum gerade in Unistädten war teuer. Doch schon Anfang der achtziger Jahre tauchten in Wohnungsanzeigen in einschlägigen Stadtmagazinen Hinweise auf, die einen Stimmungswandel andeuteten: „Typ zum Zusammenwohnen gesucht. Nur Zweck-WG." Also bloß keinen Mitmieter mit privatem Anschluß, davon hatte man im allgemeinen gründlich die Schnauze voll.

Was „Woodstock" und sein Jahrzehnt auch angestoßen hat, waren ja nicht unwesentliche Dinge im Hinblick auf den schlichten Alltag eines jeden Bürgers: den Feminismus, die Ökofrage, die Schwulenbewegung und eine Friedensbewegung, die sich für „Schwerter zu Pflugscharen" einsetzte. Ein zweites Vietnam ist nicht von den USA ausgegangen, womöglich haben sich auch im Pentagon Analytiker durchgesetzt, die vom Kalten Krieg und von der allgemeinen Paranoia nicht berührt wurden. Man setzt auf Diplomatie; nur noch als Ultima Ratio – wie aktuell im Kosovo zum Schutze einer ethnischen Minderheit vor Vertreibung und Deportation – gilt Krieg als Mittel der Politik. Da hielt sich Ende der siebziger Jahre die damals noch real existierende Sowjetunion weniger schadlos – und besetzte mit ihren Truppen den kleinen Nachbarstaat Afghanistan. Mit Hilfe der USA und religiös-fundamentalistischer Gruppen (die mittlerweile alles Westliche bekämpfen) konnte die UdSSR wieder aus dem Land vertrieben werden. Mit deren Demission waren alle aufgeklärten politischen Kräfte desavouiert, heute regiert dort eines der mittelalterlichsten Regime der Welt.

Die Sowjetunion hat übrigens die Zeit nach „Woodstock" nicht überlebt. Während in der westlichen Welt das kulturelle System erweitert wurde, zeigte sich der sozialistische Blick dem Neuen gegenüber verschlossen. Alles, was jenseits des

Eisernen Vorhangs hippiesk daherkam, wurde verfolgt, gelegentlich auch gleich in Psychiatrien gesteckt.

Die ätzende Kulturkritik der Postmoderne in den achtziger Jahren führte zu einer Dekonstruktion dessen, wofür „Woodstock" auch stand: für den Glauben an die Unschuld der Welt, die leider von bösen Mächten im Würgegriff gehalten wird. Spätestens in den neunziger Jahren wurde klar, daß für den Frieden – siehe Ruanda, siehe Bosnien – gelegentlich auch militärische Drohungen nützlich sind. Die Allmachtsphantasien *von Them & Us* klangen plötzlich zynisch: Gerade viele muslimische Bosnier hatten sich eine Intervention von Natotruppen ersehnt. Auf einmal mußte abgewogen werden zwischen Frieden und militärischer Präsenz. Die Peaceniks waren moralisch am Ende, nachdem sie den amerikanischen Golfkrieg Anfang der neunziger Jahre verurteilt hatten. Gerade die liberalen Teile der jüdischen Gemeinden Amerikas distanzierten sich von diesen naiven Forderungen zur Einstellung der Bombenangriffe: Wer hätte Israel sonst schützen können vor dem Regime Saddam Husseins?

Was bleibt nun wirklich übrig? Die Erinnerung an ein Jahrzehnt der sechziger, an eines wie die siebziger Jahre? Health Food,die Neigung zum Teetrinken aus dicken Bechern, das Töpfern als Bildungsurlaubsangebot – was außer dem Trugschluß, immer jung bleiben zu können? Die Erinnerung an Yoko Ono und John Lennon, in Amsterdam Love & Peace predigend – beide vielleicht die Stiftungseltern der Loveparade? Bleiben die Grünen? Nichts ist sicher, und das ist gut so.

Ob die Grünen als Partei der Woodstockgeneration überleben, hängt nicht zuletzt davon ab, ob sie sich von ihrer grundsätzlich skeptischen und mißtrauischen Haltung dem demokratischen wie marktwirtschaftlichen System der Bundesrepublik (wie der USA) verabschieden – also von der Mentalität des *Them & Us*. Der amerikanische Philosoph Richard

Rorty schreibt in seinem inzwischen auf Deutsch erschienenen Buch „Stolz auf unser Land" („Achieving Our Country"), die Linke der sechziger Jahre habe ihre Wahrnehmung zu sehr auf kulturelle Phänomene gelegt – und das Bündnis mit der Traditionslinken vernachlässigt, also mit den Gewerkschaften und Sozialdemokraten beispielsweise. Sie habe zu starkes Gewicht auf die Kritik von Lebensstilen und Ästhetiken gelegt und zu wenig Toleranz vermeintlich spießigen Lebensformen gegenüber gezeigt. Rorty – der der Neuen Linken in der Nachfolge Woodstocks ausdrücklich das Verdienst zuschreibt, den Vietnamkrieg beendet zu haben – plädiert für eine aufgeklärte Haltung, die demokratische Gesellschaften wie die USA (oder die Bundesrepublik) auch als Chance begreift: Selbst die Dinge zu ändern und nicht mehr nur stetig Kritik am Ganzen zu üben. Der jüdische Philosoph mit Lehrstuhl an der Universität von Virginia, ein politischer Pragmatiker, ist das Gegenteil dessen, was der deutsche Soziologe Theodor Adorno dekretiert hat: „Es gibt kein wahres Leben im Falschen." Das Ende ist offen, das der Grünen und das der Woodstockgeneration sowieso.

Vielleicht bleibt dies: Die insgeheime Moral „Du darfst". Dich ausprobieren, einen eigenen Lebensstil entwickeln, nicht mehr vorformulierte Konzepte erfüllen müssen, dich Gruppen anschließen müssen. Man darf sogar barfuß gehen. Weil niemand mehr sagen kann, was gut und richtig, in modischer Hinsicht, in ästhetischen Fragen oder im Hinblick auf das, was für einen selbst okay ist. Schwierige Zeiten. Wer kann noch verläßlich bestimmen, was spießig, was bürgerlich ist? Selbst der Zwang zum Hipsein ist nur noch ein Spiel, das man verlassen kann. Ist es nicht egal, was cool ist und was nur affektiert? Was Aufmerksamkeit und Solidarität verdient und Toleranz gebietet. Selbst Bill Clinton hat erfahren dürfen, daß man in seinem Land nicht straucheln muß, weil christliche Eiferer ihm sozusagen an die Wäsche wollen, weil er zu ungeschickt war, einen guten Platz für ein Schäferstündchen zu finden. „Woodstock" war der Kampf, sich überall Nischen einrichten zu dürfen. Ist das nicht schon eine Menge?

„Woodstock ist kein Ort in der Welt", sagte klarsichtig Abbie Hoffman, „Woodstock ist in deinem Kopf." Mach was daraus, heißt das wohl.

Woodstock II

Aufgewärmte Mythen bringen's nicht

Von Thomas Groß

Ich war dabei bei Woodstock II – es reimt sich, aber es macht nichts her. Die Reprise einer Legende taugt selbst nicht zur Legende. Sie riecht nach Müll.

Den Mythos von damals wiederzubeleben, das sei, „als ob man seinen fünfzehnten Geburtstag noch einmal feiern will", hatte Urwoodstock-Organisator Michael Lang noch anläßlich des letzten runden Jahrestags zu verstehen gegeben. In den Neunzigern, Lang ging auf die Fünfzig zu, kam der Sinneswandel. Ein Großfestival auf der grünen Wiese anläßlich des Fünfundzwanzigjährigen, ganz im Geiste des Wassermanns, die Sechziger treffen die Neunziger. Joe Cocker sollte wieder mitmachen, Crosby, Stills & Nash, sogar Bob Dylan, der damals unabkömmlich war. Dazu die Bands der Gegenwart, von Nine Inch Nails über Melissa Etheridge als Reinkarnation von Janis Joplin bis hin zu Blind Melon, Arrested Development und Porno For Pyros.

Langs Coup: Er zögerte nicht, das Fernsehen zuzuschalten. Für 49,95 Dollar sollte man sich die Sache zu Hause vom Fernsehsessel aus anschauen können: ohne Schlamm, ohne Fußmärsche, ohne heldenhaftes Ausharren unter einem Stück Zeltplane. Das war nicht mehr der alte Film! Es hatte etwas vom trashigen, auftrumpfenden Gestus von Dauerwerbesendungen, die an langweiligen Nachmittagen Unmögliches verkünden und dann noch Rabatt drauf versprechen: Woodstock jetzt mit zwanzig Prozent mehr Woodstock! Und genau das regte alle auf.

Vom 12. bis zum 14. August 1994 ging Woodstock II auf Sendung. Es war ein Multimedia-Woodstock, ein kurzer Exzeß der Töne und Images. Kultur minderer Güte, Staub von größeren Erzählungen. Schon kurz darauf war das Ganze wie ungeschehen. Das nachgeschobene Album wurde ein Flop, der angekündigte Film kam nie zustande. Schon deshalb will diese Geschichte erzählt sein. Es war, als hätte das Ereignis sich in seiner TV-Ausstrahlung restlos erschöpft, als wollte die Welt lieber nicht daran erinnert werden, am wenigsten die Medien.

Selber schuld, sagt die Stimme der Kulturkritik. Wieso haben sie das Ganze nicht einfach „Freakout 2000" genannt? Oder „Tribal Gathering 4004"? Das wäre doch ehrlicher gewesen! Und hätte uns eine Menge Schererein erspart.

Schon wahr: Ich war dabei bei Woodstock II, aber es ist schwer, es zu mögen. Nie wäre ich hingefahren, hätte die Redaktion mich nicht an die Front geschickt. „2 More Days Of Peace & Music" stand auf dem Plakat mit der immer noch gleichen Friedenstaube auf dem stilisierten Gitarrenhals. „More" – das klang nach dem Gequengel der jüngeren Geschwister beim Mittagstisch. Mit viel Sympathie konnte man es als das Aufbegehren von Zukurzgekommenen verstehen, als Ausdruck von Woodstock-Neid. „More" – das klang aber eben auch, als hätten die Veranstalter selbst den Hals nicht voll bekommen können und deswegen bei der Geschichte einen Nachschlag geordert. Bitte noch mal Woodstock, mit ganz viel Käse drauf!

Zweifellos kam ihnen dabei zugute, daß die Firma Woodstock Ventures die Vermarktungsrechte an dem Namen besaß. Bevor es ins eigentliche Feld ging, tobte die mediale Schlacht um das neue Woodstock. „Woodschlock" oder „Wood$tock" spotteten die Kritiker unter Hinweis auf die dreißig Millionen Dollar, die allein die Vorbereitung gekostet haben sollte, vorgeschossen vom Medienriesen Polygram, mit freundlicher Unterstützung von Pepsi Cola. Das mußte erst einmal wieder eingespielt sein. Kein Wunder, daß die Karten 135 Dollar kosten und nur im Viererpack erhältlich sein sollten – don't bogart that joint venture, my friend!

Die Veranstalter konterten mit dem Hinweis auf die ökologische Verträglichkeit der Paketlösung, mit großzügigen Einblicken in den Planungsstab, mit Hinweisen auf die Rock 'n' Roll-Affinität der damals noch jungen Ära Clinton. Aber war nicht Clinton es gewesen, der gekifft, aber nicht inhaliert hatte? Konnte es ein ironischeres Bonmot auf das Verhältnis der Neunziger zu den Sechzigern geben als gerade dieses präsidiale Bekenntnis? Und schien es nicht als geheimes Motto über Langs Festival zu schweben, auf dem nach dem Willen von Woodstock Ventures keinerlei Drogen erhältlich sein sollten, noch nicht einmal Bier? Woodstock 94, das kam medial gepusht als Super-Woodstock rüber, eine von langer Hand geplante Bretterbudenstadt auf der grünen Wiese mit zwei Riesenbühnen und integriertem Greenpeace-Stand – und gerade deshalb auch als Geister-Woodstock, ein clintonsches Dorf ohne Exzeß und Wunder.

Immerhin: Man war im Gerede, die Welt schaute hin. Bereits der Zöllner am Flughafen John F. Kennedy wußte Bescheid. That festival upstate? Woodstock? Great!! Zügig und ohne weitere Formalitäten wurde ich durchgewinkt, als habe allein die Nennung meines Reiseziels mich menschlich aufgewertet.

Verblüffend an Woodstock II war nicht nur, mit welcher Chuzpe sich die Vermarktung als Teil der Inszenierung aufspielte, sondern auch, wie intakt der Mythos von Woodstock I an der Basis geblieben war. Die Fahrt den Hudson River hinauf hin zu den Catskill Mountains ähnelte einer Reise in die amerikanische Volksfrömmigkeit. Je näher das Ziel rückte, desto größer die spezifische Dichte von Postern, Stickern, Illustrierten und anderen Devotionalien in den Raststätten. Auf Höhe von Poughkeepsie funkten die Lokalsender erstes von vor Ort. Witzbolde rieten dazu, den Staat New York großräumig zu umfahren. Die Lage schien ruhig, aber seltsam gespannt. Gleich mußte er kommen, der erste Stau, gleich mußte irgend etwas Notstandsartiges ausbrechen, mit Hubschraubern, Umleitungen und ganz viel Logistik.

So war das, damals, vor Woodstock: Multimedia! Im Kopf lief der alte Historienschinken von Michael Wadleigh. Er konkurrierte mit einer Art Seifenoper, die in der Wirklichkeit als Wallfahrt daherkam.

Saugerties, einmal dort angekommen, ist kein angenehmer Ort. Es liegt in einer Senke. Erst westlich davon beginnen die eigentlichen Catskills mit ihren Laubwäldern. Neun Meilen entfernt in den Bergen schläft Woodstock, das Worpswede der Gegenkultur, ein niedliches, sauberes Städtchen, das beiden Festivals den Namen lieh, obwohl keines dort stattgefunden hat, aber die Angst vor dem Einfall der Massen nirgends größer zu sein schien als eben dort. „Woodstock occupied" sagten einzelne T-Shirts. Kein Vietnam vor unserer Haustür!

Saugerties hat demgegenüber den pragmatischen Charme einer Autobahnausfahrt. „Welcome to Woodstock 94 in Saugerties" stand auf den Shirts, die in schmucklosen Buden entlang der Straße feilgeboten wurden. Wenn Woodstock ein Symbol für die ins Kunstgewerbliche abgeglittene Vision vom alternativen Leben war, stand Saugerties für die Verkörperung des Durchschnittsamerika Mitte der Neunziger: hohe Arbeitslosigkeit, Landflucht, Holzhäuser, deren Fliegengitter im Wind klapperten. Da streckt man sich nach der Decke und nimmt, was man kriegt! In aller Offenheit verhandelte das Lokalblatt, was das Event bringen könnte, infrastrukturell und für das Festivalgelände, eine Farm, die nach Regierungsplänen einem Schicksal als Müllhalde entgegensah. Irgendwie kannte man das alles von der Love Parade.

Durchschnittlich und zeitgenössisch auch die herbeiströmenden Besucher. Es war die sogenannte Generation X, die sich aus Vans, Geländewagen und Bussen zwängte, mit Sack und Pack aus irgendeiner Provinz angereist kam, froh, es bis hierher geschafft zu haben. „Aerosmith", „Metallica", „Nine Inch Nails" sagten die T-Shirts, gelegentlich auch „Government sucks". Woodstock II mochte einer Pilgerfahrt ähneln, sichtbar nostalgisch war sie nicht. Die paar Althippies, die dem Ruf auch gefolgt waren, wurden zwar freundlich geduldet, blieben aber die schmückende Ausnahme gegenüber dem Slackertypus, zwanzig und nochwas, in knielangen Hosen und Sportswear, viele mit Ziegenbärten, noch mehr mit Tätowierungen, die sie stolz zur Schau trugen. Es war, als hätte die Hölle der Vorstadt sich geöffnet und alle auf Urlaub geschickt: die muskelbepackten Gladiatoren aus den Bodybuilding-Studios, die Ladenmädchen und Cheerleaderinnen, die Beavisse und Buttheads, die sonst vor MTV dahindämmerten, die allamerikanischen Burger-Körper.

Doch wundersamerweise waren sie nur entlassen worden, um neue Regeln zu empfangen. Heaven's Gate! Wer auf das Gelände von Woodstock wollte, mußte gleich noch mal einreisen, passierte dabei eine Art elektronisches Himmelstor. Metalldetektoren wie an Flughäfen standen auf der Wiese. Die ersten Besucher wurden an den Zäunen vorsortiert, auf Drogen durchsucht, bekamen „verderbliche Waren" abgenommen und Zettel mit einer langen Liste von Do its und Don'ts ausgehändigt. 350 000 waren es schließlich, die sich auf dem feuchten Grund der Winston Farm niederließen, nicht so viele wie damals, aber immerhin mehr als Las Vegas Einwohner hat. Ein Lageplan-erklärte ihnen, wo das Zelt aufzuschlagen, wo die Notdurft zu verrichten sei, wo die Musik spielte, 1500 Ordnungskräfte sollten sie dabei überwachen. Abbie Hoffmans Vision von der „Woodstock Nation" schien wahr geworden, doch zugleich ähnelte das Ganze einem Gefängnis. Oder einem Themenpark.

Die Planer sahen es freilich mehr als Stadt, mit einer eigenen Verordnung, eigenen Stadtteilen, eigenen Einrichtungen. Es gab eine Art Stadtzentrum, das vor der Hauptbühne lag und sich hektisch ausbreitete. Es gab ruhigere Vororte, die sich bis in die bewaldeten Hügel hinein erstreckten. Des weiteren: eine Mall, in der man sich mit dem Notwendigen und absolut Überflüssigen eindecken konnte, ein „Eco Village", in dem Kunsthandwerker und Politaktivisten ihre Produkte feilboten, eine Art Vergnügungsviertel, das „Surreal Field", ausgestattet mit den elektronischen Gimmicks der Stunde. Es gab sogar eine eigene Währung, den „Woodstock Dollar", Aluminiumchips, gegen die man sein echtes Geld eintauschen mußte. Der Parcours, bemerkte ein Korrespondent, war in diesen Tagen der wahrscheinlich einzige Ort der Welt, an dem der US-Dollar nichts galt.

Woodstock Park wirkte in seiner Virtualität beeindruckend echt. Das einzige, was dieser Stadt zu fehlen schien, war der Ausnahmezustand. Aber auch den sollte sie kriegen.

Ich weiß nicht, wo am ersten, dem einzigen sonnigen Tag, die Schlammleute herkamen, aber plötzlich waren sie da. Vielleicht hatten sie in einem der Rinnsale gebadet, die am Rande des Parcours flossen, und sich anschließend mit Erde verziert. Noch waren es wenige. Die Kameras stürzten sich auf sie, als seien sie eigens dafür gecastet: tribalistische Wiedergänger, Erdgeister, déjà vu. Unter den Zeitungsberichterstattern, deren Laptops im Pressezelt warteten, machte das Gerücht die

Runde, MTV habe Schlamm herankarren lassen, um zu ein paar guten Takes zu kommen.

Auf der Mammutbühne mühten sich unterdessen lokale und regionale Acts um Aufmerksamkeit – nicht zu beneiden, diese Einheizer mit ihren Jeansjacken und Cowboyhüten. Einige wenige fanden den Weg vor die Lautsprecher, spielten Luftgitarre oder lagen im noch vorhandenen Gras, der Rest der Woodstock Crowd war zu sehr mit der Eigeninstallation beschäftigt. Immer ausgreifender wucherte die Zeltstadt an die Pepsi-, Eiscreme-, Hot-Dog- und Unterhaltungselektronikstände heran. Proviant wurde ausgepackt, und siehe, es war mehr und anders als erlaubt. Irgendwo mußte es Löcher im System geben. Unter großem Hallo und zur Freude der Kameras wurde ein salamidicker Joint entzündet.

Am Abend des ersten Tages war zu ahnen, was am Morgen des zweiten unübersehbar war: Die Zäune hatten Löcher! Palettenweise wurden das verbotene Bier und andere Partyware hereingeschleppt. Versorgungstrails bildeten sich zwischen der Nachbarschaft der Zeltstadt, die Supermärkte von Saugerties machten das Geschäft ihres Lebens. Vielleicht sahen die aus der Bevölkerung rekrutierten Ordner mit ihren Bierbäuchen unter den „Peace Patrol"-T-Shirts deswegen offensiv weg: eine Art Komplott der Rezessionsgebeutelten. Vielleicht genossen sie einfach den Breakdown der Regeln, den berühmten Satz im Hinterkopf: „It's a free concert from now on".

Die Sonne hätte hochgestanden beim Auftritt von Joe Cocker, der mit einer originalgetreuen Rekonstruktion von „With A Little Help From My Friends" aufwartete, den berühmten Schrei inklusive, indes: Die Sonne war verschwunden. Blind Melon erklommen die Bühne, gaben eine Version ihres Hits, der gespenstischerweise „No Rain" hieß. Beim Auftritt der Rollins Band war es soweit: Die Schleusen öffneten sich, es goß. In kürzester Zeit verwandelte sich die Wiese unter

700 000 Füßen in einen Sumpf. Generation X im Urschlamm – willkommen in Mudstock!

Schlamm! Was wäre das Urwoodstock ohne den Schlamm gewesen? Ein übertrieben langes Rockkonzert vielleicht, aber niemals dieses kathartische Ritual. Neil Armstrong als einsamer Mann im Mond, das andere große Medienereignis von 1969, war ein einsamer Ritter in technologischer Rüstung gewesen, der ferne Endpunkt eines Aufbruchs. Was damals auf Max Yasgurs Farm geschah, war eher ein lustvoller Zusammenbruch, eine Antiökonomie unter ökonomischen Bedingungen. Erst das machte aus dem Ereignis eine Art Lourdes des gegenkulturellen Glaubens. Doch diesmal schrie die Menge nicht „No rain! No rain!" Sie schrie „Screen! Screen!", als einer der vier Monitore, die das Geschehen in Echtzeit übertrugen, kurzfristig ausfiel.

Das war er, der entscheidende Unterschied zu den frierenden, hungrigen, ängstlichen Pilgern von damals, die sich erst nachträglich im medialen Spiegel eines Konzertfilms erkannten. Die Menge von Woodstock II wußte um ihr Gefilmtwerden. Sie genoß sich selbst in einer Übertragung, die per Satellit in alle Welt hinausging.

Great! Das war great!! Mit wem man auch ins Gespräch kam in diesen Tagen, alle fanden es toll, hierzusein, dabeizusein, Aufmerksamkeit zu bekommen, und ganz offenbar kaum aus metaphysischen Gründen. Der Wassermann war fern, der Spaß zum Greifen. Auch der traditionelle Generationskonflikt spielte keine Rolle mehr. Wer mitmachen wollte, machte mit, feierte in seiner Gruppe, lag bedröhnt im Zelt, bewegte sich in einer endlosen Polonaise von der Haupt- zur Südbühne, vom Peace Shop zum Hamburgerstand, glotzte, applaudierte oder schmiß sich eben rein in die Suppe.

Wenn etwas von Woodstock II sich ins kollektive Gedächtnis gesenkt hat, dann diese Bilder von Bodysurfern auf Matschbahnen, von lehmgrauen Gestalten im Kessel vor der Bühne. Einige boten Originalschlamm in Pappbechern („Relive the experience!") zum Nachhausenehmen an, doch das war Spott auf alte Heiligkeiten. Mudstock war weniger Kommunion, es war der Rockkarneval einer Jugend, die die Heldenmythen des Rock nur noch aus den Erzählungen der Alten kannte, der man Oberflächlichkeit und mangelnden Geschäftssinn nachgesagt hatte, und die nun überrascht feststellte: Es geht doch, und die Welt schaut zu.

Es gab übrigens auch Musik bei Saugerties. Porno for Pyros inszenierten sich mit Nackttanz und Feuerzauber als Wiederkehr der dionysischen Doors. Aerosmith gaben den Leuten, was sie wollten. Auch Metallica kamen gut rüber mit ihren grandiosen Tankstellenwärterposen. Bob Dylan, zu dessen Auftritt sogar die Sonne zurückkehrte, gab eines seiner anrührenden Ständchen. Peter Gabriel schließlich rockte als Abschlußact die Menge bis weit in die Nacht. Ein 16jähriger aus New Jersey erklärte mir die Hitliste, die er und seine Freunde erstellt hatten: 1. Aerosmith, 2. The People, 3. Der Schlamm, 4. Drogen, 5. Sex. Es klang noch stark nach Sex and Drugs und Rock 'n' Roll, aber die Reihenfolge hatte sich geändert, und das Publikum war nach oben gerückt.

Aus der 750 000-Watt-Anlage kam bloß der Soundtrack für ein Jugendirresein, ein kollektives Freak out, das live on air ging. Die Menge war der eigentliche Star. Videoeinwände zu beiden Seiten der Bühne warfen ihr Bild zurück. Wieder und wieder senkte sich das mediale Auge an seinem Kran in die Grube vor der Bühne, die sogenannte „Mosh pit", in der die Schlammschlacht tobte. Big fun! Grüße an die Daheimgebliebenen!

Erst in der Live-Sendung schien Woodstock II zu seiner eigentlichen Existenzform aufzulaufen. Das gab dem Festival etwas zusätzlich Virtuelles, vor dem das alte Prinzip Augenzeuge verblaßte. Ich war dabei bei Woodstock II, habe aber in elektronischer Hinsicht weniger gesehen als irgendein Couchpotato vor dem heimischen Schirm. Theoretisch konnte man zwar noch sein eigenes Programm verfolgen, nach alter Sitte zwischen der Haupt- und der Südbühne pendeln, um seine Lieblingsmusiker zu sehen, doch praktisch war nicht nur der Pfad dorthin verstopft – die ganze Show war im Grunde nicht dafür gemacht. Zapping war schneller, die Kamera immer schon dagewesen, viel schärfer, näher, „dabeier" als es das einzelne Menschenauge vermocht hätte. Das war es doch, was die Leinwände zeigten! Woodstock II war nun einmal Multimedia-Woodstock, es rechnete mit einem Körper, der sich ankoppeln will, sich multiplizieren in den neuen Raum hinein. Ein wenig war das schon Cyberspace.

Die Avantgarde dieser Entwicklung hatte am Rande des Parcours ihre Zelte aufgeschlagen. Im „Surreal Field", wo Klein-Apple direkt neben IBM Village lag, ließ sich nicht nur studieren, was 1994 virtuelle Realität hieß, hier konnte man das Ganze an reihenweise aufgebauten Terminals konkret probieren. David Bowie, heute bekanntlich als Popstarfirma an der Börse, war mit einer CD-Rom am Start, ebenso Prince, beides kostspielige, ehrgeizige Pionierprojekte, an denen die besten Programmierer geschrieben hatten. Die damals noch neuen „interaktiven" CDs führten vor, wie das ging: sich digital zu bewegen, Räume hinter Räumen zu öffnen, Icons anzuklicken, sich netzartig zu verzweigen, immer neue Ebenen zu betreten, das Ganze weitgehend körperlos, mit der Hand an der Tastatur, dem Finger an der Maus.

In gewisser Weise führte der Rock'n'Roll hier auf Nebenschauplätzen sein eigenes Veralten vor. Todd Rundgren, Ex-Chef der Band Utopia, saß unter freiem Himmel in einem stahlverstrebten Cockpit, das einem mutierten Techno-Ei glich, und komponierte live. Das heißt: Die Musik kam aus dem

Computer, einer zuvor erstellten Sound-Datenbank. Rundgren arrangierte sie nur spontan, setzte die Fetzen seiner Ori-
ginalkompositionen in immer neuen Kombinationen zusammen, indem er sie elektronisch antippte. Die Praxis, heute als
„Sampling" Allgemeingut, ließ noch zu wünschen übrig, doch
gerade das Aneinanderrumpeln der Datensätze, zu dem Rundgren gelegentlich noch sang, offenbarte die körperlose Technik
dahinter. Mit dem alten Jammen in der Garage hatte das nichts
mehr zu tun, Woodstock II war Game Boy's Woodstock.

Aus dem Schlamm der Grube aber tauchte er noch einmal
auf, der alte Rock'n'Roll-Körper, der schon halb Techno-Kör-
per war, vielarmig und vielbeinig, mit allen Mitteln gewillt,
sich zu spüren. Ein eigenartiges Bild, erdfarben und technoid,
Paradies und Hölle zugleich. „Hieronymus Bosch Pit", sagte
der Blitz.

Bis heute plagt mich die Phantasie, der große Regen von
Woodstock II sei gar kein Regen gewesen. Ich stelle mir eine
Art Mediengott oder Medienteufel vor, der über den Wolken
saß und die Regenmaschine bediente. Let it rain! Die Welt
braucht diese Bilder, live aus Saugerties!

Ein paranoisches Szenarium, gewiß. Doch war ich nicht
der einzige. Die Printberichterstatter, die Schriftgelehrten – so
sie nicht selbst gerade in den Laptop hackten – argwöhnten
traditionsgemäß ähnliches. Woodstock II wirkte in seiner Ge-
samtheit zu erfunden, um wahr zu sein, es war, als hätten die
Veranstalter das Ganze angerichtet, um all die Kritik an der
Überplanung, Überorganisation und Überkommerzialisie-
rung des Festivals Lügen zu strafen und gleichzeitig per Fernsehen einen alten Mythos neu einzufangen. Doch wer sich hinter die Kulissen begab, um nach der Regie zu suchen, fand statt
Erklärungen nur eine weitere Ebene von Woodstock Park.

Schlimmer: Es war eine Hölle eigener Art. 30 000 VIPs,

Presseleute, Versorgungspersonal traten sich im Schlamm auf die Füße. Das halbe Festival schien VIP zu sein, und ständig wurden neue in Bussen herangekarrt, teilweise von 30 Meilen entfernten Parkplätzen. Nachschublaster rasten über abschüssige Pisten, Sirenen heulten. Im Pressezelt, wo die Monitore flackerten, begann der Boden sich aufzulösen. Pressekonferenzen versanken knöcheltief im Sumpf. Bulgarische Fernsehteams, die ihren Star verpaßt hatten, brachen filmreif zusammen. Dazwischen immer wieder die strandbuggyartigen Gefährte der Organisatoren, die wie entfesselt übers Areal brausten.

Kurz sah ich Michael Lang in einem Jeep. Ich meinte, das Weiße in seinem Auge erkennen zu können. Er schien auf der Flucht. Oder bildete ich mir das nur ein? Leichte Paranoia schien in der Situation nicht unrealistisch. Ein amerikanischer Journalist brachte die Stimmung auf den Punkt. Es sei „wie in Saigon auf den letzten Helikopter nach draußen warten".

Ganz ähnlich hatte es Richie Havens gesehen. „Dies ist wie Vietnam, nur haben sie dort Gewehre, oder?" sinnierte er, während er in einem Armeehubschrauber aus Yasgurs Farm ausgeflogen wurde. Das war 69. Woodstock II konnte einen doppelt und dreifach ins Grübeln bringen über den Zusammenhang von Unterhaltungsindustrie und Krieg, wie er von den Medientheoretikern Paul Virilio und Friedrich Kittler behauptet worden ist. Erinnerte die Szenerie nicht stark an das Militärlager aus „Mash", der beliebten TV-Kriegssatire? Wurden gleich nebenan im improvisierten Lazarett nicht wirklich die Opfer der Schlacht von Woodstock verarztet, all die Unterkühlten, Verstrahlten, vor Vergnügen Zusammengebrochenen? Und kam einem der uniformierte Mann mit der ernsten Stimme nicht ziemlich bekannt vor? Genau: Es war ein Wiedergänger von General Schwarzkopf, der anhand einer Tafel die Logistik erörterte, nur zeigten die Monitore im Pressezelt dazu keine Abschüsse im Golfkrieg, sondern Nine Inch Nails, die stumpfste Band der Welt, wie sie gerade trockeneisnebel-umwallt das Equipment in Stücke haute.

Immer wieder dazwischengeblendet: Mudstock, the People. Während man backstage aus einem TV-Traum zu erwachen versuchte, kam vorne die Schlammschlacht erst richtig in Fahrt.

„Woodstock II war eine Zweiklassengesellschaft", war nach dem Festival in einer Sonderausgabe von „Entertainment Weekly" zu lesen, „es gab die Schlammleute, und es gab die Nichtschlammleute". Schon richtig: Die einen moshten, die anderen hielten drauf.

Was das der Geist des Wassermanns? Hat es ihn je gegeben? Die Frage ist falsch gestellt. Woodstock II war ein medialer Exzeß, aber es wurde kein Mythos. Es war das Mammutfestival einer illusionslosen Generation zwischen Rock und Rave. Die, die im Schlamm lagen, mögen davon erzählen wie vom Krieg. Wahrscheinlich war es das beste aller möglichen Woodstocks. Doch die Reprise einer Legende taugt selbst nicht zur Legende. Halbvergessen schlummern die Bilder in den Digitalarchiven.

Woodstock III, hört man, wiederum von Michael Lang für Wien geplant, soll es nicht geben. Es liegt nicht am Wassermann, es liegt an der Medienentwicklung selbst. Zurück in die Zukunft führt kein Weg. Schon Woodstock II war kein Historienschinken mehr, es war Musikfernsehen. Musikfernsehen kommt heute billig ins Haus. Einmaliges wird immer seltener. Die großen Impresarios haben ausgedient. Mythen macht man sich selber. Im Kleinformat und zum sofortigen Verzehr.

Doch wo immer eine mittlere PA auf eine Pommesbude trifft, ist Woodstock mitten unter uns.

Kein Sturm auf die Bastille

Ein versöhnlicher Schluß

„Woodstock" habe kein Programm hinterlassen, weder politisch noch ästhetisch, hieß es vor fünf Jahren in einer Kritik eines Zuspätgeborenen in dem Schweizer Magazin *NZZ Portfolio*. Das klingt, als habe jemand immer ein fein formuliertes Programm vermißt. An gleicher Stelle wies der Journalist Diedrich Diederichsen darauf hin, daß in „Woodstock" weniger stattfand, als später behauptet wurde, denn es sei weder eine Manifestation gegen den Rassismus noch eine politische Veranstaltung gegen den Vietnamkrieg gewesen. Womit er auch richtigliegt, wenn man bedenkt, daß „Woodstock" keinen Sturm auf die amerikanische Bastille bedeutet hat.

Die erstere Analyse verdient freilich noch ein wenig Beachtung. Als „Woodstock" als Film auch nach Europa kam, als Max Yasgurs Wiesen längst wieder Früchte trugen und kein Fitzelchen vom Müll jenes Wochenendes mehr barg, erntete das Ereignis vernichtende Kritik. Vor allem im Milieu der inzwischen in K-Gruppen, in der DKP oder sonstwie antikapitalistisch organisierten Nachachtundsechziger hieß es ideologisch einig: Nein, auch diese Blumenkinder ändern nichts an unserem Bild von Amerika – Weicheier, die nur schlappe Hippiemusik hören und politisch nichts zuwege bringen. Ein Bankrott sei das, basta. Unverstanden blieb der Graswurzelcharakter jenes Wochenendes. Auch wenn die Woodstockgeneration selbst nicht frei von Dünkel und Hochmut gegen alle

Menschen außerhalb ihres Soziotops war: Ihre Art zu leben war für viele Menschen attraktiv. Frieden fühlt sich einfach besser an als Krieg, Liebe besser als Haß. Und was konnten die amerikanischen Hipster dafür, daß man in der Bundesrepublik wenig Verständnis hatte für Ekstase, Feier und Frohsinn?

1978 baute ein Schweißer namens Wayne Saward ein Woodstockdenkmal, das heute noch in den Catskill Mountains steht. 5,5 Tonnen aus gegossenem Eisen und Beton. Als Aufschrift ist zu lesen: „Es ist unmöglich, endgültige Worte über Woodstock 1969 zu schreiben. Es ist zum historischen Symbol mit verschiedenen Bedeutungen für Tausende von Menschen geworden."

Anhang

Chronik einer Ära

Woodstock und die damalige Zeit

Fünfziger Jahre, Anfang der sechziger Jahre Martin Luther King und Freunde gründen die erste Bürgerrechtsorganisation gegen Rassismus; erste pazifistische Gruppen protestieren gegen den Einsatz von Atombomben; Elvis Presley avanciert zum Star – ein Weißer, der Musik wie ein Schwarzer macht; James Dean wird mit Filmrollen in „Denn sie wissen nicht, was sie tun" und „Giganten" zu einem Jugendidol; politisch ist in den USA alles auf kalten Krieg gepolt; das Land erholt sich mühsam von den Folgen der Kommunistenhatz der McCarthy-Ära; Gründung der Studentenorganisation „Students For A Democratic Society"; in San Francisco halten immer mehr Beatniks, die späteren Hippies, Einzug; in Detroit, einer Industriestadt im Norden der USA, wird das Musikunternehmen „Motown" gegründet, das von Schwarzen geleitet wird und bei dem nur afroamerikanische Künstler unter Vertrag stehen – im Laufe der sechziger Jahre avanciert die Firma zu einem der wichtigsten Unterhaltungskonzerne des Landes; die ersten Bücher zur Frauen- und Ökobewegung werden in kirchlichen und studentischen Kreisen zu Bestsellern; zahlreiche Staaten in Afrika werden unabhängig.

1962 US-Präsident John F. Kennedy droht mit Atomschlägen, sofern die Sowjetunion ihre Atomwaffen nicht wieder aus Kuba herausschafft; in Israel wird der führende Nazi Adolf

Eichmann gehenkt; Hannah Arendt schreibt über diesen Prozeß ihr Buch „Eichmann in Jerusalem – Ein Bericht von der Banalität des Bösen"; an der „Ole Miss"-Universität im US-Bundesstaat Mississippi darf sich die erste nichtweiße Studentin immatrikulieren – bei den militanten Kämpfen um dieses Recht auf freien Zugang von Schwarzen zu allen Hochschulen kommt es zu von Weißen provozierten Krawallen.

1963 Präsident Kennedy, Hoffnungsträger des jungen Amerika, wird in Dallas / US-Bundesstaat Texas, erschossen; im August, beim „Marsch auf Washington", an dem 100 000 Menschen teilnehmen, hält Martin Luther King seine „I Have A Dream"-Rede.

1964 veranstaltet der SDS an der Universität von Berkeley die ersten Teach- und Sit–ins aus Protest gegen den Vietnamkrieg; der Kongreß in Washington stimmt, nachdem ein US-Zerstörer im Golf von Tonking angeblich beschossen wurde, einem verstärkten Militärengagement der USA in Vietnam zu; Verleihung des Friedensnobelpreises an den schwarzen Pfarrer Martin Luther King, Kopf der Bürgerrechtsbewegung gegen den Rassismus; Cassius Clay wird Schwergewichtsboxweltmeister; in Berkeley entsteht das „Free Speech Movement"; die „Beatles" erobern die USA.

1965 Entsendung erster größerer Kontingente von Bodentruppen nach Vietnam; überall in den USA finden Demonstrationen gegen den Vietnamkrieg statt; Schwarze erhalten das uneingeschränkte Wahlrecht; Surfen wird in Kalifornien zur hipsten Freizeitbeschäftigung von Jungmenschen.

1966 Ronald Reagan wird zum Gouverneur von Kalifornien gewählt; Friedensdemonstrationen nehmen zu; der Mut afroamerikanischer Bürger, sich nicht mehr in die Apartheid drängen zu lassen, wächst; die „Beatles" treten letztmals live auf.

1967 an einem Friedensmarsch in New York nehmen 400 000 Menschen teil; LSD wurde endgültig zur Modedroge des Jahrzehnts; Che Guevara, lateinamerikanischer Revolutionär, wird in Bolivien umgebracht; Woody Guthrie, einer der Urväter des amerikanischen Folksongs („This Land Is Your Land") stirbt; in San Francisco findet das erste bedeutende Open-Air-Festival, kurz darauf auch ein ähnliches Event in Monterey statt; die erste Nummer der Zeitschrift *Rolling Stone* erschien; etwa 2000 Menschen werden bei Rassenunruhen getötet.

1968 beginnen der Vietcong und nordvietnamesische Einheiten mit ihrer Tet-Offensive; die militärische Kampfkraft gegen die US-Truppen, die weite Teile Vietnams mit Napalm und Agent Orange ruiniert haben, führt zum Beginn der Pariser Friedensgespräche; erst 1973 kommt es zum Abzug der US-Militärs in Vietnam; in der Tschechoslowakei zerstören Panzer des Warschauer Pakts den Prager Frühling; Versuche, den Realsozialismus zu einem „Sozialismus mit menschlichem Antlitz" zu machen gelten auch in der westeuropäischen Linken als gescheitert; in Paris rebellieren Studenten und Arbeiter, Präsident Charles de Gaulle flieht nach Baden-Baden, Sicherheitskräfte zerschlagen die militanten Proteste; am 16. März metzelt ein Trupp von US-Soldaten ein ganzes Dorf voller Zivilisten in My Lai nieder; die blutige Aktion führt in den USA zu einem Anwachsen der Antikriegsstimmung; im April 1968 zünden Gudrun Ensslin und Andreas Baader aus Protest gegen den Vietnamkrieg und den trägen Konsumismus der Menschen in Frankfurt ein Kaufhaus an; im Juni wird Robert Kennedy, Bruder des 1963 ermordeten Präsidenten John F. Kennedy und Hoffnungsträger der rebellierenden Jugend, bei einem Attentat getötet; im Herbst scheitert der Versuch des amerikanischen SDS, den Parteikonvent der Demokraten in Chicago militant zu stören, um eine Resolution gegen den Vietnamkrieg zu erzwingen; die Demonstranten werden von einem haushoch überlegenen Sicherheitsaufgebot gar nicht erst in die Nähe des Parteitags gelassen; im November wird Richard Nixon zum US-Präsidenten gewählt.

1969, 20. Januar Richard Nixon, im November des Vorjahres als Kandidat des konservativen Amerika gegen den Demokraten Hubert Humphrey mit knappem Vorsprung zum Präsidenten der USA gewählt, wird in Washington ins Amt eingeführt.

21. Februar Die DDR, die zum Westen hin 1961 um sich selbst eine militärisch gesicherte Mauer zog, stellt der Bundesrepublik Besuchsmöglichkeiten für Westberliner in Aussicht, sofern die Wahl des Bundespräsidenten im Mai nicht in Berlin abgehalten wird; der Vorschlag wird abgelehnt; innenpolitisch ist das Regime damit beschäftigt, die Kritik am Miteinmarsch von NVA-Truppen in die CSSR zur Niederschlagung des Prager Frühlings im Sommer 1968 zum Verstummen zu bringen.

2. März Erster Flug einer doppelschallgeschwindigen Concorde von Toulouse (Frankreich) in die USA.

5. März Gustav Heinemann wird zum ersten sozialdemokratischen Bundespräsidenten gewählt; politisch war diese Wahl der Auftakt der Ablösung der CDU/CSU von der Regierung und zum späteren Sieg Willy Brandts bei der Bundestagswahl im September.

10. März James Earl Ray, Mörder des schwarzen Bürgerrechtlers Martin Luther King, Jr., wird zu 99 Jahren Gefängnis verurteilt.

12. März Bei den Verleihungen der Grammy Awards wird „Mrs. Robinson" von Simon & Garfunkel, Hauptsong aus dem auch in der Bundesrepublik erfolgreichen Film „Die Reifeprüfung", ausgezeichnet. Das Duo gewinnt zugleich den Preis als beste Popgruppe des Jahres.

24. April Schwerste Bombardierung im Vietnamkrieg. Die US-Truppen werfen allein an diesem Tag 3000 Tonnen Bomben ab.

8. Mai Kambodscha, Nachbarstaat Südvietnams, nimmt als erstes Land außerhalb der Warschauer-Pakt-Staaten diplomatische Beziehungen mit der DDR auf.

15. Mai Im kalifornischen Berkeley, Zentrum der amerikanischen Studentenrevolte, attackieren Polizei und nationale Sicherheitskräfte mit Waffen und Tränengas demonstrierende Studenten.

20. Mai US- und südvietnamesische Truppen erobern in einer blutigen Schlacht den sogenannten „Hamburger Hill"; der Vietcong kann den strategisch wichtigen Punkt zehn Tage später wieder einnehmen.

27. Juni Im „Stonewall Inn", einer Schwulenkneipe in der Christopher Street von New York City, wehren sich die Gäste erstmals gegen die üblichen Polizeirazzien. Dreitägige militante Auseinandersetzungen begründen die moderne US-Homosexuellenbewegung.

9. Juli Tod des „Rolling Stone" Brian Jones.

20. Juli Der US-Astronaut Neil Armstrong, Mitglied der Raumflugcrew Apollo 11, ist der erste Mensch, der den Mond betritt. Eine Milliarde Menschen verfolgt die Liveübertragung via Fernsehen.

10. August Charles Manson ermordet die Filmschauspielerin Sharon Tate und weitere fünf Menschen in Kalifornien. Der Mörder sieht sich als Vollstrecker eines Satanskultes.

1. September Putsch in Libyen: Mohammar El-Ghaddafi und seine Militärs überwältigen König Idris.

24. September Tod des nordvietnamesischen Vorsitzenden der Kommunistischen Partei, Ho Tschi Minh. Der Politiker avancierte in der amerikanischen und westeuropäischen Studentenbewegung zum Helden, der es mit dem US-Imperialismus aufnahm.

3. Oktober In der DDR wird der Bildschirm bunt – Ausstrahlung erster Sendungen in Farbe.

7. Oktober Während der Geburtstagsfeierlichkeiten zum 20. Jahrestag der DDR-Gründung führt das Gerücht, auf dem Dach des unmittelbar an der Berliner Mauer gelegenen Springerhochhauses würden die „Rolling Stones" ein Konzert geben, zu schweren Jugendkrawallen.

21. Oktober Willy Brandt wird zum Kanzler einer sozialliberalen Regierung gewählt; er ist der erste SPD-Kanzler nach dem Zweiten Weltkrieg.

1. November Erste Folge der „Sesamstraße" im amerikanischen Fernsehen.

20. November Erster Schritt zum weltweiten Verbot des Biogifts DDT.

2. Dezember Erster öffentlicher Flug eines Jumbojets („747") von Seattle nach New York.

6. Dezember Beim Altamont Festival nahe San Francisco bringen die Hell's Angels während des Auftritts der „Rolling Stones" eine Besucherin um.

18. Dezember Das britische Unterhaus schafft die Todesstrafe ab.

Wer trat in Woodstock auf?

Die Künstler, ihre Titel, und was später aus ihnen wurde

Richie Havens Einer der wenigen schwarzen Folksänger. 1941 in New York geboren, ausgerüstet mit kraftvoller, bluesiger Stimme, kam in den Folkclubs von Greenwich Village, dem Bohemienviertel in Manhattan, mit rap-artig vorgetragenen Songs gut an. Der Mann, der im Stadtteil Bedford-Stuyvesand aufwuchs, bekam vom in den sechziger Jahren arrivierten Folktrio Peter, Paul & Mary genug Protektion, um nicht als ewiges Talent zu gelten. Sein Platz im Pophimmel wird ihm auf ewig sicher sein – nicht weil er in Woodstock auftrat, sondern weil er der erste war, der die Bühne betrat, und weil er derjenige war, der aus dem Stegreif das Lied „Freedom" erfand – und damit den Grundakkord der drei Tage auf Max Yasgurs Farm anstimmte. Hits über dieses Lied hinaus hatte H. keine. Im vorigen Jahrzehnt lieh er diversen Werbejingles seine Stimme. 1990 gehörte er zu den Gründern von „Natural Guard", einer Organisation, die sich vorgenommen hatte, Kinder die Kostbarkeit der Umwelt beizubringen. 1987 veröffentlichte er das Album „Simple Things", auf dem Coverversionen von Beatles- und Dylan-Songs zu hören sind. 1991 erhielt er einen Vertrag mit einer großen Plattenfirma: „Now", die erste Produktion dieser Verbindung, war kein kommerzieller Erfolg. (High Flyin' Bird; I Can't Make It Anymore; With A Little Help; Strawberry Fields For Ever; Hey Jude; I Had A Woman; Handsome Johnny; Freedom)

Country Joe McDonald Echte Hits hatte der am 1. Januar 1942 in El Monte (Kalifornien) geborene Musiker nur einen. Aber das war gleich einer, der zu einem Jahrzehnt und zu einer Zeit gehört wie kein anderer: „I Feel Like I'm Fixing To Die Rag" war die Hymne der aufbrechenden US-Jugend in den sechziger Jahren. Es war ein Song, der anders als die Lieder von Joan Baez aggressiv und hämisch war. Vor allem attakkierte er alles, was die rebellische Antikriegsjugend der USA haßte: das Establishment, die Muffigkeit der fünfziger Jahre, die Selbstgerechtigkeit und das Anything-Goes. McD. war kein leiser Barde, der auf Mitgefühl hoffte, sondern er versuchte im Stile klassischer Agitprops seine Zuhörer aufzurütteln. Seiner Band („And The Fish"), zu der Barry Melton, Bruce Barthol, David Cohen und Chicken Hirsch gehörten, war musikalisch alles recht – Jazz, indischer Raga, Rock und Ragtime, nötigenfalls auch Folk, Hauptsache, die Leute fühlen sich angesprochen. In den siebziger Jahren zehrte McD. vom ehernen Ruhm des Jahrzehnts davor. Damals resümierte er über die wenig stete Karriere seiner Gruppe: „Aus Hippies werden nur schwer Musiker, da sie keinen Anführer akzeptieren. Ich habe versucht, Chef einer Hippierockband zu sein, aber das war ein Widerspruch in sich." Nach längeren, wenig erfolgreichen Aufenthalten in Europa wieder in die USA zurückgekehrt, schaffte es McD. immerhin, sich als Studiomusiker zu etablieren. 1995 veröffentlichte er eine CD mit dem Titel „Carry On", voriges Jahr die CD „Something Borrowed, Something New". McD. wird noch immer zu Hippieveteranentreffen eingeladen.

(Freitag: I Find Myself Missing You; Rockin' All Around The World; Flyin' High All Over The World; Seen A Rocket; Fish Cheer / I-Feel-Like-I'm-Fixing-To-Die-Rag; Sonntag: Barry's Caviar Dream; Not So Sweet Martha Lorraine; Rock And Soul Music; Thing Called Love; Love Machine; Fish Cheer / I-Feel-Like-I'm-Fixing-To-Die-Rag)

John B. Sebastian Er trat in Woodstock nur deshalb auf, weil er gerade zugegen war – und die Veranstalter eine Programmlücke zu füllen hatten. Am 17. März 1944 in New York City geboren, aufgewachsen in nicht sonderlich verarmten Verhältnissen, hielt sich S. in seiner Jugend gerne an der Seite von Folkkünstlern in Greenwich Village auf. 1965 gründete er die Gruppe „Lovin' Spoonful", deren Hit „Summer In The City" ihm ein schönes Tantiemenvermögen einbrachte. 1968 war die Gruppe am Ende. S. wollte eher weiter folkig arbeiten, der Rest der Band lieber rockig. Nach Woodstock schrieb er Songs für Astrud Gilberto und Pat Boone, darüber hinaus Filmmusiken und Songs für Kinder-TV-Serien. Seine letzte CD erschien 1995 unter dem schlichten Titel „John Sebastian". Er ist einer der wenigen Stars aus der Folkszene, der mit Hollywood und dem großen TV-Business nie Berührungsängste hatte.

(How Have You Been; Rainbow All Over Your Blues; I Had A Dream; Darlin' Be Home Soon; Younger Generation)

Incredible String Band Das 1965 gegründete schottische Trio darf zu den schrillsten Versuchen der sechziger Jahre gezählt werden, so etwas wie eine Frühform der Weltmusik zu kreieren. Robin Williamson (Jahrgang 1942), Mike Hernon (Jahrgang 1942) und Clive Palmer mixten keltische Einflüsse mit asiatischen Klängen mit italienischen Bauerngesängen zu einer Rockmusik, die in ihrer Zeit einmalig war. Palmer verließ die Band noch vor dem Auftritt in Woodstock. Lieber ging er nach Afghanistan zum Meditieren. 1974 trennte sich das Duo, nachdem sie recht einvernehmlich feststellten, daß sie sich nur noch auf die Nerven gehen und künstlerisch keine Perspektive mehr zu sehen ist. Hits, die sie hätten am Leben halten können, hatten sie zudem auch keine. Kritiker hielten ihre operettenhaften Auftritte, ihre oberschichtskompatiblen Verse und ihre fast entrückte Art der Performance für raffinierter und feiner gesponnen als die der Gruppe „The Who" – was nichts daran änderte, daß die jüngste CD der Gruppe („Chelsea Session 1967") eine verschollen geglaubte Aufnahme war.

(Catty Come; This Moment Is Different; When You Find Out Who You Are)

Sweetwater Heavy Metal-Band, über deren Schicksal nichts weiter gesagt werden kann.
(Motherless Child; Look Out P; For Pete's Sake; Day Song; What's Wrong; Crystal Spider; Two Worlds; Why O Why)

Bert Sommer Teil der Gruppe „The Left Banke", deren Gruppengründer Michael Brown sich auf üppige Orchestrierungen verstand. Über das weitere Schicksal von S. ist nichts bekannt.
(Jennifer; America Q)

Tim Hardin Ein spätes Opfer der sechziger Jahre. H., einen Tag vor Heiligabend im Jahre 1941 in Eugene (Oregon) geboren, war kaum mehr als irgendeiner der typischen Ostküstensänger, die sich als Jünger Woody Guthries und Pete Seegers fühlten. Für die deutsche Sängerin Nico schrieb er „Eulogy To Lenny Bruce", Bobby Darin sang H.s „If I Were A Carpenter" – ein schöner Songwritererfolg. H. selbst litt schon während des Woodstockjahres unter schweren Drogenproblemen. Die führten auch dazu, daß nicht er, sondern Richie Havens die drei Festivaltage eröffnen mußte. H. lag derweil zugedröhnt und für die Zwecke des Showbusiness unabkömmlich in einem der Künstlerausnüchterungszelte hinter der Bühne. 1980 starb H. an einer Überdosis Heroin. Er hat nach Meinung von Freunden nie verwinden können, daß die seligen Zeiten des Aufbruchs ohne Drogen unerträglich sein würden.
(If I Were A Carpenter)

Ravi Shankar S., am 7. April 1920 im indischen Benares geboren, wurde mit Hilfe des „Beatle" George Harrison Mitte der sechziger Jahre zum heimlichen Gott der modernsten Rockband. Harrison wollte beim Meister Unterricht in der Sitar, einem indischen Saiteninstrument, nehmen. S. – schon lange vor Woodstock einer der populärsten politischen

Künstler Indiens – verkörperte offenkundig die heimliche musikalische Sehnsucht der Generation, die ihren stärksten literarischen Hunger mit den Romanen des Deutschen Hermann Hesse („Siddharta") stillte. Auch „Jefferson Airplane", die „Byrds" und die „Rolling Stones" nutzten die seltsamen Klänge der Sitar. S., der mit Harrison das „Concert for Bangla Desh" 1971 einspielte, kehrte 1973 in seine Heimat zurück. Seine letzte CD-Veröffentlichung aus dem Jahre 1998: „Raga Jogeshwari".

(Raga Puriya-Dhanashri / Get In Sawarital; Tabla Solo In Jhaptal; Raga Manj Kmahaj – Alap Jor, Dhun In Kaharwa Tal)

Melanie Die Tochter ukrainisch-italienischer Eltern heißt Safka mit Nachnamen und kam am 3. Februar 1947 im New Yorker Stadtteil Queens zur Welt. Sie hatte nur eine Botschaft während ihrer wichtigsten Showphase: Der Frieden möge über das Land kommen. Melanie sang von sich und ihresgleichen, als sie mit „Beautiful People" einen ersten Hit hatte – der auch gleich die Woodstock-Organisatoren auf sie aufmerksam machte. Nach Woodstock war sie eine feste Größe im Hippie-Business. In den siebziger Jahren coverte sie erfolgreich den „Rolling Stones"-Titel „Ruby Tuesday". Erst Melanie verlieh diesem Song die nötige Inbrunst, der damals nötig war, um respektiert zu werden. Die New Yorkerin, die in Europa bis Mitte der siebziger Jahre eine treue Anhängerschaft erobern konnte, durfte damals unzensiert Sachen sagen wie: „Es ist traurig, daß wir nicht wie die Pferde und Schafe geboren sind; daß wir nicht wissen, wohin wir gehen müssen und was gut für uns ist." 1971 wurde sie in Großbritannien und den USA zur Sängerin des Jahres gekürt. Ein Kritiker fand daraufhin: „Alles, was ein angehender Popstar heute offenbar zu tun braucht, ist, humorlos und mit viel Gefühl von verlorener Jugend ins Mikrofon zu grunzen." Melanies künstlerisches Profil hat sich kaum gewandelt. Noch Mitte der neunziger Jahre nahm sie eine CD mit dem Titel „Freedom Knows My Name" auf.

(Beautiful People; Birthday Of The Sun)

Arlo Guthrie Sohn des berühmten Woody Guthrie, des Urvaters des populären amerikanischen Folksongs. Arlo G., geboren am 10. Juli 1947 in Coney Island am Rande New York Citys, war für die Woodstockgemeinde kein Unbekannter. 1967, einen Monat nach dem Tod seines Vaters, veröffentlichte er das Album „Alices Restaurant", worauf ein 19 Minuten langer kurzweiliger Sprechgesang über die Befindlichkeit seiner Generation zu hören ist. Es waren Anekdoten über das Leben als Jugendlicher, der sich in der Welt der Erwachsenen nicht zurechtfindet. Ein perfekter Song für seine Zeit; wenn er nicht so lakonisch ausgefallen wäre, hätte sogar ein Evergreen daraus werden können. Der „letzte Folksänger", so das Magazin *Rolling Stone*, hatte seinen größten Singleerfolg mit der schönen, vielleicht etwas zuckrigen Ballade „The City Of New Orleans". G. sieht sich heute als Erbe seines Vaters, veröffentlicht dessen Songs und hat dafür auch eine Grammy-Nominierung erhalten. Sein Hippiedasein hat G. nie wirklich geschadet. Auf seiner letztjährigen „Mystic Journey" setzte er sich für Umweltschutz und den Frieden mit der Natur ein.

(Coming Into Los Angeles; Walking Down The Line; Amazing Grace, Alice's Restaurant)

Joan Baez Anfang der achtziger Jahre war sie auch in Europa ein Superstar – nicht zuletzt dank Woodstock. Konzerte wie beispielsweise in der Essener Grugahalle Anfang der siebziger Jahre, Zeitgeist auf der Höhe seiner Zeit, waren binnen Stunden ausverkauft. Sie war das Idol einer ganzen Generation von angehenden Helferinnen, von jungen Frauen, die sich wie sie für das Gute, Wahre und Schöne einsetzen wollten. B.s spätere

madonnenhafte Frisur – lange, strikt mittelgescheitelte Haare –
trugen bis ins Jahrzehnt nach Woodstock viele junge Frauen.
Geboren wurde die Tochter eines mexikanischen Physikers am
9. Januar 1941 im New Yorker Stadtteil Staten Island. B. erfuhr
in ihrer Jugend, so sagte sie in Interviews, was es heißt, einem
rassistischen Alltag ausgesetzt zu sein. Sie galt ihrer dunklen
Hautfarbe wegen als „Niggerin". Anfänglich vom Rock 'n' Roll
begeistert, verlegte sie sich Ende der fünfziger Jahre auf Folk.
Ihr Debütalbum unter dem Titel „Joan Baez" war die meist-
verkaufte Folkschallplatte jenes Jahres. Damals schon sagte sie:
„Eigentlich bin ich keine Sängerin, sondern eine Politikerin."
Sie verstand sich als Jüngerin der US-Folktradition nach Art
von Woody Guthrie („This Land Is Your Land") und Pete
Seeger. B. protestierte gegen das Establishment, indem sie sich
weigerte, Steuern zu bezahlen – die Gelder würden nur eingesetzt für Bomben und Panzer. 1963 nahm sie am „Marsch nach
Washington", einer Manifestation der demokratischen Bürgerrechtsbewegung, teil. B. machte die Lieder Bob Dylans populär. Der dankte es ihr mit einem Cover-Text für B.s zweite
Live-LP. Nachdem das Traumpaar der Folk-Music sich getrennt hatte, strafte Dylan B. wegen ihrer seiner Meinung nach
durchdringlich-einfältigen Stimme mit Verachtung. Ende der
sechziger Jahre zählte B. zu den wichtigsten Stimmen gegen
den Krieg der USA in Vietnam. Je politischer B. wurde und in
den siebziger Jahren blieb, desto mehr empfand das Publikum
sie als nervig. Ende der siebziger Jahre war sie musikalisch gesehen kaum mehr als eine Veteranin des Agitpropsongs, die
niemand mehr hören wollte. Erst Anfang der neunziger Jahre
freundeten sich die Kritiker wieder mit B. an. Ihre 1995 mit
Mary Black, Mary Chapin Carpenter und Kate & Ann McGar-
rigle in der Carnegie Hall von New York aufgenommene
Live-CD „Ring Them Bells" zeigte B. als eine Frau, die über
eine wunderschöne Stimme verfügt. Zu ihrem politischen

Engagement früherer Jahre meinte sie: „Man brauchte mir nur zu sagen: So und so ist's im Gefängnis – und schon fühlte ich mich dafür verantwortlich."

(Joe Hill; Sweet Sir Galahad; Drug Store Truck Driving Man; Swing Low Sweet Chariot; Amazing Grace)

Quill Eine Rockband, in Boston gegründet, hatte in Woodstock einen kurzen Auftritt. Viel Profit konnte die Gruppe aus ihrer psychedelisch inspirierten Performance nicht ziehen: Schon ein Jahr darauf löste sie sie auf. Nur ein Album nahm sie auf: „Quill", so der Titel, beweist immerhin, daß es diese Formation gab. Angeheuert wurde Q. von Woodstock Ventures, um den Menschen von Wallkill, wo Woodstock ursprünglich zelebriert werden sollte, den Goodwill der Hippies zu demonstrieren.

(Waitin' For You)

Keef Hartley Der im britischen Preston (Lancashire) am 8. März 1944 geborene H. stilisierte sich 1968 mit Indianerkopfschmuck zum Freund der US-Ureinwohner. 1969 nahm er erst seine eigene Platte auf, nachdem er auf vier Produktionen von John Mayall getrommelt hatte. Zu Ruhm und Karriere hat es bei H. trotz seines Auftritts in Woodstock nicht gereicht. Seine letzte Schallplatte kam Ende der siebziger Jahre unter dem Titel „Throughout The Years" heraus.

Santana Carlos S., am 20. Juli 1947 im mexikanischen Autlán de Navarro geboren, reüssierte 1967 vor allem an der Westküste, ließ sich in San Francisco nieder und gründete seine Band – zu der Gregg Rolie, Dave Brown, Mike Shrieve, Armando Peraza und Mike Carabello gehörten –, die ausdrücklich von lateinamerikanischen Einflüssen zehren sollte und mit psychedelischen Spielereien nichts zu schaffen hatte. S. schuf so eine

Musik, die keine andere Band zu bieten hatte: irgendwie rockkig, aber auch rhythmisch und tanzbar. Woodstock bedeutete für S. den Durchbruch auch an der Ostküste. Der *Rolling Stone* bemäkelte zwar einen „Rockstil ohne Substanz", was die Konsumenten indes nicht davon abhielt, so viele Schallplatten der Band zu kaufen, daß sie in den siebziger Jahren zu den wichtigsten Gruppen wurde. S. arbeitete später u. a. mit Musikern wie Narada Michael Walden und Herbie Hancock zusammen. Das Popgeschäft schien ihm nicht mehr allzu wichtig. 1991 wurde er wegen Besitz von fünf Gramm Haschisch in Texas festgenommen. S. beteiligte sich auch an Woodstock II. 1997 erschien zuletzt die CD „Live At The Filmore".

(Persuasion; Soul Sacrifice; Black Magic Woman; Evil Ways)

Canned Heat Die Band, deren Name etwa „Hitze in Dosen", also Fusel, bedeutet, wurde 1965 aus der Taufe gehoben. Bekanntestes Mitglied war der vollbärtige, gut zweieinhalb Zentner schwere Bob Hite, geboren am 26. Februar 1945 im kalifornischen Torrance. Der Liebhaber von schwarzem Blues – der es später auf eine 70 000 Exemplare umfassende Plattensammlung brachte – wollte vor allem den Wurzeln des Blues auf die Spur kommen. Hite galt als akribischer Arbeiter am Songmaterial. Am 5. April 1981 starb er nach einem Herzanfall in Venice, Kalifornien. Canned Heat zählten zu den beliebtesten Bluesrockgruppen am Ende der sechziger Jahre. „On The Road Again" war ihr größter Charterfolg. Revivalbemühungen blieben in den neunziger Jahren – ohne Hite und ohne den schon früher verstorbenen Al Wilson – erfolglos.

(A Change Is Gonna Come / Leaving This Town; Woodstock Boogie; Going Up The Country; Let's Work Together; Too Many Drivers At The Wheel)

Mountain Erst kurz vor ihrem Woodstock-Auftritt fand diese Band zusammen: Felix Pappalardi, Steve Knight, Leslie West und Laurence Laing verstanden sich als Erben der kurz zuvor aufgelösten Band „Cream". Nach Kritikermeinung konnten die Hardrocker differenzierter als andere mit Lautstärke umgehen. West, am 22. Oktober 1945 in New York geboren, und Laing, am 26. Januar 1948 im kanadischen Montreal zur Welt gekommen, verließen Pappalardi 1972, um eigene Konzepte zu verfolgen. In verschiedenen Formationen traf man sich jedoch immer wieder, um Konzerte zu spielen. Pappalardi wurde 1983 von seiner Frau Gail Collins erschossen. „Mountain" probierten es 1985 mit einem Revival. Aus dieser Zeit stammt auch ihre LP „Go For Your Life".

(Blood Of The Sun; Stormy Monday; Long Red; For Yasgur's Farm; You And Me; Theme From An Imaginary Western; Waiting To Take You Away; Dreams of Milk and Honey; Blind Man; Blue Suede Shoes; Southbound Train)

Janis Joplin Eine Feministin wie die Buchautorin Charlotte Greig bestreitet, worauf sich sonst alle Welt verständigt hat: J. war die größte Rocksängerin der sechziger Jahre. Die am 19. Januar 1943 in Port Arthur, Texas, geborene J. wurde zunächst im San Francisco der Hippiejahre berühmt, als Frontfrau der Band „Big Brother & The Holding Company". Die Band verließ sie einige Jahre später, um als Solistin zu arbeiten. Ihre Lieder gehören zur Legende der Achtundsechzigerbewegung: „Me And Bobby McGhee" („Freedom's Just Another Word For Nothing Left To Loose" – Freiheit ist nur ein Wort dafür, nichts zu verlieren zu haben") vor allem, aber auch „Mercedes Benz" oder „Try Just A Little Bit Harder" und „Piece Of My Heart". Ihre Stimme war für die sechziger Jahre ungewöhnlich kraftvoll. Keine andere weiße Frau wußte derart ekstatisch ihre Stimme als Bluesröhre einzusetzen. Zur Legende zählt auch, daß J. nie nüchtern irgend etwas tat. Sie soff und rauchte Marihuana, schluckte Tabletten und ließ auch von Heroin nicht die Finger. Und was ihren Ruhm nur mehrte, war, daß die Tochter eines wohlhabenden Ölmanagers keine falsche Scheu vor ordinären Schimpfwörtern hatte. Am 4. Oktober 1970 wurde sie, vergiftet durch eine Überdosis Heroin, in einem Motelzimmer in Los Angeles gefunden. Sie hinterließ kaum mehr als das Kleingeld von 2500 Dollar. Der Tod Joplins und der ihres nicht minder berühmten Kollegen Jimi Hendrix trug nicht unwesentlich zum Erfolg des Woodstock-Films bei. Bette Midler spielte J. in der Verfilmung ihres Lebens: „The Rose" war Midlers Einzug in die Bundesliga des Showgeschäfts. Joplin wurde 1993 in die Rock and Roll Hall of Fame, ins Wallhalla der modernen Unterhaltungsmusik, aufgenommen. Kritikerin Charlotte Greig fand im übrigen, daß J. als Sängerin überschätzt war. Diana Ross und Aretha Franklin waren immer besser und darüber hinaus auch nicht drogenabhängig und todessehnsüchtig.

(Raise Your Hand; As Good As You've Been To This World; To Love Somebody; Summertime; Try Just A Little Bit Harder; Kosmic Blues; Can't Turn You Loose; Work Me Lord; Piece Of My Heart; Ball And Chain)

Sly & The Family Stone Die einzige schwarze Gruppe, die in Woodstock auftrat, bestand aus sieben Mitgliedern. Rhythm 'n' Blues war ihre Spezialität, fast immer ein wenig überheizte Arrangements und eine große Portion psychedelische Anmutung zeichneten die Musik der Stone-Familie aus. Sly Stone, am 15. März 1944 in Dallas, Texas, geboren, gründete die Band 1967. Schwarzer Soul war damals noch überwiegend mit den zuckrigen Motown assoziiert, die Stones verlegten sich statt dessen auf das unbekannte Abenteuer, aggressiv zu spielen. Woodstock war einer ihrer Karrierehöhepunkte. Sly Stone schaffte es in den siebziger Jahren nicht, das Niveau der

Gruppe zu halten, vor allem wurde er mehr und mehr Opfer seines Drogenkonsums.

(Love City; Dance To The Music; Music Love; I Want To Take You Higher)

Grateful Dead Die Hippieformation schlechthin. 1965 in San Francisco unter Leitung von Jerry Garcia gegründet, war Grateful Dead immer mehr als eine Gruppe, die Musik macht. Bis 1995, als Garcia in einem Drogentherapiezentrum an Herzversagen starb, lebten The Grateful Dead mit teilweise bis zu 70 Mitgliedern zusammen, gingen zusammen auf Tournee und setzten um, was die späteren Ökoalternativen sich als Verschmelzung von Arbeit und Leben vorstellten. Zur Gründercrew gehörten neben Garcia Songschreiber Robert Hunter, der Gitarrist Bob Weir, der Pianist Tom Constanten, Ron „Pigpen" McKernan, Keith Godchaux und seine Frau Donna, der Baßgitarrist Phil Lesh, der Schlagzeuger Bill Kreutzmann und Mickey Hart. Grateful Dead unterstützten die Studentenbewegung, nahmen es mit dem Abkassieren oft nicht so genau und gaben Gratiskonzerte in öffentlichen Parks. Drogen – LSD beispielsweise – gehörten zur Gruppe wie das Wasser zum Meer: Ohne Bewußtseinserweiterung, so das Credo der Band, ginge gar nichts in dieser kalten Welt. Woodstock zählt nach eigener Aussage zu den schlechtesten Konzerten der Gruppe. Ihre Musik war eine Mischung von psychedelischen Einsprengseln, Folk, Rock und Blues. Mitte der siebziger Jahre hatten sie sich weltweit ein Stammpublikum zugelegt, das es ihnen ermöglichte, Tourneen ohne nennenswerte PR zu bestreiten. Mund-zu-Mund-Propaganda half, die Stadien und Großhallen zu füllen. Über den band-eigenen Postservice konnten Karten bestellt werden, weiterhin umfaßte das „Dead"-Imperium Fanzines, Radioshows, Datenspeicher und Archive. Der rasante Handel mit „Dead"-Devotionalien ermöglichte es der Band, die Hälfte des Jahres zu touren; die andere Hälfte ge-

hörte Nicht-„Dead"-Projekten, wie dem Soundtrack zu „Apocalypse Now". Nach Garcias Tod wurde die Band aufgelöst.
(St. Stephen; Mama Tried; Dark Star / High Time; Turn On Your Lovelight)

Creedence Clearwater Revival John Fogerty und sein Bruder Tom, Stu Cook und Doug Clifford, allesamt aufgewachsen in der Nähe San Franciscos, wollten, als sich CCR 1963 gründete, nichts anderes als jede Menge Hits schreiben. Und das gelang dem Quartett vorzüglich. Ende der sechziger Jahre war die Band die kommerziell erfolgreichste des Landes. Sie standen für reinen, unverfälschten, gänzlich unhippiesken Rock – rauh, kerlig, amerikanisch. Mit intellektuellen Spielchen hatten sie nichts zu schaffen. Sie bedienten die Sehnsüchte eines Publikums nach uramerikanischer Romantik, nach der Natur, nach Freundschaft und vertrieben die Furcht vor dem Versagen. In Woodstock zählten sie zu den prominentesten Acts und enttäuschten dementsprechend nicht die Erwartungen, die das Publikum hegte: Hits, Hits, Hits. 1972 löste sich CCR auf. John Fogerty zog sich nach Oregon zurück; sein Bruder Tom versuchte es mit einer anderen Band, ehe er sich als Immobilienmakler auf Hawaii verdingte – 1990 starb er an den Folgen einer Tuberkulose; Stu Cook wurde Plattenproduzent; Doug Clifford zog sich ins Privatleben zurück. Durch einen jahrelangen Rechtsstreit um die eigenen Songrechte gelähmt, arbeitete Fogerty bis 1998 nur noch unregelmäßig. Als er jedoch in diesem Jahr wieder mit CCR-Songs auf Tournee gehen wollte, mußte er ironischerweise gegen eine CCR-Revival-Band, bestehend aus Cook, Clifford und einigen Studiomusikern, antreten.
(Born On The Bayou; Green River; Ninety-Nine And A Half; Commotion; Bootleg; Bad Moon Rising; Proud Mary; I Put A Spell On You; Night Time Is The Right Time; Keep On Choogin; Suzy Q.)

The Who 1965 starteten sie ihre Karriere mit dem Hit „My Generation". Der Song der Who – bestehend aus Pete Townsend, Roger Daltrey, John Entwistle und Keith Moon – erwies sich in jeder Hinsicht als programmatisch: Die britische Gruppe wurde zur erfolgreichsten Musikformation der Sechzigerjahregeneration. The Who – das war vor allem eine Musik, die sich erst auf der Bühne erschloß. Theatralisch die Auftritte von Townsend und Daltrey, exaltiert und pompös, verstanden sie es am besten, am Ende ihrer Auftritte Gitarren zu zertrümmern. Im Songzyklus „Tommy" deuteten sie an, was sie von ihrer Musik hielten: Seriöse, klassische Unterhaltung der Jetztzeit, die es wert ist, in Opernhäusern dargebracht zu werden. In Woodstock wirkten sie inmitten der Blumenkinderarrangements fast nüchtern, der Applaus fiel trotzdem überwältigend aus. The Who brachten, was andere Bands nicht hatten: Aggressivität, die durch nur wenig Sentimentalität gemildert wurde. Ihre Karriere dauert bis heute an. Treu ihre Fans aus den sechziger Jahren, nicht minder anhänglich deren Kinder. 1997 tourten sie mit der Multimediashow „Quadrophenia" um die Welt – allerdings ohne das Who-Gründungsmitglied Keith Moon. Der war am 7. September 1978 an den Folgen seines Alkoholismus gestorben.

(Heaven And Hell; I Can't Explain; It's A Boy; 1921; Amazing Journey; Sparks; Eyesight To The Blind; Christmas; Tommie Can You Hear Me; Acid Queen; Pinball Wizard; Fiddle About; There's A Doctor I've Found; Go To The Mirror Boy; Smash The Mirror; I'm Free; Tommy's Holiday Camp; We're Not Gonna Take It; See Me Feel Me; Summertime Blues; Shakin' All Over; My Generation; Naked Eye)

Jefferson Airplane Waren ursprünglich eine Folkband aus der Hippieszene San Francisco; gegründet 1965 mit dem Sänger Marty Balin, dem Gitarristen und Sänger Paul Kantner, dem Bassgitarristen Jack Casady, dem Drummer Alex „Skip" Spence, dem Gitarristen Jorma Ludwik Kaukonen sowie der

Sängerin Signe Toly Anderson. Als die ausschied, war JA plötzlich Erfolg beschieden – Anderson wurde durch Grace Slick ersetzt. Die brachte aus ihrer ersten Band die beiden wichtigsten JA-Hits mit: „White Rabbit" und „Somebody To Love" – Hymnen auf die freie, ungebundene Liebe und auf hemmungslosen Drogenkonsum wie aus dem Märchenbuch. JA verstand sich ausdrücklich als Band der Outlaws, der Freaks und Hippies. Slick vor allem war es, die der Gruppe dieses gewisse anarchistische Flair verlieh. Ihre vielgerühmte metallisch-intensive Stimme zählt neben der Janis Joplins zu den wichtigsten Sounds der Woodstockära. In den siebziger Jahren löste sich JA zugunsten von „Jefferson Starship", ab 1985 nur noch „Starship", auf. JA wurden längst in die Rock And Roll Hall Of Fame aufgenommen. Musikalisch sind die meisten JA-Mitglieder noch aktiv; Grace Slick, die einzige Sängerin auf dem Woodstockfest mit astreinem Upper-Class-Hintergrund, fehlte indes beim letzten großen Auftritt 1996 im New Yorker Hotel Waldorf Astoria: JA – imagegetreu und nostalgieselig im Hippieoutfit. (The Other Side Of This Life; Plastic Fantastic Lover; Volunteers; Saturday Afternoon / Won't You Try; Eskimo Blue Day; Uncle Sam's Blues; Somebody To Love; White Rabbit)

Joe Cocker Der 1944 in Sheffield geborene Brite war bis zum Woodstockfestival ein Nichts am Pophimmel, nicht einmal ein schwarzes Loch. Nach seinem Auftritt schwärmte der *Rolling Stone*: Cocker, das Proletenkind, sei der „lebende Beweis, daß man aus Sheffield kommen und trotzdem wie ein Schwarzer aus Mississippi singen kann". C. wurde nach diesem karriereentscheidenden Augustwochenende im Hinterland von New York City auf Welttournee geschickt: „Mad Dog And Englischmen" verkaufte sich später als Sondtrack zum gleichnamigen Konzertfilm prächtig. Danach erlitt C. etliche Nervenzusammenbrüche, durchschritt jedes Drogental, das zu durchschreiten möglich war, und verpulverte die mageren Tantiemen umgehend. Eben diese Unfähigkeit, aus frischem Ruhm Kapital für das Leben nach dem Pop zu schlagen, war passend zu dem Image, mit dem er seit Mitte der achtziger Jahre Karriere macht: So einer wie er, der fast jede Entzugsanstalt des britischen Raums kennenlernen mußte, weiß, wovon er singt. Filmmusiken wie „Up Were We Belong" (mit Jennifer Warnes) aus dem Jahre 1982 oder „You Can Leave Your Hat On" (1986) machten ihn – neben anderen Veteranen wie Tina Turner, David Bowie oder Phil Collins – zu einem der verkaufsträchtigsten Popmusiker der letzten 15 Jahre.

(Delta Lady; Some Things Goin' On; Let's Go Get Stoned; I Shall Be Released; With A Little Help From My Friends)

Ten Years After 1967 gegründet von Alvin Lee, geboren 1944 in Nottingham, Leo Lyons, 1943 in Standbridge geboren, Chick Churchill, 1949 in Mold zur Welt gekommen, sowie Ric Lee, 1945 in Cannock geboren. Sie verstanden sich als Rockbluesformation, die sich gerne lautstark präsentierten. Ihr Auftritt in Woodstock machte sie populär, trotzdem mäkelten Kritiker an TYA herum, daß sie kaum Originäres spielten. Alles klinge irgendwie gleich: irgendwie rockig, irgendwie bluesig ... ohne irgendwelche kultfähigen Spuren zu hinterlassen. In den siebziger und achtziger Jahren tingelte die Gruppe einige Jahre, eine Karriere wie die von „The Who" war ihnen nicht vergönnt. 1997 erklärte Alvin Lee, daß die Gruppe existiere, solange er nicht deren Tod erkläre.

(Good Morning Little Schoolgirl; I Can't Keep From Crying Sometimes; I'm Going Home)

The Band Die legendäre Gruppe der Woodstock-Dekade, zu der anfänglich Jaime „Robbie" Robertson (1944 in Toronto geboren), Rick Danko (1943 in Simcoe, Kanada, zur Welt ge-

kommen), Garth Hudson (1943 in London, Kanada, geboren), Levon Helm (1940 in Marrell, Arkansas, USA, geboren)
sowie Richard Manuel (1945 im kanadischen Stratford zur
Welt gekommen) gehörten. Sie verkörperten den Teil der US-
Popmusik, der mit psychedelischen Trips oder höllenlärmen-
den Klangkaskaden nichts zu tun haben wollte. Zunächst die
Begleitgruppe von Ronnie Hawkins, avancierten die fünf 1965
zur Gruppe Bob Dylans. Ihr Spiel war country- und folkorien-
tiert – wobei sie bewußt auf jegliche akustische Verstärker im
Studio verzichteten. Sie waren frühe Freunde von Unplugged-
Konzerten, wie auf den „Basement Tapes" zu hören ist, auf denen sie mit Dylan als virtuose Landmusiker des besseren Amerika zu belauschen sind. Ihr Ruhm mehrte sich bis weit in die
siebziger Jahre, zumal sie sich von Dylan nie abhängig fühlen
mußten. Im Gegensatz zu ihm unterschrieb „The Band" als erste den Woodstock-Vertrag. 1976 löste sich die Gruppe auf,
verewigte wurde ihr Abschlußkonzert von Martin Scorcese in
seinem Film „The Last Waltz". 1986 kam es zum Comeback,
Jim Weider ersetzte von da an den Songwriter der Gruppe,
Jaime Robertson. Manuel erhängt sich im gleichen Jahr. In
Saugerties nahe Woodstock, wo die berühmte pinkfarbene
Villa von „The Band" steht, fand 1994 das Erinnerungsfestival
(„Woodstock II) statt.
(Baby Don't Do It; Tears Of Rage; We Can Talk; Long Black Veil; Don't
You Tell Henry; Ain't No More Cane; Wheels On Fire; Loving You Is
Sweeter Than Ever; The Weight)

Blood Sweat & Tears Von Al Kooper 1968 gegründet, wurde
von der Kritik gelobt wie von den Konsumenten gekauft. Ihre
zweite LP verkaufte sich mit knapp vier Millionen Exempla-
ren. Sie scheuten weder Ausflüge in die höheren Künste („Va-
riations On A Theme By Eric Satie") noch krachende, funkige
Beiträge („Spinning Wheel"). Sie waren bis weit in die siebzi-

ger Jahre hinein die Lieblingsband von Gymnasiasten und Hochschülern, wohl weil BS & T versuchten, Jazz, Esoterik, Funk und Rock auf einen Nenner zu bringen. Die Mitglieder wechselten ständig. Kooper, am 5. Februar 1944 im New Yorker Stadtteil Brooklyn geboren, durfte ab 1992 den alten Bandnamen nicht mehr verwenden – er ging an David Clayton-Thomas (Sänger). Das 25jährige Bühnenjubiläum feierte Kooper, nach dem Urteil des *Melody Maker* die „graue Eminenz der Rockmusik", im Sommer 1992 in New York unter dem Bandnamen „Child Is Father To The Man".

(More And More; I Love You Baby More Than You Ever Know; Spinning Wheel; I Stand Accused; Something Coming On)

Johnny Winter Am 23. Februar 1944 geboren, Sohn eines wohlhabenden Baumwollplantagenbesitzers in Leland, Mississippi, spielte in verschiedenen Formationen Gitarre, galt instrumentell als ähnlich virtuos wie Jimi Hendrix und enttäuschte doch viele, die sich einen weißen Genius wie eben den Star-Spangled-Banner-Gitarristen des Woodstockfests gewünscht hatten. W. tendierte mehr zum Blues, weniger zum krachenden Rock. Ende der sechziger Jahre erhielt er all diese Vorschußlorbeeren wegen eines der höchsten Langfristverträge einer Plattenfirma – von 300 000 Dollar auf fünf Jahre war die Rede. W.s Produktionen verkauften sich zunächst dennoch nur schleppend. Inzwischen galt er als Klassiker – und als einer der wenigen Überlebenden aus der damaligen Szene. 1971 mußte er sich nach etlichen Tourneen einer Heroinentzugskur unterziehen. Und er hielt bis heute durch. 1992 hat der Mann, der „die flüssigste Gitarre spielt, die man je gehört hat", so der *Rolling Stone*, die CD „Hey, Where's Your Brother?" auf den Markt gebracht. W. ist der erste Gitarrist, der es in die Rock And Roll Hall Of Fame geschafft hat.

(Mean Town Blues)

Crosby, Stills, Nash & Young Legendäres Trio aus David Crosby, Stephen Stills und Graham Nash, das zeitweise durch Neil Young zum Quartett wurde. In Woodstock hatten die vier ihren ersten gemeinsamen großen Auftritt. C., ehemals Mitglied der „Byrds", St., zuvor bei „Buffalo Springfield", N., bekannt als Stimme der „Hollies", sowie Y. boten eine Mischung aus Folk und Country, gewürzt mit einer Prise Rock, die vor allem durch die filigrane Vokalarbeit der vier funktionierte. CSN hatte vor Y.s Gastspiel in der Band eine LP aufgenommen, die sie als Vertreter eines zeitgeistigen Folks auswiesen. Anfang der siebziger Jahre, vor allem nach der Aufführung des „Woodstock"-Films, zählten sie zu den größten Konzertattraktionen der USA; Evergreens wie „Teach Your Children", „Carry On" und „Love The One You're With" spielten sie später nur noch als Zugaben, um nicht auf das Hippiefolkimage festgenagelt zu bleiben. 1990 veröffentlichte das Trio CS & N seine letzte CD: „Live It Up". Y. hat ohne seine drei Kumpane eine eigenständige Karriere gemacht, profilierte sich, so das Magazin *Spex*, als „große Popdiva", deren musikalische Wege zu erkunden für viele Fans nicht leichtfiel. Y.s Musik hat mit der seiner Kollegen CS & N ein Charakteristikum gemein: Sie klingt hippiesk – wie auf Y's CD „Year Of The Horse" (1997). Trotzdem gilt Y. auch als „Godfather" des Grunge. Von seinen drei Kollegen kann man solche Komplimente nicht machen: C's Drogenexzesse endeten erst in den neunziger Jahren, S. und N. arbeiteten zunächst als Solisten weiter und wurden später Privatiers.
(Suite Judy Blue Eyes; Blackbird; Guinnevere; Marrakesh Express; 4 + 20; Mr. Soul; Sea Of Madness; Wooden Ships; Find The Cost Of Freedom)

Paul Butterfield Blues Band Paul B., geboren 1941 in Chicago, aufgewachsen just in der Nähe des Schwarzenviertels South Side, verstand sich aufs Harmonikaspielen. 1965 gründete er mit Mike Bloomfield, Elvin Bishop, Mark Naftalin und Jerome Arnold die PBBB. Nach dem Auftritt beim 65er Newport Folk Festival fielen sie damit erstmals einer größeren Öffentlichkeit auf. B., der in den siebziger Jahren weiterhin als Bluesmusiker viel Erfolg hatte, förderte vor allem junge Musiker und erweiterte seinen Stil durch Adaption von Gospel und Soul. Er starb am 4. Mai 1987 unter mysteriösen Umständen. Kurz zuvor hatte B. seine letzte LP produziert: „The Legendary Paul Butterfield Rides Again" konnte er als Versprechen nicht mehr einhalten.

(Everything's Gonna Be Alright; Driftin'; Born Under A Bad Sign; All My Love Comin' Through To You; Love March)

Sha-Na-Na In Woodstock hatten sie ihren ersten Auftritt: Scott Powell, Johnny Contardo, Frederick Greene, Richard Joffe und Don York sowie die Gitarristen Christ Donald und Elliot Cahn, der Bassist Bruce Clarke, der Drummer John Marcellino, die Pianisten Scott Symon und John Bauman, schließlich der Saxophonist Leonard Baker waren Sha-Na-Na, eine studentische Performancegruppe, gegründet an der Columbia-Universität, die sich darauf spezialisierte, den Rock'n' Roll der fünfziger Jahre wiederzubeleben. Sie gaben sich als die ersten Nostalgiker der Popgeschichte, als Gruppe, die keinem Fortschrittsglauben anhing und an Dinge wie Spaß und Vergnügen glaubte. In den siebziger Jahren – immer noch vom Woodstock-Auftritt profitierend – hatten sie eine kleine eigene TV-Show. 1978 waren sie Teil der Verfilmung von „Grease" (mit Olivia Newton-John und John Travolta). Die Gruppe tingelt noch immer – und die meisten Gründungsmitglieder der Crew sind wie ehedem dabei.

(Na-Na-Theme; Jakety Jak; Teen Angel; Jailhouse Rock; Wipe Out; Who Wrote The Book Of Love; Duke Of Earl; At The Hop; Na-Na-Theme)

Jimi Hendrix Kein Woodstockauftritt war später so mythenumrankt, kein Musiker der Hippiegeneration genießt heute noch soviel Verehrung wie eben Jimi Hendrix. Der Gitarrist leistete am Montag morgen des Festes, das eigentlich nur bis Sonntag abend geplant war, politische Arbeit am Symbol: Seine auf seinen E-Gitarrensaiten verzerrte Nationalhymne der USA klang wie eine herannahende Fliegerstaffel, die gleich Bomben auf unschuldige Menschen herabwerfen würde. H., am 27. November 1942 als Sohn eines schwarz-indianischen Landschaftsgärtners geboren, profilierte sich als einer der radikalsten Rockgitarristen: Er pflegte sein Musikinstrument mit Zähnen, Lippen, dem Kinn und den Fingern zu bearbeiten – virtuos und besessen zugleich. Am Ende der Show liebte er es, die Gitarre auf der Bühne zu zertrümmern. H. galt als der zornige Mann der Hippieszene, als kompromißlos unanständig und wütend introvertiert. H. kam nicht als Nobody nach Woodstock. Er hatte längst einen der höchsten Marktwerte der Rockszene. 1968 gastierte seine Band in der New Yorker Philharmonic Hall mit einem Barockmusikquintett. Später bejubelten die Medien dies als gelungenen Versuch, das moderne an das klassische Amerika heranzuführen. Zur Legendenbildung um H. trug das Gerücht bei, der Held schütte nicht nur maßlos Alkohol in sich hinein, rühre Drogen in seinen Tee wie andere Leute Zucker, sondern verbrauche darüber hinaus jede Menge Groupies. Am 18. September 1970 starb H., der „schwarze Elvis Presley" (*New York Times*), an den Folgen seiner Drogensucht in einem Londoner Hotelzimmer. 1992 wurde H. in die Rock And Roll Hall Of Fame aufgenommen.

(Message To Love; Getting My Heart Back Together Again; Spanish Castle Magic; Red House; Master Mind; Here Comes Your Lover Man; Foxy Lady; Beginning; Izabella; Gypsy Woman; Fire; Voodoo Child / Stepping Stone; Star Spangled Banner; Purple Haze; Woodstock Improvisation / Villanova Junction; Hey Joe)

Die Künstler traten in folgender Reihenfolge auf

Freitag traten auf: Richie Havens, Country Joe McDonald, John B. Sebastian, Incredible String Band, Sweetwater, Bert Sommer, Tim Hardin, Ravi Shankar, Melanie, Arlo Guthrie und Joan Baez, die das Lied „Drug Store Truck Drivin' Man" mit Jeffrey Shurtleff sang.

Sonnabend: Quill, Keef Hartly, Santana, Canned Heat, Mountain, Janis Joplin, Sly & The Family Stone, Grateful Dead, Creedence Clearwater Revival, The Who.

Sonntag: Jefferson Airplane, Joe Cocker, Country Joe & The Fish, Ten Years After, The Band, Blood, Sweat & Tears, Johnny Winter, Crosby, Stills, Nash & Young.

Montag: Paul Butterfield Blues Band, Sha-Na-Na, Jimi Hendrix.

Nicht aufgeführt sind die Auftritte auf der kleineren freien Bühne. Am häufigsten sang dort Joan Baez. Ihr Lied „Amazing Grace" ist als Song auf der großen Bühne nicht überliefert.
(Quelle: Woodstock '69 Memorabilia, Liste erstellt vom niederländischen Woodstock-Fan Kees de Lange)

Stichworte und Erinnerungshilfen

Ein Glossar der Generation Woodstock

Afroamerican People In den sechziger Jahren hießen sie bei den meisten Weißen noch „Neger", manche schimpften sie verächtlich „Nigger", auf jeden Fall gab es keine positiven, nicht einmal neutrale Bezeichnungen für die schwarze Bevölkerung der USA. In den US-Südstaaten lebten bis weit in die sechziger Jahre hinein Schwarze unter apartheidähnlichen Bedingungen. Wer sich dem nicht fügte, geriet in Gefahr, von einem Trupp des rechtsradikalen Ku-Klux-Klan ermordet zu werden. Im günstigsten Fall durfte ein Schwarzer einen „Onkel Tom" abgeben, einen netten Herrn, der dem weißen Meister nicht übelwill und sich mit seinem subalternen Schicksal zufrieden gibt. Erst in den achtziger Jahren setzte sich für die Menschen, deren Vorfahren einst als Sklaven aus Afrika verschleppt wurden, die Bezeichnung *„Afroamerican"* durch.

Altamont Gut dreieinhalb Monate nach Woodstock fand in Kalifornien ein anderes Rockfestival statt, das die „Three Days Of Peace & Music" in den Schatten stellen sollte. Anders als in Bethel konnten die Veranstalter mit dem Engagement der „Rolling Stones" aufwarten. Trotzdem mißriet das Festival gründlich. Erstens fand es nicht in einer so romantischen Gegend wie den Catskill Mountains oberhalb von New York, sondern auf dem schweren Beton einer Autorennstrecke statt. Und zweitens wurde die gewalttätige Rockergruppe „Hell's

Angels" mit dem Ordnerdienst beauftragt. Während des Auftritts der „Rolling Stones" malträtierten sie eine schwarze Besucherin zu Tode. Altamont gilt als Ereignis, da die Woodstockgeneration endgültig desillusioniert hat: Nicht überall, wo die Babyboomer zusammenkommen, siegt der Geist der Blumenkinder.

Barfuß Die meisten Verletzungen zogen sich die Woodstockjünger deshalb zu, weil sie auf Max Yasgurs Farm barfuß gingen. Erstens, weil ihr mitgebrachtes Schuhwerk durchnäßt war, und zweitens, weil die Fortbewegung mit nackten Füßen sehr modisch war. Schuhe erinnerten zu stark an soldatische Knobelbecher, führten zu eingeschnürten Körperteilen und entsprachen nicht der Moral, sich möglichst so durch den Alltag zu bewegen, wie man zur Welt gekommen ist. Pech nur, daß zu Woodstocks Zeiten Plastikbecher noch nicht zur Standardausrüstung des Besuchercaterings auf Konzerten gehörte. Auf Scherben schlitzten sich viele Woodstockbesucher ihre empfindlichen Füße auf.

Batik Baumwollunterwäsche, die mittels ökologischer Farben schillerte, als wären die Textilien durch ein LSD-Bad gegangen, war der letzte Modeschrei Ende der sechziger, Anfang der siebziger Jahre. Korrespondierend mit diesem farblich durchaus neuartigen Akzent im öffentlichen Straßenbild verabschiedete sich die Woodstockgeneration von einem anderen Tick ihrer Eltern – dem, sich zu deodorieren. Chemische Körperhygieneartikel zu benutzen war als total bürgerlich und spießig verschrien. Nur wenige allerdings folgten der konsequenten Fortsetzung der Batikhemdenmode: der Batikisierung der Blue Jeans. Einzig Heldinnen wie Janis Joplin konnten es sich leisten, auch die Beinkleider farblich grell zu halten.

Beatgeneration Ende der fünfziger Jahre siedelten sich in San Francisco, genauer: im Viertel Haight Ashbury, die ersten Gurus der Hippiebewegung an. Allen Ginsberg war ihr erster Mentor: „Die Nation ist eine Irrenanstalt", deklamierte er, besoffen nach Geld gierend, heuchlerisch im Umgang mit ihren Sinnen, egoistisch Konsumgütern nachhechelnd. Jack Kerouac, Autor von „Gammler, Zen und Hohe Berge" sowie „On The Road" zählte ebenso zur Beatnikgemeinde wie auch William Burroughs („The Naked Lunch"). Allesamt waren sie Protagonisten des *American Way Of Pop*. Bürgerliche Spießigkeit lehnten sie ebenso ab wie allzu starke politische Festlegungen. Geh deinen eigenen Weg, habe keine Götter, lautete ihr Credo – und die Hippiegemeinde folgte ihnen willig.

Camp Die amerikanische Autorin Susan Sontag analysierte Mitte der sechziger Jahre einen anderen Underground: den des Camp. Ehe der Begriff zur ideologischen Formel wurde, bedeutete er, die Dinge vor allem ironisch zu nehmen, hinter der glänzenden Fassade das Komische, das Irreale zu sehen. Camp meinte, die Dinge nicht so ernst zu sehen, eher subversiv zu lachen, als oberflächlich Beifall für diese oder eine andere Ideologie zu spenden. Andy Warhol und seine „Factory" nahmen diese Idee praktisch auf, scherten sich einen Dreck um den Kapitalismus an sich und versuchten, das Beste aus ihm herauszuholen. Was zählte, war Unterhaltung, war das, was die Menschen wirklich wollen. Camp war die Vorwegnahme der Postmoderne der achtziger Jahre, der Versuch, die großen politischen Erzählungen (Sozialismus, Kommunismus) abzulösen durch eine pragmatisch-distanzierte Sicht auf das, worauf es beim Zusammenleben von Menschen ankommt. Woodstock war frei von dieser ironischen Welt. Lediglich die Gruppe Sha-Na-Na – die New Yorker Kleinkünstler stachen mit ihren Parodien deutlich aus dem sonstigen Reigen der Folksinger und Rockbands heraus – persiflierte den Fünfziger-Jahre-Rock 'n' Roll, um ihn als ebenso historisch und unnatürlich zu decouvrieren wie andere Musikstile auch.

Chicago Der Ort, an dem der SDS, die Yippies um Abbie Hoffman, 1968 damit scheiterte, vom Demokratischen Parteikonvent eine Resolution gegen den Vietnamkrieg zu erhalten; eine zehnfach überlegene Truppe von Nationalgardisten und Polizisten hetzte die tausend SDS-Aktivisten – übertragen von allen nationalen TV-Stationen – durch die Stadt.

Civil Rights Movement Die Bürgerrechtsbewegung der Schwarzen begann Mitte der fünfziger Jahre mit ihrem Kampf gegen Rassendiskriminierung. Eine direkte Koalition mit dem SDS oder anderen, vorwiegend von Weißen getragenen Bewegungen gab es nie. Das hinderte Künstler wie Joan Baez nie daran, Martin Luther King und seine Gemeinde zu unterstützen. Mehrere hundert Tote kostete der Bürgerkrieg gegen das konservative Amerika. Erst Mitte der sechziger Jahre wurden heute normale Rechte erstritten wie das vollständige Wahlrecht für Schwarze, das Recht, sich in öffentlichen Omnibussen auch in deren vorderen Teil zu setzen, das Recht, Schulen und Universitäten zu besuchen, die vordem Weißen reserviert waren.

Einberufungsbescheide 1967 waren schon knapp eine halbe Million Soldaten in Vietnam stationiert. Das Fernsehen – in Vietnam fand der erste sogenannte TV-Krieg statt – hatte längst von der Sinnlosigkeit des US-Engagements in Südostasien berichtet. Katholische Geistliche wie die Gebrüder Berrigan riefen dazu auf, die Einberufungsbescheide zu verbrennen. Wer dem Appell folgte, mußte mit Gefängnisstrafen rechnen. Länder wie Kanada und Schweden waren die beiden wichtigsten Staaten, in denen Kriegsdienstverweigerer Asyl finden konnten. In Woodstock verteilten Aktivisten des SDS Beratungszettel, auf denen zu lesen stand, wie man sich am ehesten dem Dienst in „Nam" entziehen kann.

Freundschaft Während der Woodstockära änderten sich die Wertigkeiten im zwischenmenschlichen Gefüge. Waren Freundschaften bis dahin vor allem Geschäftsverbindungen oder waren sie die Umschreibung für Seilschaften aus studentischen Verbindungen, lernten die Babyboomer Freundschaft als eigene Beziehung schätzen. Innige Freunde hat man nicht nur bis zur Ehe, sondern unabhängig von ihr. Die Songwriterin Carole King komponierte 1971 auf ihrer millionenfach verkauften LP „Tapestry" das Lied „You've Got A Friend": „When you're down and troubled / and you need some loving care / And nothing, nothing is going right / Close your eyes and think of me / And soon I will be there / To brighten up even your darkest night / You just call out my name / And you know wherever I am / I'll come running to see you again / Winter, spring, summer or fall / All you have to do is call / And I'll be there / You've got a friend." Was auch immer geschieht, wenn es dir nicht gut geht, bin ich für dich als Freund da.

Friedenstaube Ursprünglich sollte ein jugendstilverwandtes Plakat für „Woodstock" werben. Als zwei der vier Veranstalter durch New York schlichen und recherchierten, was bei der Jugend am besten ankommt, stellten sie fest, daß die Friedenstaube das Symbol schlechthin war, um friedliche Gesinnung auszudrücken. Picasso hatte diesen Vogel erstmals in den fünfziger Jahren verewigt, denn schon seit biblischen Zeiten gilt die weiße Taube (auch im deutschen Schlagerwesen: Hans Hartz' „Die weißen Tauben sind müde" aus dem Jahre 1982 erinnert daran) als Symbol des Nichtkriegerischen. In Woodstock trugen viele Besucher eine weiße Taube als Anhänger um den

Hals – gehalten in Schildpatt, manche aus Holz, andere sogar geformt aus dem damals noch nicht verpönten Elfenbein.

F-U-C-K Davon abgesehen, daß das Wort „Fuck" im Amerikanischen für ordinärer und gossenhafter gehalten wird als im Deutschen die entsprechende Vokabel „Ficken", meinte Country Joe McDonalds Four-Letter-Word in erster Linie die „Leck mich"-Haltung den Vietnamrekrutierungsbüros gegenüber. Das Auditorium von „Woodstock" ging auf das Wortspiel des Sängers ein – die F-U-C-K-Chöre sollen mehrere Meilen weit zu hören gewesen sein. Heute gilt „Fuck" zwar nicht gerade als gängige Konversationsfloskel bei vornehmen Stehempfängen, als wirklich anstößig, gar Schamesröte ins Gesicht treibend jedoch längst nicht mehr. Wer im Rockgeschäft auf sich hält, zitiert die McDonaldsche Formel gerne bei Konzerten.

Geld Achtzehn Dollar kostete das Dreitageticket für den Besuch des Woodstockfestivals. Als die dünnen Zäunchen nicht mehr zu halten waren, erklärten die Veranstalter kurzerhand das Ereignis zum freien Konzert. Das war auch klug so, weil die meisten, die sich nach New York Upstate aufmachten, sowieso nicht das Geld für den Eintritt hatten. Geld galt bei den Woodstockmenschen als leider nötiges, aber eigentlich unmenschliches Mittel, durchs Leben zu kommen. Geld galt als Teufelszeug des Kapitalismus, als Fetisch der Anzugträger. Später wurde in der Rückschau darauf geachtet, welche Gagen welche Künstler erhielten. Solidarität und nachbarschaftliche Hilfe standen höher im Kurs; beides kostete nichts und hatte auch größeren menschlichen Appeal. Noch heute gelten zumindest in der Bundesrepublik Konsum und die Lust an schönen Dingen als suspekt; Kommerzialität hat etwas Ehrenrühriges.

Gitarre Dickbauchig, schlank am Hals, zusammengehalten von strammen Schnüren, mal aus Metall, dann wieder aus Tiergedärm, heute meist aus Kunststoff: Das ist die Gitarre, das Lieblingsinstrument der Woodstockgeneration. Sie zu beherrschen schien einfach zu einfach. Ein paar Akkorde, und schon wurde „We Shall Overcome" angestimmt. Der gleiche Song auf dem Klavier, das wäre einer Gotteslästerung gleichgekommen. Piano spielten – abgesehen von Musikern wie Joni Mitchell – nur Spießer. Die Gitarre erinnerte an Pfadfinderzeiten, an gemeinsame Singeabende in der Gemeinde und daran, daß selbst schlechtes Gitarrenspiel sich irgendwie urwüchsig anhörte. Bob Dylan verlor viel Kredit, als er – lange vor Woodstock – sich von der akustischen Gitarre verabschiedete, weil er Folkkitsch jedweder Art satt hatte. Heute genießt die Gitarre in Konfirmationsgruppen noch ungebrochenes Ansehen.

Groupies Anderslautenden Legenden zum Trotz gab es auch in Woodstock Groupies. Die Arbeiter, die auf Max Yasgurs Farm binnen einer Woche eine Bühne installierten, tüftelten mehrere Stunden an der Brücke, die von der Bühne ins Publikum hinein führte: „Würde sie Jimi Hendrix auch dann tragen, wenn einige Frauen auf die Brücke klettern?" Von Country Joe McDonald ist folgende Aussage überliefert: „Groupies sind etwas Wunderschönes. Sie kommen, um dich spielen zu hören, sie werfen Blumen und Höschen, sie geben dir Küsse und Liebe, sie kommen mit dir ins Bett. Sie sind wundervoll."

Haare Das Thema der richtigen Länge der Haare war in den sechziger Jahren so akut, daß es sich sogar die Musicalindustrie vornahm: „Hair" lautete das Ergebnis und hatte keinen anderen Inhalt als den, das Recht auf lange Mähnen zu proklamieren. In dem von Oliver Stone gedrehten Film „Platoon" ist nachzufühlen, was für eine Provokation jede Haarlänge, die über militärische drei Millimeter hinausging, war. Kaum sind die Rekruten in die Kasernen eingezogen, werden ihnen die Haare abrasiert. Historisch galt dieser Akt immer als Symbol der Unterwerfung, der Deindividualisierung. Hippies begriffen dies instinktiv und ließen sich die Haare wachsen. Im „Woodstock"-Film bemerkt in einer Szene ein Einwohner Bethels, daß man gar nicht wisse, wen man vor sich habe: *He or She?* Die durch die uniformen Haarlängen signalisierte Annäherung der Geschlechter war konservativen Amerikanern mehr als verdächtig. Männer, die außerhalb der Hippiezentren Bürstenschnitte ablehnten, mußten sich als schwul diffamieren lassen. In der Bundesrepublik tobten die gleichen Kulturkämpfe um den richtigen Putz: Lange Haare, in Ordnung, aber gepflegt müssen sie sein. Heutzutage sind Männerfrisuren, deren Haare auf die Schultern fallen, eher modisch. Gelegentlich, Modeschöpfer Karl Lagerfeld lebt es vor, werden sie durch Gummibänder gebändigt.

Hermann Hesse Neben den Büchern der Beatniks hat kaum ein anderer Autor die Woodstockgeneration so beeinflußt wie dieser deutsche Dichter. „Steppenwolf", „Die Morgenlandfahrt" oder „Narziß und Goldmund": Seine Geschichten handelten stets von den depressiven Suchfahrten junger Männer nach dem Sinn des Lebens draußen in der Welt oder drinnen in den Seelen. Im Grunde fühlte sich jeder Woodstockianer als Steppenwolf, glaubte sich als einsamer, unverstandener Mensch in eine Welt geworfen, die nur vom Kommerz, von steinerner Gewalt und menschlicher Rohheit regiert wird.

Hippies Sammelbegriff für alle Menschen, die sich der Kultur des Establishments nicht unterordnen wollten. Drogen fanden sie wunderbar, lange Haare gehörten mit dazu. Hauptsache war die Suche nach sich selbst, nach Selbsterfahrung, nach dem Weg, der hoffentlich nie zum Ziel führt. Einst waren sie Avantgardisten eines ganzen Lebensstils – frei sein, high sein –, doch schon in den siebziger Jahren galt das Dasein als Hippie als hoffnungslos gestrig. Ja, Hippies standen im Verdacht, sich nicht zu waschen, es mit der Körperpflege überhaupt nicht so ernst zu nehmen. Heute werden sie zumindest als Veteranen respektiert, die es seit Ende der fünfziger Jahre mit dem Lebensstil der Gartenzwerge, Jägerzäune, aufgeräumten Garagen und eingeknickten Sofakissen – zumindest was die Alltagsarrangements in der Bundesrepublik anbetrifft – aufgenommen haben.

Holz Schade, daß Beton nicht brennt: Dieser militante Stoßseufzer aus der Autonomenszene der frühen achtziger Jahre in der Bundesrepublik weist auf eine andere Differenz zwischen *them and us* hin. Alles, was keiner natürlichen Bauweise nahekam, galt als total unhip. Beton, Stahlbeton zumal, war das Baumaterial der Kleinbürger und Spießer. Holz hingegen – die Kritik an der Abrodung unschuldiger Wälder war noch nicht formuliert – genoß den Ruf, einer Fast-Natürlichkeit nahezukommen. Insofern war die Woodstockbühne akzeptabel – nur die Türme der Lautsprecher waren stahlverstärkt, das konnte aber jeder einsehen, daß allzu schweres Gepäck von keinem Lattenbündel getragen werden kann. Die Vorliebe für diesen natürlichen Baustoff erklärt vielleicht auch den Siegeszug der Ikea-Möbelkette seit Mitte der Siebziger in Europa, aber auch in den USA. Holzregale, möglichst billig, am besten nicht lakkiert, standen in den siebziger Jahren in fast jedem WG-Zimmer. Vollständig out waren auch alle Errungenschaften einer komfortablen Haushaltsorganisation: Einbauküchen waren verpönt. Statt dessen fanden sich in vielen Wohnungen der Woodstockgeneration alte Möbel von Oma und Opa – sie brachten die zeittypische Symbiose von Biederkeit, Hausbakkenheit und Hinaus-aufs-Land-Ästhetik auf den Begriff. Letztes Relikt aus alten Zeiten sind helle Holzmöbel – das altväterliche Mahagoni, die gute deutsche Eiche oder das feine Kirschholz konnten bis dato keine rechte Renaissance feiern.

Indien Wer von den Hippies auf sich hielt, wer konsequent den einmal eingeschlagenen Weg zu Ende gehen wollte, machte sich auf nach Indien. Dort, inspiriert gewiß von Hermann Hesses „Siddharta", erhoffte man sich die Erleuchtung, die es in New York, Los Angeles oder in der Provinz nicht zu geben schien. Indische Theologen konnten sich Ende der sechziger, Anfang der siebziger Jahre kaum vor dem Ansturm amerikanischer und mitteleuropäischer Jünger retten, so kraß war der Wunsch nach Tips für den besten Weg ins dunkle Innere. In Woodstock selbst erhielt Ravi Shankar herzlichen Applaus; am stillsten während der Festtage war das Auditorium am Freitag abend, als der Guru Swami Satchadinanda auftrat. Seine Meditation, die musikalisch im klarsten Kontrast zu Rockern wie Creedence Clearwater Revival daherkam, ward entgegengenommen, als hätte es eine Kritik am Führerkult nie gegeben. In den siebziger Jahren kam der Indienkult zu seinem Höhepunkt, als ein Mann wie Bhagwan eine Sekte gründete, die in West- und Mitteleuropa wie in Amerika durch ihre orange Kleidung auffiel.

Martin Luther King 1930 in Atlanta im US-Bundesstaat Georgia als Kind mittelschichtiger Eltern geboren, bekam in seinem Elternhaus das traditionelle Erziehungsprogramm verpaßt: ein prügelnder Vater, eine gütige Mutter, freundliche Großeltern … Nach einem Theologiestudium, nach Auseinandersetzungen mit weißen Theologen wie Paul Tillich, nach Studium der Schriften von Karl Marx avancierte King zur unumstrittenen Leitfigur der Civil Rights Movement gegen den

Rassismus. Er predigte als Pfarrer zivilen, gewaltfreien Widerstand: die Protestierenden dürften sich nicht der gleichen Mittel wie ihre Gegner bedienen. 1964 erhielt er den Friedensnobelpreis in Oslo. King wurde mehrmals wegen aufrührerischer Tätigkeiten ins Gefängnis gesteckt. Der gottesfürchtige Mann gehörte zu den meistobservierten „Staatsfeinden" der USA. Seine berühmteste Rede ist heute noch unter dem Titel „I Have A Dream" bekannt: 1963 formulierte er darin seinen Traum, daß es eines Tages egal sein werde, welche Hautfarbe ein Bürger hat. Im April 1968 wurde King von einem Rassisten in Memphis im US-Staat Tennessee ermordet. Im Anschluß an dieses Attentat kam es in vielen Großstädten zu Protestkrawallen, bei denen 39 Menschen ums Leben kamen – meist schwarze US-Bürger.

Knast Viele Bürgerrechtler, schwarze und weiße, bezahlten ihren Kampf mit Gefängnisstrafen – ob nun wegen ihrer Kriegsdienstverweigerung, wegen des Verteilens von Flugblättern oder einfach nur, weil ihr Protestgeist den Zorn der Sheriffs erregte. Joan Baez berichtete bei ihrem großen Auftritt in Woodstock, daß just während dieser Stunde ihr Mann wegen des Besitzes weniger Gramm Marihuanas im Gefängnis sitzt.

Michael Lang Der milchbubengesichtige Mann wollte eigentlich nichts anderes, als Sponsoren zu finden, die ihm und seinem Partner Artie Kornfeld in Woodstock ein Musikstudio finanzieren. Am Ende hatte er die Geldgeber gefunden, und gemeinsam plante man die „Three Days Of Peace & Musik". Lang arbeitete zuvor als Festivalveranstalter; er hatte einschlägige Erfahrungen in Florida sammeln können. Events vom Kaliber des späteren Woodstock hatte er bis dahin nicht zu bewältigen gehabt. Der „Woodstock"-Film legt nahe, daß fast ausschließlich Lang für die sogenannte Organisation der

Tage in Bethel verantwortlich war. Im Streit trennten sich er und seine ehemaligen Kumpane. Lang hat nie ganz vom Woodstockrausch lassen können; dieses Jahr versucht er in Wien, das sogenannte Woodstock III zu etablieren. Der Mann hat einfach nicht verstanden, weshalb das Hippiefestival in New York Upstate überhaupt ein Erfolg wurde.

Love and Peace Der entscheidende Zwillingscode der Woodstockgeneration. Weder wollte man Gewalt – egal wo und gegen wen – noch Krieg – wo und gegen wen auch immer. Das Motto Woodstocks hieß zwar „Three Days Of Peace And Music", aber die Gefolgschaft verstand unter Peace vor allem Frieden in jeder Hinsicht, in sexueller, in kriegerischer, auch in moralischer Hinsicht. Im Bewußtsein der Woodstockgeneration waren die Festtage vor allem ein Fortschritt in Sachen „Love".

LSD Woodstock war auch ein gigantisches Testessen chemischer Erzeugnisse. Ordner riefen den Zuhörern zu, daß das LSD, das dort kursierte, ganz okay war, rieten indes auch von bestimmten Sorten ab. Marihuana, Haschisch, Mescalin und Acid waren die wichtigsten Rauschmittel, die während der drei Tage inhaliert oder geschluckt wurden. Die Organisatoren hatten ad hoc ein eigenes Team zusammengestellt, das sich um die Menschen kümmerte, die in ihrer Unerfahrenheit falschen Umgang mit Drogen betrieben. An einer Überdosis Heroin starb allen Gerüchten zum Trotz niemand. Der Verstorbene hatte nach medizinischer Auskunft vielmehr die Spätfolgen einer Malariaerkrankung nicht überstanden. Die Polizei hätte in Woodstock die erfolgreichste Drogenrazzia ihrer Geschichte veranstalten können. Vermutlich hätte sie aber damit militante Krawalle provoziert – und ließ es deshalb. An den Folgen ihrer Drogensucht starben nur kurze Zeit nach Woodstock Janis Joplin und Jimi Hendrix, später Tim Hardin und andere.

Moet & Chandon Nachhaltig die Legende, daß es in Woodstock entweder gar nichts oder nur vollkörnige Sattmacher zu essen gab. Alles Lüge. Auf einem Foto ist beispielsweise Janis Joplin zu sehen, wie sie sich gerade eine Flasche Champagner der Sorte „Moet & Chandon" an den Hals setzen will. Überhaupt wurden die Künstler regelmäßig, die Staus auf den Straßen ignorierend, mit Delikatessen aus New York verwöhnt. Ms. Joplin hatte eine gute Verköstigung übrigens zur Voraussetzung eines Auftritts in Woodstock gemacht.

Richard Nixon Der verhaßteste Präsident der USA nach dem Zweiten Weltkrieg, die Antithese zu John F. Kennedy. Nixon, ein erfahrener Kommunistenjäger aus Kalifornien, hatte noch 1960 die Präsidentschaftswahl gegen Kennedy verloren, acht Jahre darauf obsiegte er gegen den Demokraten Hubert Humphrey. Bekanntlich bediente sich „Tricky Dicky" während seiner Amtszeit schmutziger Tricks („Watergate"), um den politischen Gegner zu bespitzeln. Kurz vor Beginn eines Amtsenthebungsverfahrens trat Nixon wenige Monate nach Beginn seiner zweiten Amtsperiode zurück. Der Politiker galt als Mann des schweigenden, nichtrebellierenden Amerika, als Präsident, der mit der Hippiekultur, mit Blumenkindern und Antikriegsprotesten aufräumen würde. Er war die späte Rache der Wählerschaft, die sich mit einem modernen Amerika nicht anfreunden wollte.

Ökonahrung Die Nahrung, die es in Woodstock zu essen gab, schmeckte nicht, war nach Auskunft von Festbesuchern sogar ekelhaft, war ungesüßt, aber sättigend. Sie gab das Vorbild ab für alle ökologische Vollwertkost, für das, was die

Alternative war zu Fleischklopsen, Toastbrot und fetttriefenden Kuchen. In Bethel gab es einen Vorgeschmack auf Ökofood: Essen, das gewiß nahrhaft ist, aber keinen Gaumen zufriedenstellt. Eine Menge Bewohner Bethels verdienten sich indes viele Dollars, indem sie eilig gebratene Hamburger verkauften. Der größte Hunger wurde freilich mit Drogen gestillt.

Rednecks Die Gegenfigur zum Hippie – ein Mann mit kahlgeschorenem Nacken, mit feister Miene und drakonischer Sprechweise. Ein Soldat Amerikas aus Überzeugung, ein Mann ohne Selbstzweifel, ein Waffenträger aus Überzeugung, ein Mann ohne erkennbare Gefühle, ein Rambo als solcher. Bis heute konnte keine Regierung – wenn sie es denn wollte – die laxen Waffengesetze der USA verschärfen. Die Lobby der Rednecks verhinderte jeden Versuch, den freien Erwerb von Waffen einzuschränken.

Regen Normalerweise gilt ein Freiluftkonzert als gescheitert, wenn es während der musikalischen Darbietungen vom Himmel schüttet. Der Regen allerdings, der die Weiden auf Max Yasgurs Farm binnen weniger Stunden in ein astreines Feuchtbiotop verwandelte, gehört heute zu den legendären Vorkommnissen, die im nachhinein niemand missen wollte. Vor allem nachdem Joe Cocker während seines Auftritts hinter sich am Himmel eine dräuend-dunkle Wolke entdeckt hatte, die er aufforderte, sich bitte nicht abzuregnen. Bis zu Cockers Bühnenabgang blieb es trocken, danach legte der Sommersturm los; diese nachgerade mystische Begebenheit trug viel zur Rätselhaftigkeit von Woodstock bei. Andere sagen, wer meint, dabeigewesen zu sein und es toll gefunden zu haben, lüge – denn es war nicht wunderbar, vor allem, weil es regnete und sich viele Gemüter erkälteten.

Rolling Stone Die Zeitschrift wurde 1967 aus dem Rock 'n' Roll- und Hippie-Underground von Jann Wenner und Freunden aus der Taufe gehoben. 1969 war die Postille so etwas wie *Konkret* in der Bundesrepublik der sechziger Jahre: ein tonangebendes Magazin für Politik und Kultur, den Stimmen der Emanzipationsbestrebungen eine journalistische Plattform gebend. Autoren wie Greil Marcus und Hunter Thompson begannen dort ihre journalistischen Karrieren. Heute ist das Blatt gut 300 Millionen Dollar wert.

San Francisco Wichtigste Stadt der Hippiebewegung, der Beatniks, der modernen Homosexuellenbewegung an der Westküste Amerikas. Popsänger wie Scott McKenzie trugen zum goldenen Ruf dieser Metropole bei. In der Nähe San Franciscos waren Universitäten wie Berkeley oder La Jolla beheimatet. Von ihnen vor allem gingen die ersten Protestaktionen gegen den Vietnamkrieg aus.

Scheiße Nach dem Woodstockfestival gewann ein Kandidat in Bethel die Kommunalwahlen, weil er versprach, nie wieder eine Heimsuchung wie die „Three Days Of Peace And Music" zuzulassen. Die Bewohner in den Catskill Mountains hatten die Schnauze voll. Außer Max Yasgur und wenigen anderen hatte niemand Profit gemacht. Die Pilger marschierten durch ihre Gärten, als sollten sie kollektiviert werden. Vor allem aber beklagten die Ureinwohner die verheerenden Wirkungen der unzureichenden sanitären Anlagen auf dem Festivalgelände. Viele Gärten wurden als Freilufttoiletten mißbraucht. Darüber hinaus war das Wort „Shit" nach 1969 ein mehr und mehr akzeptiertes Wort, das auch für die Kennzeichnung kleinerer Unglücke benutzt werden durfte. In der Bundesrepublik verlief die Sprachentwicklung ähnlich: Wer „Scheiße" sagt, macht sich nicht mehr zum Unhold.

Schlamm Was für den Regen gilt, gilt auch für den Schlamm: Hinterher fanden alle die triefenden Böden ganz besonders toll. Eine Episode im „Woodstock"-Film zeigt mit inszenatorischer Lust Szenen, wie Männer und (wenige) Frauen die verschlammten Wege als Rutschbahn nutzten, als seien sie eine Eisbahn. Aus dieser meteorologischen Zufälligkeit heraus entwickelte sich später mehr: In Kalifornien wurde bei der Entwicklung neuer seelischer Heilungsverfahren auch eine Schlammtherapie erwogen. Schließlich müsse ein Mensch sich in Modder und Dreck wohl fühlen, das erinnere ihn an den Urzustand im Mutterbauch.

SDS Die Students for A Democratic Society, 1960 gegründet, und ihr charismatischer Anführer Abbie Hoffman waren die treibenden Kräfte, die Hier & Jetzt-Lebenslust der Hippies in eine politische Kraft zu verwandeln. Die SDS-Mitglieder organisierten etliche Friedensdemonstrationen mit, hoffend, daß der Protest gegen den Vietnamkrieg ihre Basis verbreitern würde. 1968 scheiterte die Organisation beim Versuch, den Parteitag der Demokraten in Chicago zu einer Antikriegsresolution zu bewegen. Massenhafte Polizei- und Sicherheitskräfte zerbröselten die Aktion gewalttätig. Ende der sechziger Jahre löste sich der SDS, ähnlich wie die Gruppen in West- und Mitteleuropa, auf.

Sex Eine schmutzige, sündige Angelegenheit – bis Woodstock. Die Heimkehrer umgab ein Flair von „Initiierten". Offen wurde gemutmaßt, wer wie oft mit wie vielen gebumst hat. Die sexuelle Revolution wurde in Bethel nur ratifiziert, vorbereitet wurde sie von anderen. Vom Zoologen Alfred Kinsey und seiner Crew, die schon 1948 und 1953 Untersuchungen publizierten, aus denen hervorging, daß es die Amerikaner mit dem Sex nicht nur ehelich und zum Zwecke der

Fortpflanzung halten. Die Beatniks schließlich radikalisierten die Enthüllungen – Sex, Drugs & Rock 'n' Roll hieß es später. Sei körperlich, sag ja zu deinen Trieben, sei nicht verklemmt. Erich Fromms Büchlein „Die Kunst zu lieben" trug nicht gering dazu bei, Sex für eine Veranstaltung ohne größere Komplikationen zu halten. Heute ist Sexualität weitgehend enttabuisiert. Ob die Menschen in Amerika oder in den Industrieländern Europas jetzt glücklicher sind, steht dahin. Was sich geändert hat, ist vielleicht dies: Nicht mehr der Mann allein bestimmt, wann Schluß ist auf der Matratze. Sexualwissenschaftler haben einen Wechsel von der Macker- zur Verhandlungsmoral entdeckt: Erlaubt ist, was gefällt – und zwar beiden.

Star Spangled Banner Jimi Hendrix spielte erst am Montag morgen, und kurz vor dem Ende paraphrasierte er die Nationalhymne auf sein Land, das eine sternenbesprenkelte Flagge sein höchstes Staatssymbol nennt, mit beißenden Gitarrenschreien. Manchen der bis dahin Ausharrenden kam es vor, als hätte der Künstler in die patriotische Melodie die Aggressivität heranfliegender Bomber eingewebt. Nie sei Hendrix so gut gewesen wie bei diesem Stück, waren sich die Kritiker des Ereignisses hernach einig: apokalyptisch, ätzend, politisch, eine perfekte Synthese von Kunst und Politik.

Stirnbänder Die bunten Schlaufen, geeignet, die Stirn zu bedecken, um an den Seiten des Kopfes das Haar zu bändigen, waren das Modeaccessoire der Tage von Woodstock. Sie erinnerten nicht umsonst an indianisches Outfit. Die Woodstockgeneration hatte kurz zuvor das Leiden der indianischen Ureinwohner Amerikas entdeckt. Aus Solidarität trugen sie – ob Mann oder Frau – deren Symbole.

Stonewall Ende Juni 1969 wollten sich die Besucher der New Yorker Homokneipe „Stonewall" in der Christopher Street die notorischen Polizeirazzien, die Schutzgelderpressungen, überhaupt die Nachstellungen allein der sexuellen Orientierung wegen nicht mehr gefallen lassen. Erstmals wehrten sie sich militant; mehr als drei Tage dauerte die Straßenschlacht in Greenwich Village. Die Krawalle markierten den Beginn der modernen Homosexuellenbewegung. Schwule und Lesben profitierten vermutlich am meisten von der sexuellen Revolution, die in den sechziger Jahren begann (in der Bundesrepublik wurde erst 1969 der von den Nazis verschärfte Paragraph 175, der Homosexualität schlechthin unter Strafe stellte, abgeschafft). In den meisten west- und mitteleuropäischen, aber auch amerikanischen Metropolen müssen Homobars nicht mehr mit dicken Gardinen verhüllt werden. Einblicke sind erlaubt, das Selbstbewußtsein der Gay Communities ist seither mehr als nur gering gewachsen.

Telefon   Öffentliche Fernsprechgeräte waren die begehrtesten elektronischen Gerätschaften der Tage in Woodstock. Im Film sieht man die Jugendlichen – wie später E. T. – brav nach Hause telefonieren: Mama, Papa, ich bin heil angekommen, nein, es ist nicht so schlimm, wie ihr denkt, es ist viel besser ... Samstag nachmittag dauerte es mehrere Stunden, ehe man telefonieren konnte, so lang waren die Schlangen der Wartenden.

The Times They Are A-Changin' Bob Dylans Kommentar zum Gezeitenwechsel der sechziger Jahre. Eltern, wir sind nicht mehr unter eurem Kommando, die Zeiten ändern sich ... Das von Dylan, der in Woodstock selbst nicht auftrat, weil er, so geht die Legende, bereits einen Exklusivvertrag für das kurz darauf stattfindende Festival auf der britischen Isle of

Wight unterzeichnet hatte, komponierte und verfaßte Lied kam nölig daher, grantelnd, doch ruhig, gefaßt und sehr selbstvertraut. Die Konservativen verstanden die Warnung schnell: Sie unternahmen alles, daß das Kommando ihnen nicht vollständig entgleitet, und wählten deshalb 1968 den konservativen Law & Order-Freund Richard Nixon zum Präsidenten.

Tod Die Woodstockgeneration hatte zum Sterben ein vielleicht insgeheim ängstliches, gewiß aber süchtiges Verhältnis. *„Freedom 's just another word for nothing left to loose"* – Frieden ist nur ein anderes Wort dafür, nichts mehr zu verlieren zu haben. Die Zeile aus „Me And Bobby McGhee", einem der größten Hits von Janis Joplin, komponiert vom Countrysänger Kris Kristofferson, deutet an, welche Freiheit sie meinten: Die Freiheit, für die Durchsetzung der als richtig erkannten Zwecke auch das eigene Leben aufs Spiel zu setzen. Jimi Hendrix und Janis Joplin, auch Jim Morrison von den „Doors" starben wenig später an den Folgen ihrer Drogenabhängigkeit. Auch andere Songs künden vom Tod, vom Sterben. Das Leben außerhalb der Jugend galt als unattraktiv, als verbraucht, als unnütz. Warum diese Generation so intensiv mit dem Sterben kokettierte, scheint unergründlich. Keine vor ihr war in materiell so saturierten Verhältnissen aufgewachsen, nichts schien auf Elend und Not hinzuweisen, auf Arbeitslosigkeit und Streß im Job. Womöglich fühlten sich Joplin, Hendrix & Co. für unverwundbar und konnten sich deshalb um so ungenierter, weil lediglich theoretisch mit der Möglichkeit des Todes auseinandersetzen. In den USA setzten die terroristischen Weathermen in Gang, was in der Bundesrepublik die Rote-Armee-Fraktion besorgte: einen politischen Kampf, der bewußt damit kalkulierte, dabei ums Leben zu kommen.

Tramps Hitchhiking, also das Reisen per Daumen, zählte in den sechziger Jahren auch bei Mittelschichtjugendlichen – die es sich anders hätten leisten können – zu den wichtigsten Initiationsakten, um dem Zeitgeist zu entsprechen. Trampen ohne Ziel war die hohe Kunst des Reisens. Finde dich selbst; der Weg ist das Ziel; lerne Menschen und Landschaften kennen … Tramper entwickelten eigene Kommunikationssysteme. An Autobahnraststätten, an Richtungsschildern auf Autobahnauffahrten sind noch heute die Notizen wartender Tramper zu lesen: „Scheiße, vier Stunden im Regen gewartet …" oder „Mist, komme Richtung Griechenland nicht vom Fleck…" Aus dieser Zeit rührt die tiefe Abneigung vieler Jünger der Woodstockgeneration – in der Bundesrepublik der Grünen – vor Pauschalreisen. Die sind bequemer, aber um Vergnügen, um kommodes Reisen ging es den Achtundsechzigern, zumindest in der öffentlichen Rede, nie. Ebenso wie das Trampen – immer *on the road*, stets das eigene, neue Zuhause suchend, aber natürlich verfehlend – war das Campen ein Akt fast natürlichen Urlaubs. Viele älter gewordene Sechziger-Jahre-Jugendliche verlegten sich schließlich auf bequemere Urlaubsherbergen, Ferienhäuser beispielsweise. Die Idee, in den freizeitmäßigsten Wochen des Jahres pauschal gut bedient zu werden, hat sich bei ihnen nie ganz ohne schlechtes Gewissen durchgesetzt.

Vietnam Das US-Engagement in Südostasien kostete Milliarden Dollar, verwüstete und vergiftete mit Napalmbomben und Agent Orange die vietnamesische Landschaft, brachte Zehntausende von GIs, die den Sinn des Krieges nicht verstanden, um den Verstand, führte zum Tod vieler Vietnamesen, machte Kinder zu Waisen … Schon Anfang der sechziger Jahre hatten sich sogenannte Militärberater in Südvietnam niedergelassen, kurz darauf wurden die ersten Hubschrauberbesat-

zungen ins Land transportiert. Das Pentagon sah nur ein Ziel: Südvietnam mußte für den Westen gehalten werden, um es dem Kommunismus nicht zum Fraß vorzuwerfen. Erst in den siebziger Jahren fühlten sich die USA stark genug, das Land zu verlassen, nachdem der Vietcong und Nordvietnam die US-Militärs und ihr befreundetes Regime in Südvietnam aus dem Land getrieben hatten. Anders als der Zweite Weltkrieg gegen Nazideutschland provozierte „Nam" eine Antikriegsbewegung in den USA

John Wayne Der Star vieler Westernfilme war der Prototyp des traditionellen, mackerhaften, standfesten und konservativen Amerikaners. Er war so, wie die Blumenkinder nie sein wollten – roh, patriarchalisch, gefühllos, autoritär ... Wayne, stets ein Freund der republikanischen Partei, war ein Typ der fünfziger Jahre, ein Mann, der krank wurde bei dem Gedanken, nicht siegen zu können, der den zweiten Platz verabscheute und den ersten begehrte, und sei es mit Hilfe von Waffen. Sylvester Stallone oder Bruce Willis konnte seinen Abschied von Hollywood nie ganz ersetzen: Die Figur des *Frontierman* war in den siebziger Jahren nicht mehr idolisierbar.

We Shall Overcome Der Gospel wurde seit Ende der fünfziger Jahre vorwiegend von schwarzen Amerikanern gesungen: Wir werden ihn überwinden, den Rassismus, die Ungerechtigkeit, den Haß ... Auf jeder Bürgerrechtsdemonstration wurde dieses Lied gesungen, einend, oft am Schluß. Joan Baez sang den Song in Woodstock – keine Stimme hätte es besser interpretieren können, klagend, mit nervösem Vibrato, spitz, unausweichlich, mit religiöser Miene, ernst und fest. Wer heute behauptet, damals schon „We Shall Overcome" für übelsten Politkitsch gehalten zu haben, lügt böswillig.

Women's Lib Es muß offenbleiben, ob Woodstock nun den Feminismus befördert hat oder nicht. Verbürgt ist jedenfalls die Aussage etlicher Frauen, die sich wunderten, barbusig, ja nackt über das Festivalgelände zu gehen, ohne gleich angefallen zu werden. Das war nicht das, wovor sie ihre Mütter gewarnt hatten. Etwa Mitte der sechziger Jahre kamen die ersten Frauenbefreiungsbücher auf den Markt, Betty Friedans „Weiblichkeitswahn" beispielsweise. Die weiblichen Stars – Joan Baez, Grace Slick von „Jefferson Airplane", Melanie, Janis Joplin – hatten mit Feminismus nicht viel im Sinn. Sie waren dennoch Rollenvorbilder: Du kannst dich in einer Männerwelt behaupten.

Woodstock Das Festival fand ja gar nicht in Woodstock statt. Zwar war die Gemeinde die liebste Ortschaft gewesen, um dort das Ereignis zu zelebrieren. Schließlich lebten dort, wenn sie nicht in New York oder Los Angeles oder auf Tourneen anderweitig beschäftigt waren, Stars wie Bob Dylan, die „Band" in ihrem rosafarbenen Haus, auch Joan Baez hatte dort zeitweilig ein Anwesen. Allein, die Kommunalpolitiker wollten sich ihre Idylle keinesfalls stören lassen durch Horden von Hippies. Daß es nachher „Woodstock" hieß, mag mit dem schön klingenden Namen zu tun haben: Er klingt nach Natur, Abgeschiedenheit, Idylle und fehlendem Asphalt.

Max Yasgurs Farm Als die Organisatoren des Festivals schon alle Programmhefte gedruckt hatten, die Tickets landesweit an Vorverkaufsbüros verteilt waren, als eigentlich der Aufbau der Bühne hätte beginnen müssen, sagte auch der Alternativort zu Woodstock ab. In letzter Not bot der reiche Farmer Max Yasgur sein Gelände an. Idealer hätte die Wahl nicht sein können: Das, was Michael Lang präsentiert wurde, kam schon topographisch einem akustisch perfekten Amphitheater gleich, darum herum gruppiert kleinere Waldstücke, Seen, ein kleiner Wasserfall … Ein völlig natürliches Gelände, das trotzdem wie von Walt Disneys Freizeitparkarchitekten gestaltet aussah – ein göttlicher Zufall. 50 000 Dollar soll Yasgur als Miete erhalten haben. Dafür mußte er später nicht nur das Festivalgelände völlig neu bestellen, sondern auch Drohanrufe von ungehaltenen Nachbarn aushalten. Max und Miriam Yasgur verteidigten ihre Entscheidung, dem Festival auf ihrem Grund Asyl zu geben, bis zum Schluß. Zu den bewegendsten und propagandistisch wichtigsten Szenen des „Woodstock"-Films gehört der Solidaritätsgruß Max Yasgurs am Sonntag: „Heute habe ich eine halbe Million Kinder." Der tapfere Farmer starb 1973 im Alter von 53 Jahren.

Yoga Indische, ja, asiatische Wege, den Körper zu entspannen, nach innen zu atmen, darauf zu achten, was gerade Milz, Niere und Herz machen, kamen Ende der sechziger Jahre in Mode. In der Bundesrepublik popularisierte eine Kanadierin namens Karin Zebroff mit Hilfe des ZDF Yoga. Im „Woodstock"-Film ist in einer Sequenz eine Gruppe von Menschen zu sehen, die sich gerade in Yogaposen übt. Zehn Jahre darauf war Yoga längst von deutschen Betriebskrankenkassen als Therapie gegen am Büroschreibtisch erlittene Verspannungen akzeptiert. Asiatische Techniken der Körperexploration haben bis heute einen guten Ruf, von Yoga ist allerdings nur noch selten die Rede. Mittlerweile sind Tai-Chi, Zenmeditationen oder Tibetanische Mühlen gängig. Seit der Popularisierung von Yoga gilt der Schneidersitz mit nach oben weisenden Fußsohlen als nachahmenswert. Beweis, daß mit derlei Fertigkeiten ein längeres Leben erreicht werden kann, stehen indes bis heute aus.

Zahlen und Fakten

Eine Statistik des Woodstock-Festivals

1 Fall von Lungenentzündung hatten die Ärzte in Woodstock zu behandeln

1 zuckerkranker Besuch fiel wegen Unterernährung ins Koma

1 Dollar betrug der inflationäre Preis für einen Hotdog oder ein belegtes Brot

1,60 Dollar war der Mindeststundenlohn für die Arbeiter, die Woodstock auf Max Yasgurs Gelände vorbereiteten

2 Stunden mußte man am Sonnabend in der Schlange warten, ehe eine der Telefonzellen frei war

2 Kinder wurden in Woodstock geboren

3 Menschen starben während des Festivals (einer angeblich an einer Überdosis Heroin, ein anderer an einer akuten Blinddarmvereiterung, ein weiterer schließlich, eingerollt und schlafend in einer Plastikplane, wurde von einem Traktor überfahren)

4 Dollar war der Preis für einen Hit Mescalin oder Acid

6 Monate dauerten die Vorbereitungen für das Festival

7 Minuten nach 17 Uhr am Freitag, dem 15. August 1969, begann mit dem Auftritt Richie Havens' der musikalische Teil von Woodstock

8 Stunden dauerte die Anfahrt für die 160 Kilometer von New York City in die Nähe des Woodstock-Geländes

13 Monate lagen zwischen dem Woodstock-Festival und Jimi Hendrix' Tod

14 Monate lagen zwischen Janis Joplins Woodstock-Auftritt und ihrem Tod

15 Dollar kosteten knapp drei Gramm Marihuana

18 Dollar betrug der offizielle Eintrittspreis für alle drei Festivaltage

18 Ärzte mußten sich während der drei Tage um insgesamt 6000 Patienten kümmern

25 Kilometer mußten viele Woodstock-Besucher laufen, ehe sie zum Gelände des Festivals kamen – ihre Autos mußten sie zuvor stehenlassen

28 Kilometer betrug der längste Stau auf dem Weg nach Woodstock

33 Festivalbesucher wurden wegen Drogenhandels festgenommen

36 Krankenschwestern waren während des Festivals aktiv

40 Minuten betrug die kürzeste Wartezeit zwischen zwei Auftritten

50 Ärzte flogen am Sonnabend zusätzlich aus New York City ein, um die Festivalbesucher zu betreuen

60 Telefonzellen standen den Festivalgängern zur Verfügung

65 Autobusse aus New York City brachten viele Fans zum Festival

65 Kleine Radiostationen sendeten vom Festival

80 Anwaltsroben wurden beim Aufräumen nach dem Festival gefunden

90 Prozent aller Woodstock-Besucher haben Marihuana geraucht

100 Menschen wurden wegen illegalen Drogenkonsums in Gewahrsam genommen

120 Minuten betrug die längste Wartezeit zwischen zwei Performances

120 Stunden Filmmaterial nahm die Crew um Michael Wadleigh auf

150 freiwillige Polizisten halfen beim Woodstock-Festival aus

346 New Yorker Polizisten schoben in Woodstock für 50 Dollar täglich Dienst – illegal, weil es ihre Dienstvorgesetzten verboten hatten. Deshalb fanden sich später so viele Quittungen, die mit „Mickey Mouse" unterzeichnet waren

400 Festivalbesucher flippten nach einem LSD-Trip aus

450 Kühe mußten drei Tage lang ihre Weiden mit Woodstock-Campern teilen

600 Mobile Toiletten standen den Festivalbesuchern zur Verfügung

2366 Menschen betrug die Einwohnerzahl von Bethel im August 1969

2500 Dollar war 1989 der Preis für ein Originalposter des Woodstockfestivals

4062 Menschen, die im Vorverkauf Woodstocktickets gekauft hatten, bekamen später ihr Geld zurück, weil sie nie auch nur in die Nähe der Bühne kamen

8000 Dollar zahlte ein Fan vor zehn Jahren für ein ungenutztes, originales Eintrittsticket

50 000 Dollar zahlten die Organisatoren offiziell an den Farmer Max Yasgur, damit der ihnen für drei Tage sein Gelände überläßt

50 000 Menschen waren eigentlich nur erwartet worden

100 000 Woodstock-Besucher campten während der Tage rund um das Festivalareal

186 000 Tickets wurden am Ende verkauft

250 000 Menschen, die nach Bethel reisten, kamen nie in die Nähe der Bühne

320 000 Besucher verließen das Festival noch vor Jimi Hendrix' Auftritt am Montag morgen

450 000 Männer und Frauen kamen nach Schätzungen der Veranstalter insgesamt zum Festival

500 000 Ferngespräche etwa verzeichneten die Telefongesellschaften von den Telefonzellen am Rande Woodstocks während der Festivaltage

500 000 Würstchen und Hamburger wurden schätzungsweise allein während des ersten Tages vertilgt

Bekundungen zu Woodstock

Eine Zitatensammlung

„Noch zwei Jahre vor Woodstock waren es meist nur 300 Leute, vor denen ich spielte. Es war hart, die Zuhörer in Woodstock zu gewinnen. Aber am Ende von ‚With A Little Help From My Friends' war es geschafft. Und nachdem ich zu Ende gesungen hatte, fing es aus dieser riesigen schwarzen Wolke an zu regnen – für Stunden. Wenn Woodstock noch einmal stattfände, wäre ich sofort wieder dabei."

Joe Cocker, „Life" 1989

„Woodstock waren Perlen und Farben und Blumen und Sonne und schöne Menschen."

John B. Sebastian, „Rolling Stone", 16. April 1970

„Ich glaube nicht, daß ich vor diesem Festival wirklich lebte. Das klingt komisch, aber wie in einem Märchen wurden mir während der drei Tage oft die Augen geöffnet."

John Robert, Festivalchef, „New Yorker Magazine", 1. September 1969

„Die Sechziger hatten diesen gewissen Schimmer, diese gewisse Naivität und diese gewisse Entdeckerlust, ein Aufbruch in die Zukunft, den es nicht mehr geben wird."

Graham Nash, „Rolling Stone", 24. August 1989

„Drei Millionen Leute, bestimmt eine halbe Million vor mir, die einen wunderbaren und großen und freundlichen Spirit begründeten."

Richie Havens, „Rolling Stone", 16. April 1970

„Die Leute glauben, ich wäre völlig angepaßt – bis sie hören, daß ich in Woodstock war."

Mary Ann Van Benschoten, Buchhändlerin, in „Life", August 1989

„Ich bin der Alptraum aller Yuppies – ein alternder Hippie."

John B. Sebastian, „New York Times", 5. September 1993

„Sie landeten am 20. Juli zu meinem Geburtstag auf dem Mond. Im Monat darauf trafen wir uns zum Woodstock-Wochenende. Ich war schwer auf Mescalin, ehe ich auf die Bühne ging. Ich erinnere mich, gebetet zu haben: ‚Gott, hilf mir, ruhig zu bleiben.' Die Musik bewegte die Leute wie Blätter im Wind."

Carlos Santana, „Life", August 1989

„Es war die schrecklichste Vorstellung, die wir jemals gaben. Es war furchtbar chaotisch. Die Leute fürchteten, daß die Bühne zusammenbrechen würde. Und Jerry Garcia bekam jedesmal einen Schlag, wenn er seine Gitarre berührte."

Mickey Hart („The Grateful Dead"), „Life", August 1989

„Ich fragte meine Begleiter, ob es okay wäre, wenn ich diesen F...-Gruß machen würde. Als ich dann rausging und F... brüllte, brüllten alle F... zurück. Dieser Gruß brachte mir unerhörten Ruhm ein. Ich werde immer zu den Woodstockveteranen gehören."

Country Joe McDonald, „Life", August 1989

„Ich dachte, oh, Gott, die werden mich umbringen. Ich werde nicht als erster auftreten."

Richie Havens, „Rolling Stone", 24. August 1989

„Das ist viel größer als Monterey. Aber das war genau das, was mich fürchten ließ, daß bei so vielen Leuten etwas schiefgehen könnte."

Ravi Shankar, „Daily News", 16. August 1969

„Es war eine unschuldige Zeit. Es gab sogar unschuldige Drogen, Marihuana und so. Sie machten dich offen und warfen dich mit glücklicher Hand in die Welt. Du wolltest rausgehen und alles in dich aufnehmen."

Paul Kantner („Jefferson Airplane"), „Rolling Stone", 24. April 1989

„Ich war 16. Mein erster Eindruck war: ,Wow, guck mal, all die Leute, denen ihre Eltern erlaubt haben, sich die Haare lang wachsen zu lassen.'"

Tony Vanaria, TV-Reklameproduzent, „Life", August 1989

„Du hast Musiker gesehen, die durch den Regen klitschnaß waren. Und das brachte alle auf den Boden der Tatsachen zurück. Das war das schönste überhaupt an Woodstock: Daß alle Egos verschmolzen waren."

Jack Casady („Jefferson Airplane"), „Rolling Stone", 24. August 1989

„Manchmal wunderte ich mich über die Kinder im Sanitätsraum – mit ihren verletzten Handgelenken, ihren Kokainüberdosen und den Heroinvergiftungen. Ich fragte mich: Würde Woodstock ihnen überhaupt guttun? Aber ich habe mein Woodstock-Ticket und das Programmheft gut aufbewahrt in einem Safe. Die, die dabei waren, werden das verstehen."

Al Jackson, Sozialarbeiter, „Life", August 1989

„Jedesmal, wenn ich mein Instrument berührte, bekam ich einen Schlag. Die Bühne war naß – und die Elektrizität durchfuhr mich. Ich war am Dirigieren. Die Gitarre und das Mikro anzufassen war fatal. Da war ein großer blauer Funke von der Größe eines Baseballs. Der riß mich von meinen Füßen und schlug fast drei Meter zu den Verstärkern zurück."

Bob Weir („The Grateful Dead"), „Rolling Stone", 24. April 1989

„Trotz ihres Aussehens und trotz ihrer Ideen hatten diese Kinder die besten und freundlichsten Manieren, die ich je in meiner 24 Jahre langen Laufbahn als Polizist erlebt habe."

Ordnungshüter in Woodstock, „Rolling Stone", 20. September 1969

„Ich war glücklich über den Regen. Es war ein großer Sturm. Ja, das war es."

Joe Cocker

„Die Lehren aus Woodstock und der Drogenkultur sind simpel: Die Leute sterben, ihre Leben sind ruiniert, ihre Jahre vergeudet."

Christopher Swan, „Christian Science Monitor", 8. März 1985

„Dies ist das ‚Vom Winde verweht' unserer Generation."

Alvin Lee („Ten Years After"), „Rolling Stone", 16. April 1970

„Ich kam mit meinen Eltern in eine Kifferrunde – Marihuana, Haschisch – inmitten von 200 fremden Nackten."

Elise Krentzel, Chef einer Marketingfirma, „Life", August 1989

„An Details erinnere ich mich nicht scharf."

Peter Smith, IBM-Mitarbeiter, „Life", August 1989

„Jeder war wirklich freundlich. Ein Freund von mir machte 4000 Mark mit dem Verkauf von Hamburgern."

Dallas Garrad, „Rolling Stone", 24. August 1989

„Stoppt Max Yasgurs Musikfestival. Keine 150 000 Hippies hier in dieser Gegend! Kauft keine Milch."

Aufschrift in Bethel einen Monat bevor Woodstock begann,
„New York Times", 15. August 1969

„Ich erinnere nicht so viel. Es ist lange her, und wir waren alle zugedröhnt."

Barbara Brenner, „Rolling Stone", 24. August 1989

„Alles, woran ich mich erinnere, ist, daß ich irgendwie nicht richtig bei der Sache war. Und daß einige Engel zu mir sprachen."

Steve Bewl, Pharmazievertreter, „Life", August 1989

„Sie richteten eine Klärgrube auf unserem Grundstück ein. Und wir hatten am Ende keinen Zaun mehr, sie gebrauchten sie als Feuerholz. Mein Teich ist ein Sumpf, und mein Feld nutzten sie als Latrine."

Clarence Townsend, Bauer, „Sunday News", 24. August 1969

„Es ist unwirklich. Ich bin naß, müde und habe die Schnauze voll – und es ist wunderbar."

Al Rich, „Rolling Stone", 20. September 1969

„Ich war total unbekannt. Ich litt unter nervösem Husten, der klang, als ob ich gleich an Tuberkulose sterben würde. Joan Baez brachte mir einen heißen Tee aus dem Künstlerzelt. Nach Woodstock wurde ich eine Festivalkönigin."

Melanie, „Life", August 1989

„Die Organisation von Woodstock war hektischer als die Nichtorganisation vor der Bühne – daraus sollten wir lernen."

Sly Stone, „Rolling Stone", 16. April 1970

„Ich habe noch den Kleinlaster aus dem Jahre 1968, mit dem ich nach Woodstock fuhr – vielleicht möchtest Du ihn kaufen."

Jim Pirz, Maschinenverkäufer, „Life", August 1989

„Am meisten erinnere ich mich an Sunny, eine Krankenpflegeschülerin aus Boston. Wir liebten in einer Art und Weise, die ich nie vergessen werde und die ich nie besser erlebt habe."

Robert Tilchin, Chiropraktiker, „Life", August 1989

„Jetzt hat die Woodstock-Generation Kreditkarten, die sie nie vergessen, wenn sie ihr Haus verlassen."

James Barron, „New York Times", 14. August 1989

„Hat die Woodstock-Erfahrung mein Leben verändert? Ja. Ich habe immer noch Sehnsucht danach. Es ist schmerzlich, das Video wieder anzugucken."

Elaine Fellipello, Büromanagerin, „Life", August 1989

„Es markiert den Aufstieg und Fall einer Kultur, alles an einem Wochenende. Wir bekamen vermutlich die erste direkte Ahnung davon, daß zugedröhnt sein und eigenverantwortliches Leben sich ausschloßen."

Stephen Schwartz, Softwarespezialist, „Life", August 1989

„Ich war zu der Zeit der örtliche FBI-Agent. Ich lernte, daß die Kinder meist okay sind."

Leland Lowery, Inhaber einer Sicherheitsfirma, „Life", August 1989

„Es war nicht allein Sex, Drogen und Rock 'n' Roll, es war eine Feier der ersten globalen Generation auf dem Planeten. Vorher hatten alle nur ihre heimatlichen Dinge im Kopf. Unsere Jugend weiß, daß sie auf *einem* Planeten lebt und daß dieser Planet bedroht ist."

Richie Havens, „Life", August 1989

„Die Hubschrauber mußten uns zweimal transportieren. Ich war damals viel schwerer als heute – 136 Kilogramm –, nun sind es nur noch 91. Mein Manager brachte fünf Brathähnchen. Janis Joplin hatte alle Bagels vertilgt. Wir machten ein kleines Lagerfeuer hinter der Bühne, und um zwei Uhr morgens konnten wir diese Hähnchen gut gebrauchen."

Leslie West („Mountain"), „Life", August 1989

„Ich nahm es als letztes Abenteuer. Nach Woodstock habe ich einen Job angefangen, habe Verantwortung übernommen, heiratete, bekam Kinder und zog in eine Reihenhaussiedlung. Ich fand die Mode damals total klasse."

Pam Crowe, Verkaufsdirektorin bei Christian Dior, „Life", August 1989

„Wir haben uns bis auf die Unterhosen ausgezogen; dann waren wir nackt. Es war ein uriges Gefühl. Ich begann mich zu öffnen. Binnen weniger Monate lernte ich meine Frau kennen. Und innerhalb von anderthalb Jahren habe ich den ‚I can't believe I ate the whole thing' der Alka-Seltzer-Reklame geschrieben. Irgendwas hatte mich befreit."

Howie Cohen, Geschäftsführer einer Werbeagentur, „Life", August 1989

„Menschen, Menschen, Menschen – die öffentlich Dinge taten, die ich vorher und nachher nie gesehen habe."

Fred P. Rosenfeld, Arzt, „Life", August 1989

„Der Sound war so schockierend laut, daß ich es mit der Angst kriegte. Aber dann fing ich an zu spielen. Ich machte einfach weiter, weil ich Angst hatte aufzuhören."

Leslie West, Gitarrist bei „Mountain", „Rolling Stone", 24. August 1989

„Es gibt viele von uns, wirklich sehr viele. Mehr, als andere denken. Wir halten uns selbst für kleine Ungeheuer."

Janis Joplin, „Newsweek", 1. September 1969

„Ich habe nie gedacht, daß es ein überwältigendes Musikerlebnis war. Wie in dem Film, war die Musik nur ein Teil der Vorstellung."

Robbie Robertson („The Band"), „Rolling Stone", 24. August 1969

„Es war wie das erste Mal zu bumsen. Einmal hast du es dann getan, und dann willst du es wieder und wieder tun, weil es so toll ist."

Anonyme Frau, „Rolling Stone", 20. September 1969

Literatur

Clark, Donald: The Penguin Encyclopedia of Popular Music, Penguin, London 1989

Cohn, Nik: AwopBopaLooBopALopBamBoom (englischer Titel: Pop From The Beginning), Piper, München 1995

Diederichsen, Diedrich: Von Woodstock zu „Woodstock". Ein Mythos und seine Mißverständnisse, in: NZZ Folio, Zürich Juli 1993

Dister, Alain: Die wilden Jahre des Rock 'n' Roll, Ravensburger Buchverlag Otto Maier, Ravensburg 1994

Draper, Robert: The Rolling Stone Story. The Magazine That Moved A Generation, Mainstream Publishing, Edinburgh 1990 (britische Ausgabe)

Duberman, Martin: Stonewall, Dutton, New York 1993

Düring, Sonja; Hauch, Margret; Heterosexuelle Verhältnisse. Beiträge zur Sexualforschung, Bd. 71, Enke, Stuttgart 1995

Frey, Marc: Geschichte des Vietnamkrieges. Die Tragödie Asien und das Ende des amerikanischen Traums, Beck'sche Reihe, München 1999

Gaar, Gillian G.: Rebellinnen. Die Geschichte der Frauen in der Rockmusik, Argument, Hamburg 1994

Glaser, Hermann, Deutsche Kultur 1945–2000, Hanser, München 1998

Graham, Bill und Greenfield, Robert: Bill Graham Presents. Ein Leben zwischen Rock & Roll, Zweitausendeins, Frankfurt am Main 1996

Graves, Barry; Schmidt-Joos, Siegfried; Halbschaffel, Bernward: Das neue Rock-Lexikon, Rowohlt, Reinbek bei Hamburg 1998

Haeberle, Erwin J.: Alfred C. Kinsey, in: Lautmann, Rüdiger (Hrsg.), Homosexualität, Campus, Frankfurt am Main 1993

Hendler, Herb: Year By Year In The Rock Era, Praeger, New York, Westport (Connecticut), London 1983

Landy, Elliott: Woodstock Vision. Mit einem Text von Nikolaus Hansen, Rowohlt, Reinbek 1984

Landy, Elliott (Hrsg.): Woodstock '69. Drei Tage des Friedens und der Musik. Mit einem Vorwort von Jerry Garcia, Schirmer / Mosel, München, Paris, London 1994

Larkin, Colin: The Guinness Who's Who Of Sixties Music, Guinness Publishing, London 1992

Lautmann, Rüdiger (Hrsg.): Homosexualität. Handbuch der Theorie- und Forschungsgeschichte, Campus, Frankfurt am Main 1993

Makower, Joel: Woodstock. The Oral History, Doubleday, New York 1989

Marcus, Greil: Mystery Train. Der Traum von Amerika in Liedern der Rockmusik, Rogner & Bernhard bei Zweitausendeins, Hamburg 1992

Reemtsma, Jan Philipp: Mehr als ein Champion. Über den Stil des Boxers Muhammad Ali, Klett-Cotta, Stuttgart 1995

Raeithel, Gert: Geschichte der nordamerikanischen Kultur, Band 3. Vom New Deal bis zur Gegenwart 1930 – 1995, Zweitausendeins, Frankfurt am Main 1997

Rorty, Richard: Stolz auf unser Land, Suhrkamp, Frankfurt am Main 1999

Schmidt, Gunter: Emanzipation und der Wandel heterosexueller Beziehungen, in: Düring, Sonja; Hauch, Margret, Heterosexuelle Verhältnisse. Beiträge zur Sexualforschung, Bd. 71, Enke, Stuttgart 1995

Schroeder, Klaus: Der SED-Staat 1949 – 1990, Hanser, München 1998

Stein, Hannes: A Licence To Kill, Mittelweg 36, Hamburg, Dezember 1998

Stein, Werner: Der große Kulturfahrplan, Herbig, erweiterte Auflage, München / Berlin 1993

Tilgner, Wolfgang: Psalmen, Pop und Punk. Populäre Musik in den USA, Henschel, Berlin 1993

Watson, Steven: Die Beat Generation. Visionäre, Rebellen und Hipsters, 1944 – 1960, Hannibal, St. Andrä–Wördern 1997

Wolle, Stefan: Die heile Welt der Diktatur. Alltag und Herrschaft in der DDR 1971 – 1989, Chr. Links Verlag, Berlin 1998

Woodstock. Three Days Of Peace And Music. Twenty-fifth Anniversary Collection, 4-CD-Box mit 24seitigem Begleitheft, Atlantic 7567-82636-2, New York 1994

Darüber hinaus die „New York Times", „Life", „Rolling Stone", die „taz", die „Frankfurter Allgemeine Zeitung", der „Spiegel", „Newsweek", die „Neue Zürcher Zeitung" – und das Internet

Die Koautoren

Uta Andresen, geboren 1970, aufgewachsen in Nordfriesland. Während des Studiums der Kommunikationswissenschaft in München stand ihre Garderobe für eine gemäßigte Spielart des Joe-Cocker-Typs. Heute lebt sie in Berlin und verantwortet den Reportage-Pool der *taz*. Nach Vollendung dieses Buches färbte sie sich die Haare mit Henna.

Thomas Groß, born and raised in 1958 in Offenburg / Baden. Zeigte auf dem altsprachlichen Gymnasium einen heftigen Hang zum Popidiom, doch da war Woodstock schon vorbei und die Love Parade noch weit entfernt. Gehört zur Generation der „Zaungäste", ist seventies-sozialisiert und daher retro-resistent. Studium der Germanistik und Geschichte; Promotion. Trotzdem Beruf gefunden. Seit 1991 Redakteur für Populärkultur bei der *tageszeitung* und Autor für Verschiedenes und Verschiedene.

Andreas Juhnke, Journalist, geboren 1958, war 11 Jahre alt, als Jimi Hendrix & Co in Woodstock die Bühne verließen. Kurz darauf zerriß er seine Jeans, kaufte sich einen U.S.-Army-Parka und bemalte ihn mit einem riesigen Peace-Zeichen. Die Jeans sind verrottet, der Parka verschwunden, aber Andreas freut sich immer noch, das Peace-Zeichen alljährlich auf der Love-Parade wiederzusehen.

Reinhard Krause, geboren 1961, ist Redakteur beim Magazin der *taz*. Dort ist er vor allem für die Bereiche Alltagskultur und Exzentrisches zuständig. Er lebt in Berlin und Hamburg. Seine Möbel sind Danish modern, seine Joan-Baez-Platten hat er längst verkauft.

Anke Westphal, geboren 1961 als „Mental-Hippie" in Stalin-stadt (heute Eisenhüttenstadt), sang Jahre kollektiv im Chor Sopran, studierte aber besser Literaturwissenschaft und Lin-guistik. Lebt seit 20 Jahren in Berlin und hört mittlerweile lie-ber Clara und Robert Schumann als Joan Baez und Jimi Hen-drix.